D1391851

ENCYCLOPÉDIE DES INSTRUMENTS DE MUSIQUE

Khelef
Hamadou

Encyclopédie des instruments de musique

par Alexander Buchner

GRÜND

CRÉDIT PHOTOGRAPHIQUE
A — Collections publiques et privées

Amsterdam, Collection J. Kunst 304   Ankara, Archeological Museum 26   Anvers, Musée Royal des Beaux-Arts, Plaatsnijdersstraat 2-B-2000 81—82   Bagdad, Iraq Museum 25   Berlin, Staatliches Institut für Musikforschung, Musikinstrumenten-Sammlung 89, 116, Staatliche Museen, Vorderasiatische Abteilung 24   Brno, Moravské muzeum 12, 13, Nová radnice 223—224   Brunswick, Herzog Anton Ulrich Museum 126   Bruxelles, Musée instrumental du Conservatoire Royal de Musique 166, 167   Budapest, Magyar Nemzeti Múzeum 104, 171, Nemzeti képtár 129   Cambridge, St. John College 60   Colmar, Musée d'Unterlinden 112   Copenhague, Nationalmuseet 14—16   Darien, Mechanical Music Center 392   Florence, Accademia 87   Frederiksborg, Det Nationalhistoriske Museum 95   Fuldatal, Mechanisches Musik Museum 396   Heidelberg, Universitätsbibliothek 71   Koburg, Gymnasium Casimirianum 83   Křivoklát, Zámecká knihovna 59   La Haye, Haags Gemeentemuseum 113—114   Le Caire, Egyptian Museum 30   Leningrad, Institut teatra, muzyki i kinematografii 10, 108, 130, 140, 146—147, 149, 150, 164, 178, 185, 232, 266, 269, 336, 337, 349, 350, 355, 356, 358, 403   Litoměřice, Okresní archív 99   Londres, British Museum 22, 45, Collection particulière 152—153, Horniman Museum 106, 120, 132—133, 144—145, 162, 163, 166, 180, 187, 309, 380   National Gallery 1, Royal Academy 188, W. E. Hill & Sons 176—177   Madrid, El Escorial 61—64, Museo del Prado 117   Markneukirchen Musikinstrumenten-Museum 131, 137, 157, 193, 195, 201, 205, 209, 216, 260, 280, 292, 301, 361, 362, 376, 377, 389, 390   Milan, Museo degli Strumenti Musicali, Castello Sforzesco 107, 118—119   Modène, Galleria e Museo Estense 181—182   Moscou, Muzei imeni A. S. Pouchkina 49, 158, Gossudarstvennyï tsentralnyï muzei muzykalnoï kultury imeni M. I. Glinki 194, 254, 261, 262, 281, 290, 291, 296, 308, 354   Munich, Staatliche Antikensammlungen 37, Bayerisches Museum 90, Münchner Stadtmuseum, Musikinstrumentensammlung 218, Staatliche Bibliothek 53—54   Naples, Biblioteca Nazionale 70, Museo Nazionale 40, 41, 46, 50, 51, 52   New Delhi, National Collection 246   New York, Metropolitan Museum of Art 116, 122, 136, 217, 230   North Carolina, Museum of Art 121   Olomouc, Universitní knihovna 85   Oxford, Ashmolean Museum 35, 124—125   Paris, Bibliothèque Nationale 56, Musée Instrumental du Conservatoire 148, 170, 172, Musée National du Louvre 20, 21, 27, 159   Pérouse, Museo Archeologico 42   Prague, Hradní poklad 57, Kapitulní knihovna 73, Muzeum hl. města Prahy 210, Národní galerie 109, Národní muzeum — Historické muzeum 9, 19, 36, Knihovna Národního muzea 58, 74, Muzeum české hudby 127—128, 139, 142—143, 154—155, 160, 161, 168—169, 173, 174, 175, 179, 183—184, 189—192, 391, 393, Náprstkovo muzeum 247, 250—253, 268, 272—274, 278, 279, 293, 297, 303, 306, 318—320, 327, Národní technické muzeum 384, Uměleckoprůmyslové muzeum 134, 135, Universití knihovna 75—80, 88, Collection particulière 96, 202, 385—387   Rotterdam, Museum Voorland en Volkenkunde 305   Utrecht, Museum van Speeldoos tot Pierement 397   Versailles, Musée National de Versailles et des Trianons 165   Vienne, Kunsthistorisches Museum 86, 92, 93, 97—98, 101—102, 105, 110, 111, 115, 123, 151, 156, 394—395   Wrocław, Biblioteka Uniwersytecka 65—68   Wuppertal, Museum Mechanischer Musikinstrumente 398

B — Photographes et Agences

ACME, Woodford 407   Agence Hoa-Qui, Paris 321, 324   Antikensammlungen, Munich 37   Archeological Museum, Ankara 26   Arizona Highways 317   Ashmolean Museum, Oxford 124—125   Association pour les contacts culturels internationaux, Tokyo 284—289, 294   Baschet Frères, Paris 404, 405   Bärenreiter-Verlag, Kassel 188   Bayerisches Nationalmuseum, Munich 90   Biblioteca Nazionale, Naples 70   Bibliothèque Nationale, Paris 56   Biblioteka Uniwersytecka, Wrocław 65—68   Bonnaud L., Limoges 330   Brandt A. 95   British Museum Londres 22, 45   Brückner, Koburg 83   Buchner A. 9, 10, 12, 13, 16—19, 23, 28, 29, 32, 34, 35, 36, 39, 41—44, 47, 49, 55, 58, 59, 61—64, 71, 74—80, 84, 85, 88, 94, 96, 99, 100, 106, 108, 109, 111, 120, 127, 128, 130—135, 139, 140, 142—147, 149, 150, 157, 158, 160, 161, 162, 164, 166—169, 173—180, 183—185, 187, 189—192, 194—199, 202, 206—214, 220, 221, 225, 226, 229, 231, 232, 239, 241, 246, 247, 250—254, 261, 262, 265—270, 272—283, 290—293, 296—298, 300, 302, 303, 308, 309, 310, 312, 313, 318—320, 322, 327, 329, 335—338, 342, 346—351, 354—360, 362—366, 368, 372—377, 379, 380, 382, 385—387, 389, 390, 396, 399, 400, 403, 406   Československé hudební nástroje, Hradec Králové 235   Cooper A. G., Londres 152, 153   Dabac T., Zagreb 367   Daedalus Magazine, Dialogue vol.3 413   Daniélou A., Berlin 295, 299   Edgerton W. H., New York 392   Egyptian Museum, Le Caire 30   Ehm J., Prague 384, 391, 393   Galleria e Museo Estense, Modène 181, 182   Groth I. Kimball 307   Guillemin G., Limoges 381   Hanzelka J. — Zikmund M., Prague 311, 315, 316   Herschtritt L., Paris 323   Herzog Anton Ulrich Museum, Brunswick 126   Holics G., Budapest 104, 171, 215   Holman F., Hradec Králové 4, 219, 222, 228, 233, 234, 236—238, 240, 243, 401, 402   Honty T., Prague 57, 306, 371   Hýsek J. — Prague 141, 223, 224   Illek J. — Paul A., Prague 69   IPS, New York 410—412   Jairazbhoy N. A., Londres 248, 249, 255   Jisl L., Prague 258   Jonsborg K., Oslo 341, 345   Kroh A., Zakopane 353   Kubica V., Prague 328, 331, 333, 339, 340   Kunsthistorisches Museum, Vienne 86, 101, 102, 110, 115, 123, 151, 156, 394, 395   Leach J., Londres 271, 332, 344, 378   Machulka B., Prague 326   Mellema R. L., Amsterdam 304   Meyer, Vienne 92, 93, 97, 98, 105, 111   Michaud R., Paris 325   Müller E., Kassel 51, 112, 138, 388   Münchner Stadtmuseum, Munich 218   Musée des Instruments Musicaux, Bruxelles 33, 48   Musée National du Louvre, Paris 20, 21, 27   Musée Royal des Beaux-Arts, Plaatsnijdersstraat 2-B-2000, Anvers 81—82   Museo degli Strumenti Musicali, Castello Sforzesco, Milan 107, 118, 119   Museo del Prado, Madrid 117   Museo Nazionale, Naples 40, 46, 50, 52   Museum of Art, North Carolina 121   Museum van Speeldoos tot Pierement, Utrecht 397   Museum Voorland en Volkenkunde, Rotterdam 305   Musikinstrumente und Kulturwaren, Plauen 242   Nationalmuseet, Copenhague 14, 15   National Gallery, Londres 1   National Museum, Athènes 38   Nemzeti képtár, Budapest 129   Neruda J., Prague 154, 155, 343   Oorthuys C., Amsterdam 383   Photograph Services, Metropolitan Museum of Art, New York 103, 122, 136, 217, 230   Press Information Bureau, New Delhi 244, 245, 256, 257   Publimages, Paris 148, 170, 172   Rapid, Prague 200, 203   Reinhard K., Berlin 334   Rieger-Kloss, Krnov 227   Sammlung Haags Gemeentemuseum, La Haye 113, 114   Saurin-Sorani, Wuppertal 398   Scala, Florence 87   Seidel G., Leipzig 408, 409   Service de documentation photographique de la Réunion des Musées Nationaux, Paris 159, 165   Sobieski M., Varsovie 352   Šolc V., Prague 314   Staatliche Museen, Vorderasiatische Abteilung, Berlin 24   Staatliche Bibliothek, Munich 53, 54   Staatliches Institut für Musikforschung, Musikinstrumenten-Sammlung, Berlin 89   Steinkopf W. 116   Stephan S., Adorf 137, 193, 201, 205, 216, 260, 301, 361   St. John College, Cambridge 60   Státní ústav památkové péče, Prague 72, 73   Szabó T., Bratislava 369, 370   Tass, Moscou 259, 263, 264   Vaniš — Sís, Prague 284

GARANTIE DE L'ÉDITEUR
Pour vous parvenir à son plus juste prix, cet ouvrage a fait l'objet d'un gros tirage. Malgré tous les soins apportés à sa fabrication, il est malheureusement possible qu'il comporte un défaut d'impression ou de façonnage. Dans ce cas, ce livre vous sera échangé sans frais.
Veuillez à cet effet le rapporter au libraire qui vous l'a vendu ou nous écrire à l'adresse ci-dessous en nous précisant la nature du défaut constaté. Dans l'un ou l'autre cas, il sera immédiatement fait droit à votre réclamation.
Librairie Gründ — 60 rue Mazarine — 75006 Paris

Traduction de Barbora Faure
Dessins par Ivan Kafka
© 1980 by ARTIA, Prague

Pour la traduction française:
© 1980 by GRÜND, Paris
ISBN 2-7000-1316-6
Cinquième tirage 1989
Imprimé en Tchécoslovaquie par Svoboda, Prague
2/13/02/53-05

TABLE

Introduction 7
    Les instruments de musique et leurs créateurs 7
    Les instruments et la production des sons 9
    Tentatives de classification des instruments 14

I — Les instruments de musique de la Préhistoire à nos jours 18
    La Préhistoire 18
    L'Antiquité: Mésopotamie, Égypte, Judée, Grèce, Étrurie et
        Rome 29
    Le Moyen Age 58
    Les Temps modernes et l'époque contemporaine:
        Renaissance; baroque et classicisme; les instruments de
        l'orchestre moderne (XIXe et XXe siècles) 81

II — Les instruments nationaux et populaires 198
    L'Asie: Inde et Pakistan; Mongolie et Républiques
        soviétiques d'Asie centrale; Chine, Japon et Corée; Sud-Est
        asiatique; archipel indonésien et Océanie 198
    L'Amérique: Amérique centrale et Amérique du Sud,
        Amérique du Nord 246
    L'Afrique noire 257
    Les Pays arabes 265
    L'Europe: Scandinavie; Russie d'Europe; Europe centrale;
        Europe du sud-est et du sud; Europe occidentale 275

III — Les instruments de musique mécaniques 312

IV — Les instruments de musique électriques 327

Notation et accord des instruments européens les plus usuels 341
Lexique des termes techniques 344
Principales collections mondiales d'instruments de musique 345
Orientation bibliographique 346
Index 348

1 Flûtes et viole de gambe.
Robert Tournières (1667—1752)· *Ensemble de musique de chambre de la Cour* (les deux flûtistes assis sont Jean et Jacques Hotteterre, membres de l'illustre famille d'instrumentistes et facteurs d'instruments à vent). Huile, Paris, vers 1705, National Gallery, Londres.

INTRODUCTION

LES INSTRUMENTS DE MUSIQUE ET LEURS CRÉATEURS

La musique accompagne les activités humaines du berceau à la tombe et, si on excepte la voix, les instruments sont les seuls à pouvoir exprimer par leurs sonorités la foi et l'espérance, la joie et la douleur humaines. De plus, dans d'autres civilisations que celle d'Europe, les instruments de musique sont souvent l'objet de cultes particuliers ou porteurs de symboles ou de représentations cosmiques.

Le degré d'évolution de la civilisation et le niveau de vie de la société concernée ont toujours influencé de manière déterminante le développement de l'art musical et de ses instruments. La culture musicale des sociétés, appelées à évoluer de manière isolée fut lente à atteindre un niveau formel élaboré. Au contraire, la vie culturelle, et donc musicale, fit preuve d'une évolution intense aux points de rencontre de diverses influences et poussées culturelles. Ces différentes civilisations se complétaient et s'opposaient: leurs relations donnèrent lieu, à certains moments-clés de l'histoire humaine, à une nouvelle évolution qualitative de l'art musical.

Suivre le développement millénaire des instruments de musique depuis leurs archétypes jusqu'aux complexes instruments électroniques de notre époque, revient à parcourir le passionnant chemin de l'histoire de l'inventivité humaine en même temps que celle des modifications du sentiment esthétique. Selon les époques et selon les cultures, tel ou tel son perçu était jugé plus ou moins harmonieux. La popularité des instruments de musique montait ou descendait en conséquence. Lorsque la sonorité d'un instrument correspondait aux normes esthétiques locales d'une certaine époque, cet instrument était fabriqué avec maintes et maintes variations et son aspect faisait l'objet d'une attention soutenue. Les objets obtenus atteignaient souvent une telle perfection formelle que ce sont de véritables œuvres d'art susceptibles d'intéresser non seulement les musiciens et les facteurs d'instruments, mais aussi les artistes et les collectionneurs. Parfois, l'esthétique de l'instrument l'emportait sur sa musicalité. Bois précieux, ivoire, métaux

2 Fabrication d'instruments de musique au XVIIIe siècle.

3 Atelier du facteur de cuivres et de tambours Václav František Červený, à Hradec Králové
(Tchécoslovaquie).
Gravure sur acier, 1889.

rares, servaient à sa fabrication, et il recevait des ornementations de pierres précieuses, de nacre
et de lazurite. Dans ce domaine aussi l'instrument suit les modes et devient par là un document
objectif des transformations stylistiques du goût. Comme toute création, l'instrument de musique
n'atteint cependant sa perfection qu'au moment où il cesse d'être considéré simplement comme
un meuble ou un élément décoratif, où il n'est plus non plus uniquement destiné à produire des
sons, mais devient un objet qui synthétise en lui l'aspect esthétique et l'aspect utilitaire.

Déterminer l'origine des plus anciens instruments, suivre les étapes de leur évolution et établir
leurs variations morphologiques est une tâche ardue. Le matériau fragile dont ils étaient faits le
plus souvent ne s'est pas conservé jusqu'à nos jours et les plus anciens instruments exposés dans
les collections des musées datent seulement du XVIᵉ siècle. Il est exceptionnel de rencontrer des
instruments antérieurs à cette époque: ils sont alors construits en matériaux particulièrement
résistants. L'étude des instruments anciens ne s'appuie donc que sur des découvertes archéologiques isolées et sur les documents graphiques et iconographiques. Pour ce qui est des pièces
archéologiques, il ne faut jamais perdre de vue le fait que, comme dans le cas des sculptures
antiques, les parties fragiles des instruments, qui contribuaient à leur donner leur forme, sont les
plus endommagées et que le restaurateur n'est pas toujours à même de leur rendre leur forme
initiale. La même prudence s'impose face aux documents écrits: ceux-ci contiennent le plus
souvent uniquement le nom de l'instrument, sans aucune indication sur son aspect ou sa fabrication. Ainsi, ce sont finalement les documents bidimensionnels qui nous donnent le plus de ren-
seignements, car là où l'auteur d'un texte s'est contenté de citer un nom, l'illustrateur s'est vu obligé
de représenter l'instrument dans son ensemble. Au contraire des textes, la peinture et le dessin
mettent souvent en lumière tel ou tel détail négligé dans le document écrit. Mais même dans

l'étude des documents iconographiques le chercheur se doit de rester prudent car les instruments représentés ne correspondent pas toujours à la réalité. Voilà donc les matériaux dont disposent les organologues: documents, hypothèses, déductions ou intuitions souvent difficiles à confirmer. Et c'est sur ces bases fragiles qu'il leur faut s'appuyer pour décrire la morphologie, le fonctionnement et la tonalité des plus anciens instruments. Les chercheurs possèdent par contre une abondante documentation en ce qui concerne l'évolution des instruments classiques, depuis leur apparition jusqu'à nos jours: littérature moderne, représentations artistiques, sans parler des instruments conservés eux-mêmes.

Si les documents littéraires et les objets parvenus jusqu'à nous nous fournissent quelques données sur les anciens instruments, nous ignorons par contre tout de leurs créateurs. Les historiens de la musique eux-mêmes n'ont pas prêté grande attention à ces questions techniques, si bien que, dans la mesure où il existe quelques indications isolées, celles-ci sont à chercher plutôt dans les archives des métiers et des corporations. Pendant longtemps, il était courant pour les musiciens de fabriquer eux-mêmes leurs instruments. Le revirement s'effectua au moment de la Renaissance, qui eut une véritable passion pour les collections d'œuvres d'art. Les instruments de musique n'échappèrent pas à cette mode, surtout s'ils étaient faits de bois précieux, sculptés, décorés de pierres dures, d'écaille ou d'ivoire. C'est aussi dans le courant du XVIe siècle qu'apparaissent les grands centres de fabrication comme Nuremberg (cuivres, automatophones), Bologne et Venise (luths), Crémone (violons) et Anvers (cordophones à claviers) etc. Plus tard, la fabrication d'instruments de musique se concentre dans des manufactures distribuées dans diverses parties de l'Europe (Paris, Füssen, Vienne, Mittenwald). Enfin, depuis la deuxième moitié du XIXe siècle, elle est confiée à de véritables usines.

LES INSTRUMENTS ET LA PRODUCTION DES SONS

Le principe de fonctionnement des instruments de musique, leur morphologie et leurs propriétés phoniques découlent des phénomènes physiques liés à la production des sons. L'étude de ces phénomènes est le domaine de l'acoustique (du grec *akouein*, entendre), donc, au sens étroit du terme, de l'étude de l'audition et des impressions auditives. Au sens large, l'acoustique s'intéresse également à l'étude des sons et des tons perçus, donc à celle des instruments de musique.

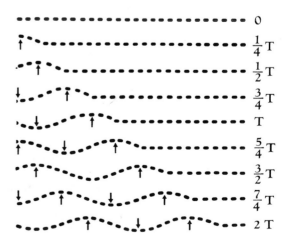

Formation d'une onde circulaire.

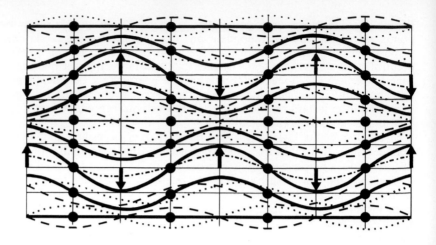

Tout instrument comprend une partie vibrante, le vibreur, dont le rôle est de produire les ondes sonores et d'une partie excitante, le générateur, dont le rôle est de produire la vibration du vibreur. Lorsque ce dernier produit des ondes de trop faible amplitude, on y adjoint un élément amplificateur.

La partie essentielle d'un instrument de musique est constituée par un ou plusieurs vibreurs. Il s'agit de corps rigides ou élastiques dont la matière oscille, une fois mise en mouvement, pendant un temps plus ou moins long. La forme des vibreurs est très variable: ce peuvent être des tiges, des tuyaux, des plaquettes plus ou moins planes ou courbées, etc. Les matériaux qui les composent sont également variés: verre, pierre, métal, voire bois. Les vibreurs de ce modèle sont librement suspendus. Fixés en un seul point, ils peuvent vibrer dans toutes les directions; fixés en deux points, ils ne vibrent que dans une direction donnée. Les vibreurs peuvent aussi reposer sur un support de manière que seule une infime partie de leur corps entre en contact avec ce dernier. Tous ces instruments reçoivent le nom d'**idiophones** (instruments à corps solide vibrant). Le vibreur peut être en partie immobilisé de manière que seule une portion en soit affectée par la vibration. On parle alors d'**hémi-idiophones.**

Les **aérophones,** ou instruments à air vibrant, ont pour vibreur une masse gazeuse délimitée par leurs parois et devenue élastique par compression.

Des corps souples rendus élastiques par une traction longitudinale (cordes) ou exercée sur toute leur surface (membranes) sont également susceptibles de vibrer. Les sons qu'ils produisent

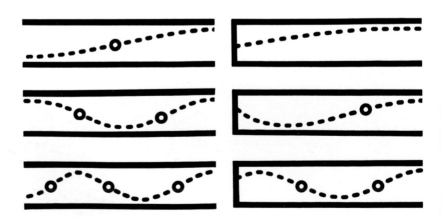

Vibration de la colonne d'air d'un tuyau ouvert et fermé.

4 Atelier moderne de lutherie (Tchécoslovaquie).

doivent toutefois être amplifiés pour être audibles. Ces instruments sont soit des **cordophones,** soit des **membranophones.**

Parmi les générateurs entraînant le mouvement du vibreur citons les mécanismes à marteaux, à plumes, à air ou à influx électromagnétique, mais aussi les baguettes, les archets, les diapasons, les lèvres ou les doigts de l'instrumentiste etc. Si les générateurs sont d'une grande diversité, il n'existe en fait que cinq manières différentes d'exciter le vibreur: par un coup unique dont l'énergie se transmet par le choc au vibreur, la vibration s'amortissant ensuite librement; des coups répétés transmettent leur énergie par des excitations ininterrompues, entraînant une vibration persistante du vibreur. La friction du vibreur est en fait une série de pincements et relâchements superposés, produisant une vibration continue; le pincement déplace le vibreur de sa position d'équilibre et le libère brusquement, le laissant alors effectuer une série de vibrations librement amorties. Enfin, l'action d'une force interne variable peut transmettre son mouvement au vibreur, celui-ci ne vibrant pas de lui-même.

Quel que soit le type de générateur et celui du vibreur, l'oscillation naît généralement en un point unique de ce dernier. Chez les idiophones, elle est due au déplacement d'un point de la surface du vibreur de sa position d'équilibre, perpendiculairement à cette surface. Chez les aérophones, c'est une partie de la colonne d'air qui s'éloigne de sa position d'équilibre en direction du plus grand volume de la colonne, et chez les cordophones, c'est un point de la corde qui est écarté de sa position d'équilibre perpendiculairement à la surface de la corde.

A la surface du vibreur apparaît alors une onde sonore circulaire analogue aux ondes formées par une perturbation à la surface de l'eau. Cependant, la progression de l'onde sonore ne se limite pas à la surface du corps: dans les membranes, la vibration de surface ébranle les autres couches de matière si bien que toute l'épaisseur de la peau est finalement mise en mouvement.

5 Classification des instruments à cordes, d'après J. Lehmann.

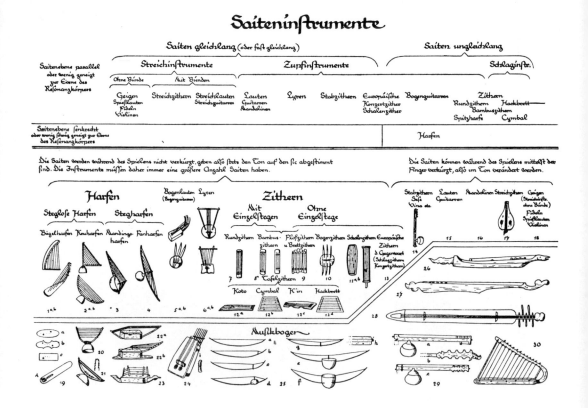

Dans les cordes, la vibration de surface fait vibrer les autres couches sur toute la section de la corde (vibration linéaire). Dans les idiophones, par contre, la vibration de surface se transmet aux autres particules de matière de la manière suivante: le déplacement d'un point perpendiculairement à la surface est à l'origine d'une onde de surface transversale en même temps que d'une onde longitudinale se propageant vers le centre du corps vibrant.

Lorsque le vibreur ne peut, du fait de sa faible surface, produire une quantité suffisante d'énergie sonore (cordes, membranes), on lui adjoint un amplificateur qui présente les mêmes propriétés qu'un vibreur avec une surface plus étendue, permettant une plus forte production d'énergie. Les amplificateurs peuvent avoir une forme de caisse, de boîte, de tube, de récipient etc. Parfois on augmente la quantité d'énergie sonore produite en développant artificiellement la surface du vibreur. Le corps de grande surface ajouté ainsi au vibreur reçoit le nom de diffuseur.

Pour fonctionner correctement, un amplificateur doit renforcer les oscillations du vibreur sans déformation à toutes les longueurs d'onde. On utilise donc à cette fin des corps dont la forme et les dimensions garantissent qu'ils ne présentent pas d'oscillation propre ou que leur oscillation propre se trouve en-deçà ou au-delà des oscillations limites du vibreur. Dans certains cas, lorsque le vibreur est fait pour vibrer à une certaine longueur d'onde, on s'arrange pour conserver la longueur d'onde des vibrations de l'amplificateur dans le même ordre de grandeur et on la coordonne exactement avec les vibrations du vibreur. La vibration propre de l'amplificateur vient alors renforcer la vibration du vibreur (c'est le cas par exemple des tuyaux à anches, du diapason) et on assiste à un phénomène de résonance. L'amplificateur prend alors le nom de résonateur.

Du point de vue physique et technique, on peut donc diviser les instruments de musique selon leurs types de vibreurs et de générateurs. La classification peut être poussée plus loin en prenant en compte les types d'amplificateurs ou d'autres caractères techniques et acoustiques. La classification résumée dans le tableau ci-dessous ne porte que sur certains instruments de musique savante européenne. Elle diffère de la systématique courante des instruments de musique car elle repose sur les propriétés acoustique des vibreurs, des générateurs et des amplificateurs.

	Vibreur	Générateur	Amplificateur	Instrument
idiophones	lames librement posées	baguettes mécanisme à marteaux	— résonateurs	xylophone, jeu de timbres vibraphone célesta
	lames librement pendues plateaux plaques suspendues	baguette percussion maillet	— — —	triangle, cloches-tubes cymbales gong, tam-tam
hémi-idioph.	lames assujetties par une extrémité	air	résonateurs	tuyaux à anches des orgues, harmonicas, accordéons, harmoniums
aérophones	colonne d'air	bec et lèvres anche anche double embouchure	— — — —	flûte, petite flûte clarinettes, saxophones hautbois, basson trompette, trombone, cor d'harmonie, tuba
cordophones	cordes	médiator, doigts mécanisme à maillets mécanisme à sautereaux baguettes	caisse de résonance	mandoline, banjo, harpe, guitare piano à queue, piano droit clavecin tympanon
membranophones	une peau	baguettes mains	bassin en cuivre cylindre creux tonnelet cadre	timbale bongos, timbales congas tambour de basque
	deux peaux	baguette baguettes	cylindre creux	grosse caisse caisse claire, caisse roulante

TENTATIVES DE CLASSIFICATION DES INSTRUMENTS

Les instruments de musique sont des objets fabriqués en vue de la production des sons nécessaires à l'exécution de la musique. Or la musique n'est pas faite de n'importe quels sons, mais de sons particuliers, arrangés d'une manière précise. Les instruments de musique donnent à ces sons une certaine durée, une certaine intensité, un certain timbre, une certaine hauteur tonale. Bien que leur existence soit indépendante de l'instrumentiste, celui-ci en devient parfois une partie constitutive. De même que l'orgue et la cornemuse ne peuvent se passer du flux d'air provenant de la soufflerie, de même le souffle humain est indispensable à la production du son sur les autres aérophones. De plus, en dehors même du poumon, les lèvres de l'instrumentiste auxquelles le bord de l'embouchure impose leur forme et qui se transforment ainsi en un équivalent de l'anche, peuvent être considérées comme faisant corps avec les instruments à embouchure. Des objets originellement destinés à tout autre chose que la musique peuvent devenir des instruments de musique: c'est le cas des enclumes, des coucous, de différents appeaux, de sifflets de signalisation etc. utilisés pour certains effets musicaux. Il n'est donc pas aisé de répondre à la question: «Qu'est-ce qu'un instrument de musique?» La définition des époques passées, pour lesquels était instrument de musique «tout objet produisant des sons», s'avère insuffisante. Nous en arrivons donc à des définitions plus élaborées qui considèrent qu'est instrument de musique une source sonore intentionnellement agencée, construite et utilisée pour la production musicale, objectivement susceptible, du fait de ses propriétés acoustiques, de participer à un effet musicalement artistique car ses propriétés acoustiques correspondent aux normes culturelles d'un peuple donné à une période historique déterminée.

Les peuples les plus anciens cherchaient à classifier les instruments: dans les ouvrages des anciens théoriciens chinois, cette classification repose sur le matériau dont est fait l'instrument; dans l'Inde ancienne, l'encyclopédie *Natya-Çastra,* prend comme critère les propriétés physiques de la matière mise en vibration. L'Europe médiévale a délaissé l'étude des instruments et n'a pas

6—7 Classification des harpes de l'Égypte ancienne d'après H. Hickmann.

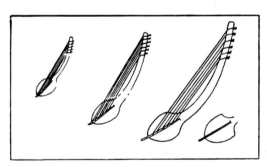
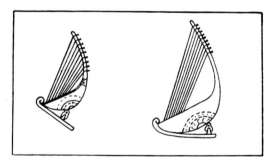
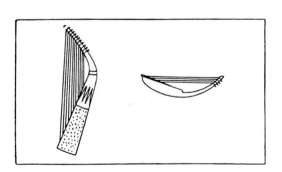

poussé plus loin la classification établie par le théoricien français de la musique Johannes de Muris (vers 1291— après 1351) en instruments à cordes *(tensibilia),* à vent *(inflatibilia)* et à percussion *(percussibilia).*

Le traité de Jérôme de Moravie *Tractatus de musica* (vers 1250), comprenant des documents précieux sur l'accordage des violes au Moyen Age, fait une exception. La dernière œuvre d'importance fondamentale, concernant l'organologie médiévale est la partie *De organografia* du traité *Syntagma musicum* de Michael Praetorius (1571—1621).

Le pionnier de la systématique scientifique moderne fut le Belge François Auguste Gevaert, qui classifie les instruments en instruments à cordes, à vent, à membrane et autophones, dans un ouvrage intitulé *Traité d'Instrumentation,* datant de 1863. Les deux premiers groupes sont ensuite subdivisés selon la manière dont ils sont mis en vibration: chez les instruments à cordes, il distingue ainsi des types à friction, à pincement et à percussion et chez les instruments à vent, des types à trous, à anches et à embouchure. Le matériau dont sont faits les membranophones et les autophones permet à Gevaert d'établir une nouvelle distinction entre les instruments à hauteur déterminée ou indéterminée. Le continuateur de Gevaert est le Belge Victor Charles Mahillon. Son *Catalogue descriptif* (1888) se fonde, parfois sans une rigueur absolue, sur des principes acoustiques. Mahillon reprend à son compte les grandes lignes de l'ancienne classification indienne et subdivise les instruments en autophones, membranophones et aérophones.

Du système de Mahillon un pas suffit pour arriver à la systématique établie en 1914 par les auteurs Erich M. von Hornbostel et Curt Sachs, et qui demeure à nos jours l'unique classification un peu ancienne universellement reconnue. Ces auteurs remplacent le terme d'autophones par son équivalent idiophone; le reste de la terminologie et les principales catégories correspondent à celles de Gevaert. Leur classification s'établit suivant deux orientations: pour les idiophones et les membranophones, elle tient surtout compte du mode de jeu, pour les cordophones de la morphologie externe, pour les aérophones des organes fonctionnels caractéristiques. Bien que la conception du système permette de classer les données concernant les différents instruments de manière à faire ressortir leurs relations et leurs parentés, le principe numérique sur lequel il se

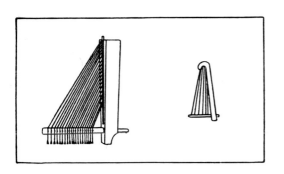
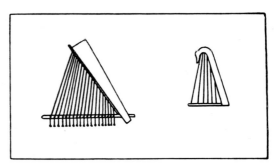
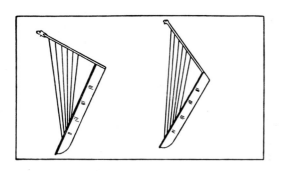
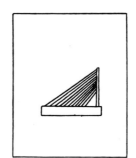

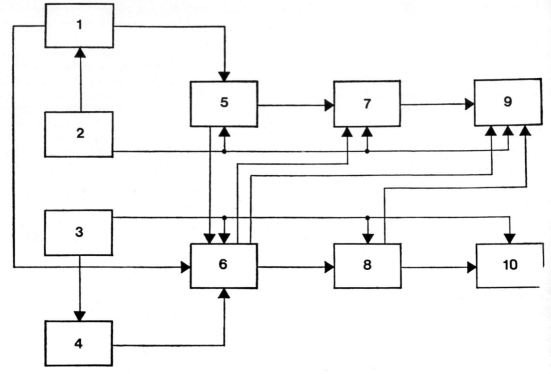

8 Schéma du modèle d'instrument musical établi par P. Kurfürst

1 Alimentateur de l'oscillateur principal
2 Modulateur de l'oscillateur principal
3 Modulateur de l'oscillateur secondaire
4 Alimentateur de l'oscillateur secondaire
5 Oscillateur principal

6 Oscillateur secondaire
7 Amplificateur de l'oscillateur principal
8 Amplificateur de l'oscillateur secondaire
9 Émetteur de l'oscillateur principal
10 Émetteur de l'oscillateur secondaire

fonde ne permet pas de classer logiquement tous les instruments postérieurs à 1914, pas plus que ceux résultant d'une combinaison d'instruments.

Dans son étude intitulée *D'une nouvelle classification méthodique des instruments de musique* (1932), André Schaeffner distingue les instruments à corps solide vibrant et les instruments à air vibrant. Il subdivise ensuite les instruments à corps solide vibrant en corps solides flexibles, c'est-à-dire instruments à languette vibrante (linguaphones) et en corps solides susceptibles de tension, c'est-à-dire les cordophones et les membranophones. A la différence de la classification d'Hornbostel et Sachs, Schaeffner s'intéresse surtout au matériau dont est fait l'instrument et sa classification se rapproche donc de l'ancien système chinois.

Dans son ouvrage *Prinzip einer Systematik der Musikinstrumente* (1948), Hans-Heinz Dräger définit l'instrument de musique comme un objet sonore intentionnellement distingué et élaboré, qu'il soumet ensuite à une série de questions. Il commence à caractériser l'instrument par son aspect extérieur, la nature de la partie vibrante et aboutit à des considérations sur le jeu d'un instrument précis par un instrumentiste précis. L'ordre des questions est le même pour tous les instruments. Élève d'Hornbostel et de Sachs, Dräger s'en tient donc aux principes systématiques de ses maîtres, mais développe leurs conceptions en les étendant à un plus grand nombre de domaines.

Plus récemment, les Anglais Jeremy Montagu et John Burton ont publié, dans leur étude *A proposed new classification system for musical instruments* (1971), un projet de classification particulièrement intéressant. Selon eux, on se souvient beaucoup plus facilement de mots que de longues séries de chiffres (et c'est ainsi qu'ils expliquent le manque de popularité de la systématique de Sachs et Hornbostel). Le système de Montagu et Burton représente donc en fait une sorte de clé de détermination, utilisant une série de définitions qui permettent de reconnaître l'instrument de musique. Ainsi, toutes les expressions employées ont une signification claire et les clés sont utilisables tant par l'organologue averti que par un lecteur sans connaissances particulières en la matière.

Certains organologues ont tenté de mettre de l'ordre au moins à l'intérieur de certains groupes d'instruments. Dans les années 1920, Johann Lehmann a établi une classification des flûtes et des instruments à cordes extra-européens, à partir de l'évolution morphologique des instruments, mais sans parvenir à une perspective homogène. L'ethno-musicologue suédois Tobias Norlind a établi une systématique des cordophones, son ouvrage *Systematik der Saiteninstrumente* (1936—1939) se fondant sur un principe organographique. L'égyptologue Hans Hickmann a, de son côté, classifié selon leur forme les harpes de l'Égypte ancienne.

Le théoricien de la musique Pavel Kurfürst, un Tchèque, propose actuellement une systématique qui utiliserait méthodiquement un point de vue acoustique et travaillerait à l'aide d'un ordinateur. A cette fin, il a établi un modèle schématique d'instrument de musique, comprenant tous les éléments fonctionnels des instruments et prenant en compte toutes les relations possibles entre ces éléments. L'auteur emprunte sa terminologie au domaine de la radio-électricité et cherche à établir, grâce à une analyse acoustique, quels éléments du modèle sont mis en œuvre par tel ou tel instrument. Les données ainsi obtenues seront ensuite traitées par ordinateur dans le but d'établir une comparaison détaillée de tous les instruments de musique entre eux, et une classification fondée sur tous les éléments possibles et sur toutes les relations imaginables entre ces éléments.

La section organologique de l'ICOM (International Comitee of Museums) travaille actuellement à une nouvelle classification des instruments. Ses recherches, présentées au congrès à Moscou en 1977, portent sur le perfectionnement de la classification Hornbostel-Sachs.

A l'époque actuelle, les organologues, en collaboration avec les spécialistes techniciens, portent leur attention sur l'amélioration des qualités technologiques, et des principes de construction des instruments traditionnels, classiques, utilisant comme médium la vibration de l'air, ainsi que sur l'étude des nouvelles possibilités qui en découlent. Leur deuxième champ de recherche concerne les instruments électriques, dont la conception découle des propriétés du courant électrique en tant qu'élément producteur du son. Ces instruments connaissent depuis quelques années un développement inattendu. Alors que l'orgue représente, dans le domaine des instruments classiques, le summum de la performance sonore, les instruments de musique électrique le surpassent encore, car ils ne connaissent aucune des limitations imposées par la matière. Les perspectives ainsi ouvertes attendent encore leur pleine exploitation artistique.

Il est donc difficile d'établir une classification reposant sur des méthodes traditionnelles de ces créations élaborées, combinant en elles l'art, la technique et l'invention humaine, que sont les instruments de musique. Cependant, puisque nous savons qu'on peut analyser et mesurer exactement le monde des sons, nous pouvons espérer que les chercheurs et les acousticiens réunis parviendront enfin à élaborer la clé d'une classification homogène des instruments de musique.

Dans la présente encyclopédie, les instruments sont classés d'une part d'un point de vue historique et d'autre part selon les principes acoustiques en trois grands groupes: instruments **acoustiques, mécaniques** (automatophoniques) et **électriques** (électroacoustiques et électroniques). L'histoire des instruments acoustiques constitue ici la partie la plus développée; les instruments y sont classifiés d'après la partie vibrante (vibreur) en idiophones (instruments à corps vibrant), en aérophones (instruments à air vibrant) et en cordophones et membranophones (instruments à cordes et à membranes vibrantes). Un chapitre est consacré aux instruments de musique mécaniques, un autre aux instruments électriques.

Un lexique détaillé page 344 permet au lecteur de s'orienter dans les principaux termes techniques, un tableau à la page 341 donne un aperçu complet de l'étendue tonale et de l'accord des instruments de musique classiques.

I — LES INSTRUMENTS DE MUSIQUE
DE LA PRÉHISTOIRE A NOS JOURS

LA PRÉHISTOIRE

La mise au jour d'instruments de musique primitifs ne nous donne que quelques indications isolées sur la production musicale préhistorique. Le nombre d'instruments actuellement découverts ne permet de nous faire une idée définie ni sur la musique, ni sur l'éventail des instruments préhistoriques. L'étude des instruments préhistoriques, ou archéo-organologie, intéresse pourtant depuis quelques années de plus en plus les archéologues. Les bases de cette science furent établies par les découvertes fondamentales du musicologue allemand Curt Sachs, des Anglais Francis William Galpin et Arnold Dolmetsch, et plus près de nous encore, par les nouveaux progrès de cette branche, dus aux efforts de

9 Tambour en terre.
Énéolithique.

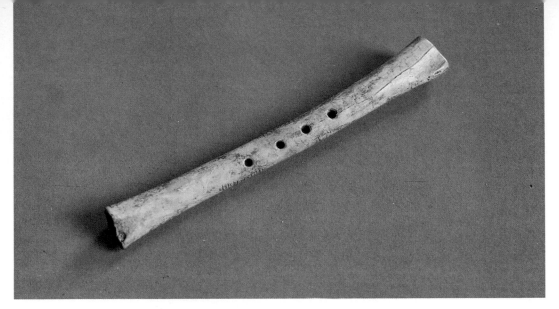

10 Flûte en os d'oiseau.
Région de Riazan', Russie centrale, IIe millénaire avant J.-C.

Hochet d'argile cuite et sa
coupe. Fin du néolithique,
Vykhvatintse, Moldavie
soviétique.

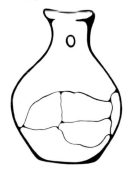

John Vincent Stanley Megaw. Comme les autres branches de l'archéo-logie, l'archéo-organologie s'en tient strictement à l'étude des documents et des objets conservés que présentent les collections mondiales ou les publications archéologiques.

Le premier son marquant le début de l'histoire musicale de l'humanité fut produit par l'homme préhistorique sur un instrument qui pouvait être tout aussi bien à vent, à cordes ou d'un autre type. Ce «premier instrument de musique» ne nous est cependant pas parvenu. Les instruments de musique, ou plus exactement de sonorité, ont existé bien avant l'invention de la tonalité ou l'exécution d'une mélodie donnée. Ils produisaient simplement un certain son qualitatif, sans exigences quant à sa hauteur. Mais même à ce stade précoce, les instruments à sons présentaient un haut niveau d'évolution.

L'outillage sonore qui nous est parvenu: **hochets, racleurs** et **cliquettes,** témoigne d'un sens certain du rythme. Ces instruments servaient en même temps à chasser les esprits et à soigner les maladies. Ce ne fut que plus tard, lorsque leurs dimensions diminuèrent, qu'ils servirent également de jouets d'enfants. Des hochets d'argile peinte furent trouvés dans des tombes d'enfants à Vykhvatintse en Moldavie datant du début du deuxième millénaire avant J.-C. Des hochets d'argile en forme de diverses figurines contenant des cailloux servaient à rythmer les danses, à accompagner les cérémonies et les jeux enfantins. De telles statuettes furent découvertes un peu partout en Europe dans des sites de l'époque de Hallstatt et, en nombre particulièrement important, dans des sites de l'époque néolatène. Les hommes de l'âge de la pierre connaissaient aussi des instruments à son gratté dont le principal représentant est le racleur. Un racleur en os entaillé en dents-de-scie sur lesquelles on passait une baguette, datant de l'époque paléolithique, fut découvert dans la grotte de Pekárna en Moravie. Au Venezuela, on a dé-

11 Arc musical.
Peinture rupestre, paléolithique, environ 15 000 ans avant J.-C. Grotte des Trois-Frères, France.

Sifflets de signalisation en os de renne. Paléolithique, Sveardhorg (Danemark) et Csáklya (Hongrie).

couvert près de Valencia un **gong** en néphrite gris-vert, preuve que l'homme a su très tôt distinguer les pierres selon leur qualité sonore.

Il est certain que les simples **sifflets** en os percé apparaissant dès l'âge dc pierre sont les plus anciens de tous les instruments de musique connus. Les résultats des recherches archéologiques effectuées durant les dernières années en Europe orientale confirment, par la richesse de modèles de flûtes découverts, l'importance de cet instrument dans la vie quotidienne préhistorique. Un fragment de sifflet en os à trois trous, appartenant à la troisième couche aurignacienne (environ 18 000 avant J.-C.) de la grotte d'Istúriz dans les Pyrénées ne se différencie que faiblement des flûtes qui lui sont postérieures de plusieurs millénaires. Plus récemment, des archéologues soviétiques ont découvert, dans le site paléolithique de Moldova (région de Tchernovtsy) une flûte en bois de renne à perce longitudinale. L'instrument, élaboré avec une exceptionnelle ingéniosité, porte quatre trous sur l'endroit, deux trous très éloignés sur l'envers. Le bois n'est pas percé dans toute sa longueur mais seulement jusqu'au quatrième trou de la partie amincie de l'instrument. Il s'agit donc d'une flûte à tuyau fermé donnant un son à l'octave inférieure d'un tuyau ouvert aux deux extrémités. Un exemplaire plus travaillé encore est le fifre dit de Bornholm, une flûte à cinq trous que certains archéologues datent du néolithique européen. Un instrument voisin de la flûte de Bornholm fut découvert dans un site de peuplement de pêcheurs et chasseurs néolithiques (IIe millénaire avant J.-C.) de la région de Riazan' en Russie centrale. Il s'agit d'un sifflet à quatre trous en os d'oiseau creux, mesurant au total 10,5 centimètres.

C'est également dans des sites de chasseurs que furent découvertes les premières **syrinx** ou **flûtes de Pan,** formées d'une série de tubes en os de différentes longueurs, assemblés à la résine ou à la cire, les extrémités supérieures des tubes formant une ligne horizontale, les extrémités inférieures, une ligne oblique. Les tons étaient obtenus en sifflant sur l'arête de la partie libre, un peu comme on joue sur une clé. Les plus anciennes flûtes de Pan découvertes en Europe sont originaires des régions orientales du continent: d'une nécropole néolithique (2 000 avant J.-C.) d'Ukraine méridionale et d'un site de la région de Saratov.

Chacune se compose de sept à huit tuyaux en os creux d'oiseau, s'étageant de quatre à onze centimètres et demi (les tubes du premier instrument sont ornés de lignes gravées). Les syrinx sont les plus anciens instruments à vent polyphoniques, d'importance particulière pour le développement ultérieur des instruments de musique et notamment pour la création des orgues.

Les parallèles ethnographiques établis entre les instruments respectifs des peuples nord-africains et jusqu'à l'Océanie, laissent à penser que les **tambours** préhistoriques se développèrent, comme chez ces peuples, à partir de prototypes en bois. L'époque énéolithique (âge du cuivre) nous a laissé sur le territoire européen des tambours caliciformes en terre (Bernbourg) et dans le sud de l'URSS des tambours en céramique spiralée en forme de binoculaires. Les reconstitutions modernes de ces tambours se caractérisent par d'exceptionnelles qualités sonores et sont comparables à des instruments actuels de forme semblable, utilisés par des joueurs de tambour du Haut-Nil et tournés sur un tour de potier.

Dans la grotte ariégeoise des Trois-Frères, dans le sud de la France, furent découvertes plusieurs centaines de peintures rupestres, vieilles de quelque 15 000 à 10 000 ans. Certaines représentent des sorciers masqués, déguisés avec des peaux de bêtes, en train de danser. Une de ces silhouettes déguisée en bison tient à la main un instrument en forme d'arc dont la nature reste un sujet de discussion parmi les spécialistes. Pour certains il s'agirait d'une flûte droite; pour d'autres, d'un **arc musical**. Jusqu'à présent, les seuls instruments de musique qui nous soient parvenus de l'âge paléolithique sont des fifres, ce qui n'exclut toutefois pas la possibilité qu'un arc musical ait également existé. Un tel instrument, probablement en bois, en os et en tendons d'animaux, aurait nécessité pour se conserver des conditions physiques tout à fait exceptionnelles.

L'arc de chasse était sans nul doute connu à différentes époques et en différents points du globe. Lorsque le chasseur préhistorique remarqua la vibration de la corde au moment du tir, il commença probablement à la faire sonner pour le plaisir, pour se distraire. Avec le temps, il découvrit que des arcs de différente longueur, à cordes différemment

12 Racleur.
Paléolithique, env. 15 000 avant J.-C.

13 Sifflet en os de renne.
Paléolithique, env. 15 000 avant J.-C.

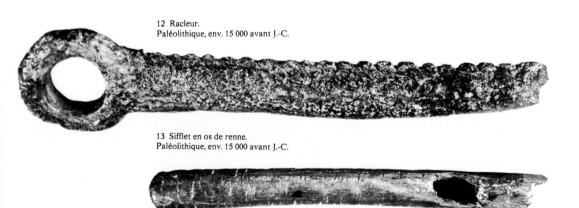

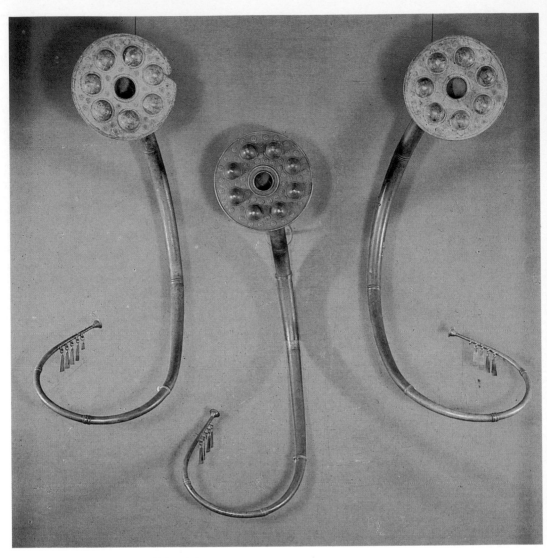

14 Lurs de bronze.
Age du bronze, IIᵉ millénaire avant J.-C.

tendues, donnaient des sonorités de hauteur différente. Lorsqu'il prenait le bout de l'arc entre ces lèvres pour tendre la corde et qu'il vérifiait sa tension de tir d'après la hauteur du son émis, il se rendit probablement compte que le son était notablement renforcé par la cavité buccale. Il découvrit ainsi à la fois le résonateur et l'instrument de musique. Le sorcier de la grotte des Trois-Frères tient la partie supérieure de l'arc dans sa bouche, retient de la main gauche la partie inférieure et joue sur la corde de la main droite. A la différence de nombreuses autres peintures rupestres françaises ou espagnoles, l'élément directement lié à la chasse, l'animal tué ou blessé, n'apparaît pas ici. Le musicien vêtu de peau de bison semble exécuter un acte magique ou une

danse rituelle autour d'un troupeau d'animaux représentés vivants, sans doute pour assurer une bonne chasse.

Plus tard encore, le chasseur s'aperçut qu'il pouvait faire vibrer la corde avec un autre arc, au lieu de la pincer avec le doigt, et que le son obtenu était à la fois plus continu et plus durable, et qu'il variait d'intensité selon la pression exercée sur la corde. C'est exactement l'objet d'une peinture rupestre du Cap en Afrique du Sud, où un Bochiman touche, d'un arc tenu de la main droite, les cordes de sept autres arcs. Cette peinture témoigne donc d'un degré d'évolution plus élevé, les sept arcs y formant un instrument unique, tandis que l'arc tenu dans la main droite du musicien est déjà une sorte d'archet.

Le musicologue bulgare Georgi Yantarski a publié récemment une communication concernant la découverte d'une peinture rupestre en Bulgarie du nord-ouest, représentant un arc musical avec archet. La peinture en question appartient à l'ensemble mis au jour dans la grotte de Rabich dans la région de Bielogradchik. Elle se compose de deux plans superposés. Dans la partie supérieure apparaît un groupe de femmes dansantes et d'hommes nus, visiblement tracés au doigt avec une terre ocre foncé. Tandis que le microclimat humide de la grotte décomposait la paroi rocheuse, la peinture a formé une sorte de couche isolante et a échappé à l'action de l'érosion. Transformant les peintures en

Flûte en os. Age de pierre, grotte de Kent, dans le Devonshire (Angleterre).

15 Cornes en or. Ve siècle.

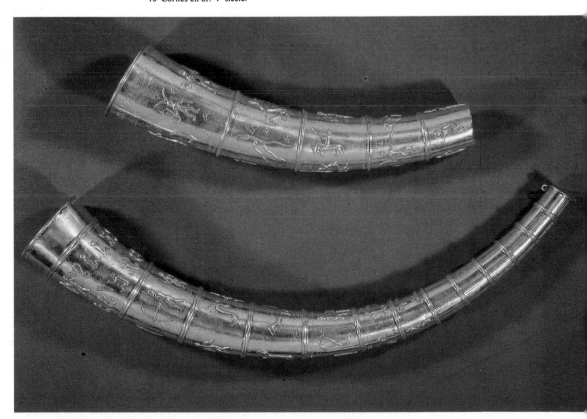

16 Carnyx, trompettes des guerriers celtes.
Relief sur un fragment de vase d'argent, second âge du fer, IIᵉ ou Iᵉʳ siècle avant J.-C.

bas-reliefs, la nature elle-même a ainsi involontairement immortalisé et authentifié ces peintures primitives. Les personnages centraux de la partie inférieure sont deux musiciens. Le premier tient verticalement de la main gauche un arc dont la courbe est tournée vers lui, et paraît ébranler la corde par une sorte d'archet tenu dans la main droite. La seconde silhouette tient contre sa poitrine un tambour à deux membranes dont elle joue avec les deux mains. Bien que cette découverte n'ait pas encore été parfaitement analysée et datée, on conçoit son immense intérêt pour l'organologie. Si la supposition de Yantarski s'avère juste, l'apparition de l'archet, considérée jusqu'à présent comme une invention du VIIIᵉ siècle de notre ère, devra être rejetée dans les temps préhistoriques. Et si c'est bien un tambour à deux membranes que tient la seconde silhouette, il s'agit là d'un document non moins précieux,

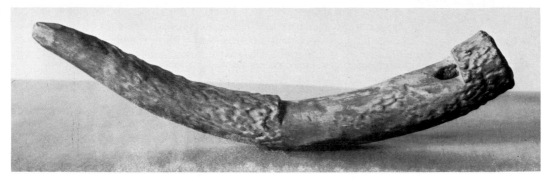

17 Flûte en bois de cerf.
Moravie du Sud, IXe siècle.

Flûte de Pan. Age de pierre,
Klein-Kühnau, près Dessau
(RDA).

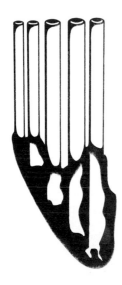

attestant l'existence d'un tel instrument à une époque dont nous ne possédons pour le moment que des tambours caliciformes en terre et des tambours en céramique spiralée en forme de binoculaires.

Probablement, c'est aussi en des temps fort reculés que l'homme découvrit que la corde d'arc tendue, divisée en deux parties inégales, pouvait donner deux tons différents, à la manière de deux tuyaux d'inégale longueur chez la syrinx. Pour diviser ainsi la corde, il a pu utiliser soit une ficelle attachée au bon endroit, soit un léger contact du doigt: ainsi fut involontairement découverte la technique d'obtention des harmoniques par effleurement de la corde (flageolet technique des Anglais), tandis que le contact en diférents points permettait de faire apparaître les intervalles. Il fallut cependant attendre encore de nombreux siècles avant que l'homme sût attacher au même arc plusieurs cordes de longueur inégale et construire ainsi par exemple la harpe ou la lyre sumérienne.

C'est à l'âge du bronze que la civilisation préhistorique atteignit un très haut niveau d'évolution. A côté des flûtes et des instruments à anches, apparurent alors pour la première fois des prototypes d'instruments à embouchure. Le progrès de la fabrication des métaux permit,

18 Sifflet à anche en os.
Dernier quart du IXe siècle.

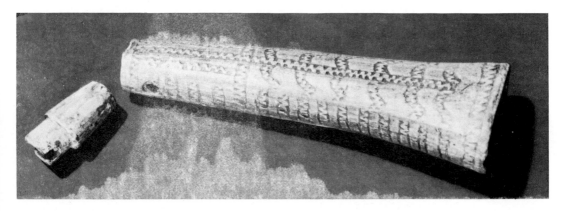

dès le début de cette période, de créer des **cors** en bronze dont l'archétype fut le cor animal. Les instruments les plus évolués du point de vue artisanal et sonore sont à cette époque les **lurs** en bronze en forme de défense de mammouth. Ces instruments, qui mesurent 150 à 240 cm, présentent un tube enroulé en spirale harmonieuse vers le haut et un pavillon tourné vers l'avant. Le tube est constitué par deux parties de longueur inégale et porte, à l'endroit de leur assemblage, des anneaux latéraux servant de fixation au crochet de la chaîne qui permet de porter l'instrument. L'embouchure n'est pas séparable, mais coulée d'une pièce avec la partie inférieure du tube: elle a une forme de chaudron profond, qui rappelle l'embouchure du trombone ténor actuel. Le pavillon en forme d'assiette plane est souvent richement ornementé. Comme l'embouchure, il peut porter des anneaux auxquels sont accrochées des plaquettes métalliques de forme trapézoïdale qui vibrent et s'entrechoquent lors d'une sonnerie puissante, ajoutant un timbre plus cuivré à la sonorité douce et élégante du lur.

Les lurs étaient probablement des instruments à usage sacré. On les trouve en effet le plus souvent dans des tourbières aux endroits des lieux de culte. Grâce à l'exceptionnel pouvoir conservateur de la tourbe, ces magnifiques instruments nous sont parvenus en excellent état. A quelques exceptions près, tous les lurs découverts vont par paires, les deux instruments ayant toujours la même taille, le même accord et présentant un enroulement en sens contraire, à la manière des cornes de taureau. Les peintures rupestres présentent également les lurs par deux ou par quatre, avec des enroulements droits ou gauches. La plupart des instruments découverts proviennent des tourbières danoises et consituent de nos jours la fierté des musées nord-européens. Ils sont généralement accordés en do_1 ou en mi_1 bémol, parfois aussi en $ré_1$, mi_1 ou sol_1. Les tests de sonorité ont permis d'obtenir dix-sept sons harmoniques, leur nombre pouvant être poussé jusqu'à vingt-quatre.

Un cor de bronze, dit **cor gaulois,** découvert près de Nice, présente la forme d'une corne animale quelque peu arrangée. Deux tiers seulement du tube, d'une longueur totale de 108 cm, nous sont parvenus. L'instrument était fait de plusieurs parties réunies entre elles par de larges anneaux de bronze à décor en relief. Le même type de cor apparaît sur une statue de marbre de Gaulois mourant, actuellement au musée du Capitole à Rome, et sur un relief de l'arc de triomphe de Narbonne. Dans les deux cas, la forme originelle des instruments fut fortement transformée par une restauration malhabile. L'abondance de fragments découverts a permis de reconstituer le **petit cor** des Celtibères de la péninsule ibérique. L'original de l'embouchure plane en forme de chaudron est conservé, avec de nombreux objets découverts à Numance, au Musée central romano-germanique de Rome. Les Celtes reprirent en la transformant la **tuba** romaine, comme le prouve la découverte d'un instrument à Neuvy-en-Sullies. Celle-ci se compose de plusieurs portions réunies par des anneaux ornementés; l'embouchure rappelle celles des trompettes actuelles.

Un instrument guerrier typique des Celtes fut la trompette **carnyx,** qu'Homère nomme aussi **salpinx des Galates.** Son pavillon s'orne d'une tête d'animal (cheval, serpent, loup), parfois complétée par une langue métallique cliquetante. Un seul exemplaire de carnyx fut découvert jusqu'à nos jours, dans la rivière Witham dans le Lincolnshire. Par contre, les auteurs antiques en parlent très souvent et on en possède de

Arc, musical. Peinture rupestre près du Cap (Afrique du Sud).

Tambour et arc musical.
Peinture rupestre de la grotte
de Rabich, près Bielogradchik
(Bulgarie).

19 Sonneur de trompe celtique. Statuette en bronze,
Stradonice (Tchécoslovaquie). Ier siècle après J.-C.

nombreuses représentations sur les monnaies celtiques, sur la colonne
Trajane, sur une fresque de Pompéi etc. Sur un chaudron d'argent découvert près de Gundestrup au Danemark, on peut voir trois joueurs
de cor dont les instruments sont tenus verticalement vers le haut. Le
même instrument apparaît sur un relief de l'Inde ancienne datant du
premier siècle et les musiciens ambulants indiens jouent encore de nos
jours d'un cor métallique verticalement dressé, nommé **ranachringa,**
dont le pavillon est généralement orné d'une gueule de dragon ouverte.
Les facteurs français des XVIIIe et XIXe siècles donnaient, à l'exemple
de leurs ancêtres celtiques, aux pavillons des trombones et des cors de
basse, la forme d'une gueule ouverte.

Double tambour en forme de binoculaire. Énéolithique, Sud de l'URSS.

La couronne de pointes aiguës que porte le pavillon des **trompettes irlandaises** de l'âge du bronze n'était pas une décoration mais une arme dangereuse. Les Celtes arrangèrent à leur manière la syrinx, comme ils l'avaient fait pour la tuba: la flûte de Pan reçut donc une nouvelle forme à pan coupé, le bord inférieur et supérieur étant parallèles. La syrinx à huit tuyaux en buis, découverte dans un puits du site gallo-romain d'Alésia (actuellement Alise-Sainte-Reine) appartient à ce type. Elle permet de jouer une octave entière en *ré* majeur. Diodore de Sicile (Ier siècle av. J.-C.) indique que les bardes celtiques accompagnaient leurs chants sur un instrument à cordes rappelant la lyre grecque. Dans une ancienne chanson irlandaise apparaît un instrument quadrilatéral à cordes, nommé **crot**. Ce nom semble annoncer déjà l'instrument médiéval nommé **chrotta** ou **rotta,** dont le nom apparaît déjà chez le poète romain du VIe siècle Venance Fortunat (*«chrotta Britanna canat»*).

Aucune expérimentation avec des instruments d'époque pas plus qu'avec des reconstitution n'a pour le moment permis de mettre en lumière l'existence de quelque système tonal que ce soit pendant la préhistoire. Les essais tonométriques modernes des flûtes préhistoriques, tout comme les tests de sonorité pratiqués sur une trentaine de cors irlandais donnent également des résultats tout à fait négatifs.

20 Lyre sumérienne.
Relief du palais royal de Tello (Irak), vers 2400 avant J.-C.

21 Grand tambour sur cadre sumérien à cymbalettes.
Relief sur pierre de Tello (Irak), 2200—2000 avant J.-C.

L'ANTIQUITÉ:

MÉSOPOTAMIE

Le berceau de la civilisation se situe entre deux fleuves d'Asie antérieure, le Tigre et l'Euphrate, en un territoire que les Grecs appelèrent
la Mésopotamie. C'est dans la partie méridionale de cette région qu'apparut, vers la fin du IVe millénaire avant J.-C., une société civilisée, celle
des Sumériens. Pendant longtemps, on ignora tout de leur culture, tom-

22 Harpe, lyre et doubles flûtes assyriennes.
Relief du palais royal de Ninive, vers 700 avant J.-C.

bée dans la nuit de l'oubli, et il fallut attendre les dernières décennies pour que justice lui soit rendue. L'art sumérien nous a laissé d'importants témoignages sous formes de poèmes épiques dont le héros, Gilgamesh, était un roi légendaire de la ville d'Ourouk; ou sous forme d'hymnes célébrant la gloire des dieux et des grands souverains, et qui étaient récités avec un accompagnement instrumental. Le nombre d'instruments découverts en Mésopotamie est infime par rapport aux découvertes égyptiennes, si bien que ce sont surtout les reliefs, les cylindres-sceaux, les plaques votives en pierre, les incrustations de coquillages etc. qui nous donnent, aux côtés des documents écrits, le plus d'informations sur la musique et l'éventail des instruments mésopotamiens.

La littérature nous apprend l'existence d'une flûte dont le nom sumérien **gi-gid** (gi = roseau) indique clairement de quel matériau les bergers la faisaient originellement. Plus tard, on utilisa également le bronze, l'argent et l'or. Le roi de Lagash Goudéa se souvient d'Enlulim, «pâtre de chèvres, dont le sifflet emplissait d'un joyeux bien-être la grande cour d'Eninn» (F. Thureau-Dangin: *Les inscriptions de Sumer et d'Akkad,* 1905).

23 Lyre sémitique.
Peinture tombale de Béni-Hassan (Égypte), vers 1920—1900 avant J.-C.

Flûte sumérienne en argent.
Vers 2600 avant J.-C.,
Philadelphie, University
Museum.

24 Musicienne babylonienne avec une lyre et danseur avec un tambour sur cadre.
Relief de l'époque du roi Hammourabi, vers 1700 avant J.-C.

Parmi les plus anciennes représentations de musiciens antiques se trouve un fragment de vase en lazurite découvert dans les fouilles du temple sud-babylonien de Bismya. Ce fragment, actuellement conservé au musée d'Istanbul, date du IVe — IIIe millénaire avant J.-C. Il représente un groupe de musiciens sumériens dont le premier joue d'une **harpe** rappelant la harpe arquée actuellement en usage en Afrique et en Birmanie. Le second tient un instrument d'aspect voisin, mais à caisse de résonance triangulaire portant de longues franges comme plus tard les harpes assyriennes. Ce qui surprend le plus dans les harpes sumériennes, c'est la perfection de leur construction qui laisse deviner une longue évolution antérieure. Le nombre de cordes, sept pour le premier instrument, cinq pour le second, permet d'imaginer que les Sumériens

Harpe sumérienne. D'après une représentation sur une banderole de mosaïque. Londres, British Museum.

connaissaient un système pentatonique. Le troisième musicien bat le rythme à l'aide d'un tambourin sur cadre qu'il tient sous le bras gauche.

Le musée irakien de Bagdad possède une pièce rare: une harpe de 4500 ans, découverte dans la tombe de la reine Pu-abi. Sa caisse de résonance en pierre est ornée d'une mosaïque de lapis et de coquillages. Elle est également décorée d'une tête de taureau en tôle d'or martelée sur une âme de bois, dont les yeux sont incrustés de nacre et de lazurite, et qui se trouve placée à l'avant de l'instrument comme une proue de navire (galion). Si on arrivait à prouver que le galion avait, en plus de sa fonction décorative, une influence sur la hauteur tonale de l'instrument, cela témoignerait d'un exceptionnel niveau technologique des facteurs de harpes et de lyres sumériens.

Les tombeaux des rois d'Our mis au jour dans les années vingt de notre siècle recelaient à côté des harpes également des **lyres** dont les cordes, à la différence des cordes parallèles de longueur inégale de la harpe, étaient de même longueur et rayonnaient à partir d'un point de fixation commun. Ces lyres étaient faites de bois, d'or et d'argent et incrustées de mosaïques. Les éléments en bois appartenant au cadre de la lyre en or ne se sont pas conservés, mais on a retrouvé des chevilles en or et de larges ornementations en mosaïque à tête de taureau. Dans ces mêmes tombeaux se trouvait aussi une bande de mosaïques, véritable livre d'images décrivant la vie des Sumériens avant l'an 3000 avant J.-C. Parmi les silhouettes en mosaïque de nacre et de lapis on voit un musicien accompagnant une chanteuse sur une lyre à onze cordes, ornée d'une tête de bovin. Il y a encore peu de temps, les Géorgiens du Caucase se servaient d'une harpe ornée d'un motif de deux chevaux et d'un taureau en relief circulaire et les Hongrois continuent encore à décorer leurs cithares de têtes de chevaux traditionnelles. Les cinq à onze cordes de la lyre étaient ébranlées le plus souvent avec un plectre. Elles étaient tendues au-dessus d'une caisse de résonance jusqu'à un joug oblique auquel elles étaient fixées au moyen de chevilles ou de ligatures de cuir. Sur un relief du palais royal sumérien de Tello (2600 avant J.-C., actuellement au Louvre) on peut voir un instrumentiste avec une lyre à onze cordes d'une taille exceptionnelle, qui est en fait une sorte de **harpe-lyre.** A l'avant de la caisse de résonance se trouve la silhouette entière d'un bovidé debout, la partie détachée à l'avant du joug transversal portant une tête d'animal en ronde-bosse. Les détails structuraux de cette harpe-lyre rappellent quelque peu la harpe-psaltérion du Moyen Age européen.

La découverte du **luth,** instrument à petit corps piriforme et à long manche mince, est attribuée par l'encyclopédiste grec Pollux aux Assyriens. Le luth est souvent représenté entre les mains des bergers, ce qui laisse à penser qu'il s'agissait d'un instrument populaire.

Dans les cérémonies de la cour royale apparaissent souvent des **tambourins sur cadre** manipulés par des femmes. On trouve parfois aussi des représentations de tambours atteignant jusqu'à 1,5 m de diamètre. Les peaux sont tendus sur les cadres de bois avec des clous: dans les temples chinois et japonais on trouve même à nos jours des tambours à peaux tendues de la même manière.

L'humanité est redevable aux Babyloniens d'un grand nombre de progrès en médecine, en astronomie et en art musical. Celui-ci connut une période particulièrement fastueuse pendant le règne du plus célè-

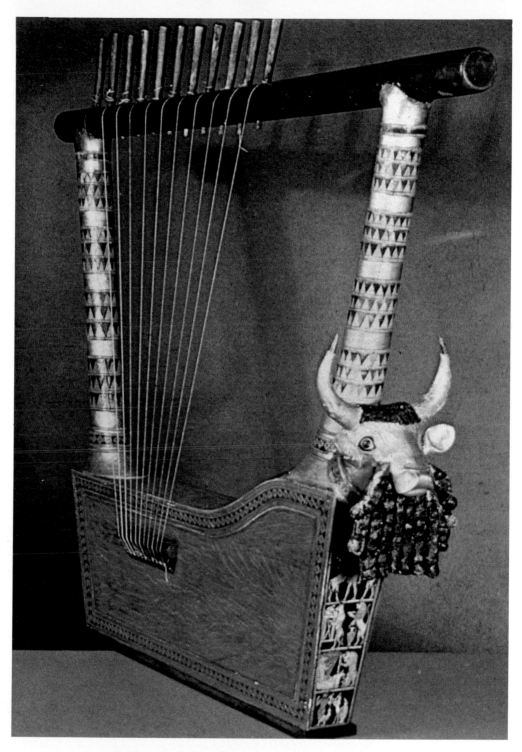

25 Reconstitution de lyre sumérienne.
Nécropole d'Our (Irak), vers 2700—2500 avant J.-C.

33

Harpe angulaire babylonienne.
Imité d'un relief du palais
d'Assurbanipal à Ninive.

bre roi de Babylone, Hammourabi (charnière entre le XVIIIe et le XVIIe siècle avant J.-C.). Descendant en ligne directe de l'ancienne culture suméro-akkadienne, la culture babylonienne put également progresser dans le domaine de l'exécution musicale.

Nous n'avons aucun document sur la musique ou les instruments de l'Empire central. C'est seulement aux environs du premier millénaire avant J.-C., époque où se font nettement sentir des influences hittites et syriennes, que l'on voit réapparaître des reliefs en pierre comportant des instruments musicaux: courte **trompette,** petite **lyre, luth** à deux cordes et à fin manche, **double hautbois** et **cymbales.** A Mari fut découvert un **hochet** en terre cuite; une figurine en terre cuite représentant un singe à la flûte découverte à Larsa au sud de la Babylonie, date du début du deuxième millénaire avant J.-C.; une autre terre cuite représente une femme jouant de la syrinx.

Le musée archéologique d'Ankara possède un bas-relief représentant un joueur de **guitare;** l'instrument n'est pas sans analogies frappantes avec une guitare représentée 2700 ans plus tard sur le codex médiéval espagnol *Cantigas de Santa Maria.* Un relief du portail du palais d'Assurbanipal de Ninive (au British Museum de Londres) représente une

26 Guitare hittite.
Relief sur pierre de Alaya Höyük (Turquie), vers 1350 avant J.-C.

27 Musiciens assyriens jouant d'un tambour sur cadre, d'une lyre et de cymbales.
Relief sur pierre du palais du roi Assurbanipal de Ninive, 668—626 avant J.-C.

scène où un roi, accompagné de ses gardes du corps, fait une libation
d'huile sacrée sur des dépouilles de lions abattus à la chasse. Une femme, s'accompagnant sur une **harpe angulaire,** chante pendant cette
cérémonie. Une série de reliefs néo-assyriens laissent apparaître de
grandes harpes à quinze à vingt-deux cordes, montrant que rien n'a
fondamentalement changé à l'aspect pas plus qu'à la manière de jouer
pendant de longs siècles.

Les Hittites, représentants d'une des cultures les plus originales de
toute l'Antiquité, sont connus pour leur haute technique métallurgique,
leur vocation militaire et diplomatique, mais aussi pour leur amour de
la musique, totalement subordonnée ici aux manifestations religieuses.
Les prières et les hymnes hittites à la gloire des différentes divinités
sont accompagnées à la **harpe** ou au **luth** et se caractérisent par leur
grand sens poétique, malgré une certaine rudesse d'expression et un
style quelque peu stéréotypé par endroits. Une statuette d'homme jouant d'un **tambour sur cadre** témoigne de la parenté des tambourins
utilisés par les différentes civilisations de l'Antiquité.

Sistre égyptien, d'après
Champollion.

ÉGYPTE

Le territoire égyptien fut un autre foyer où se développa une civilisation importante. Nous devons à deux circonstances d'en savoir plus sur l'Égypte ancienne que sur les autres civilisations antiques: le sable brûlant du désert a conservé tout ce qu'il avait englouti d'une civilisation qui avait la passion de représenter les scènes de sa vie quotidienne. Aussi bien les sculpteurs sur bois, sur pierre ou sur métal que les peintres des fresques qui ornent le cœur des tombeaux ont cherché l'inspiration dans ces scènes, dont la valeur se trouve encore rehaussée par le fait qu'elles sont accompagnées de textes occupant la moindre surface disponible. Nous connaissons ainsi les noms de tous les anciens instruments égyptiens et nous savons quels étaient les devoirs des différents instrumentistes. Certains par exemple, avaient pour unique devoir de battre le rythme avec les mains, tandis que d'autres apparaissent comme des chefs d'ensembles vocaux ou instrumentaux. On trouve également des représentations de prêtresses-musiciennes, ainsi que de chanteuses qui forment une caste particulière, officiant dans certains des nombreux temples égyptiens. Les inscriptions mentionnent souvent les titres des chants, voire leur texte et expliquent les thèmes des danses et leur signification mythologique.

28 Égyptiennes jouant de la harpe, du luth et du double hautbois.
Peinture murale de la tombe de Nakht, nécropole thébaine, Nouvel Empire, 1425–1405 avant J.-C.

Sonneur de trompe égyptien,
d'après Champollion.

Flûte égyptienne. Copie d'une représentation du tombeau du pharaon Nencheftkal (V^e dynastie). Le Caire, Egyptian Museum.

29 Harpiste de Ramsès III.
Peinture murale de la nécropole thébaine, 1166 avant J.-C.

Harpe égyptienne, d'après H. Hickmann.

Pendant la période pré-dynastique, l'Égypte connaissait une flûte droite en roseau, nommée **m'at,** présentant deux à six trous. Le musicien la tenait légèrement inclinée latéralement et soufflait par-dessus son extrémité supérieure contre l'arête du tuyau. Ce type d'instrument continue d'exister dans les pays islamiques sous le nom persan **nay.** Les ancêtres de la clarinette et du hautbois ne tardèrent pas non plus à apparaître, avec les principales caractéristiques de ces instruments, et surtout une anche simple (clarinette) ou double (hautbois). Ces instru-

Harpes égyptiennes, d'apres
H. Hickmann.

ments antiques présentent une particularité qui se perpétue encore dans certains instruments populaires de l'Orient et du Proche-Orient: celle d'être doubles, de se composer de deux tuyaux unis ou divergents.

Les instruments antiques à embouchure correspondaient à deux types principaux: cornes coniques ou trompettes à tuyau cylindrique. Bien entendu, même les trompettes n'étaient pas toujours, comme il en va d'ailleurs même à notre époque, absolument cylindriques. L'organologie n'a pas encore établi la limite précise à partir de laquelle un instrument légèrement conique cesse d'être du type trompette. Il s'agit donc ici d'une distinction approximative en instruments plutôt coniques dénommés cornes et instruments plutôt cylindriques dénommés trompettes. Dans le tombeau de Toutankhamon on a découvert deux trompettes **chnoue,** longues d'une cinquantaine de centimètres, à tube très étroit et pavillon en entonnoir portant des ornementations ciselées. Selon les auteurs grecs, leur son est comparable au braiment d'un âne en furie.

Les documents de l'Ancien Empire (2900—2475 avant J.-C.) attestent l'existence de **cliquettes** en bois, recourbées à l'extrémité. Pour le culte de la déesse Hathor, les femmes utilisent des **claquettes** en forme de mains humaines tenues dans les deux mains. Le même culte fait usage aussi du hochet **iba,** nommé également **sehem:** le même instrument recevra par la suite le nom de **sistre,** d'origine grecque. Caractéristique du culte d'Isis, le sistre est une constante de l'Antiquité; son rayon d'influence s'étend à tous les pays du Bassin méditerranéen et on en retrouve les traces tant en Éthiopie qu'aux confins du Caucase. Le sistre égyptien se distingue des instruments découverts dans les autres pays par sa forme en façade de temple; des ouvertures latérales permettent le passage des tiges métalliques cliquetantes.

La musique égyptienne est le mieux symbolisée par la **harpe.** La popularité de cet instrument et la vénération dont il est l'objet sont soulignées par l'existence de nombreuses variantes formelles (voir introduction: schémas). On ne sait au juste si ce furent les Égyptiens qui reprirent la harpe à la civilisation sumérienne ou vice versa. Toujours est-il que les deux instruments présentent nombre de points communs. La **harpe arquée** à caisse de résonance sphérique recouverte de peau, en usage à l'époque de l'Ancien Empire, était jouée en position assise. Les représentations de l'époque du Nouvel Empire (1580—1085 avant J.-C.) font apparaître des harpes arquées hautes de deux mètres et possédant jusqu'à trente cordes. Il s'agit vraiment ici d'instruments royaux, à caisse de résonance tendue de peau de léopard. L'instrumentiste en jouait debout. Probablement venues d'Asie, les **harpes angulaires** avaient une mince caisse dressée recouverte de peau. Les cordes (entre 13 et 23) étaient tendues à l'aide de liens attachés à des chevilles; à l'autre extrémité, ces liens pendaient sous forme de franges décoratives.

Une peinture tombale de Béni-Hassan nous apprend que ce furent les nomades syriens qui firent connaître à l'Égypte au début du deuxième millénaire avant J.-C. la **lyre** à étroite caisse quadrangulaire portant deux montants courbes réunis à leur extrémité par un joug transversal. Les Égyptiens reprirent à Sumer la **harpe-lyre,** comme l'indique un relief du temple de Philae du premier siècle avant J.-C. En même temps que la cithare, l'Égypte reçut aussi le **luth** à petite caisse allongée recouverte de peau, à manche long et étroit traversant la caisse et portant deux à quatre cordes que l'on ébranlait avec un plectre. Luth et

30 Harpes angulaires égyptiennes et double hautbois.
Relief sur pierre de Abou Hassan (Égypte), début du IIe millénaire avant J.-C.

31 Pavillon de trompette égyptienne.
Tombe de Toutankhamon, 1320 avant J.-C.

cithare continuent de nos jours à se maintenir dans le Nord-Est afri-
cain, au Soudan, en Éthiopie et dans certains autres pays arabes.

L'éventail instrumental de l'Égypte ancienne fut favorablement influencé par les événements historiques entourant l'année 1500 avant J.-C.
Ce fut le moment où les souverains de la XVIIIe dynastie soumirent
l'Asie antérieure: les femmes avec leurs instruments de musique furent
envoyées comme esclaves à la cour d'Égypte. Les danseuses battaient
le rythme sur un **tambourin sur cadre** rappelant le tambour de basque
actuellement en usage dans tout l'Afrique du Nord et au Proche-Orient,
mais dépourvu de cymbalettes. Les reliefs de l'époque de la XIIe dynastie (2000—1788 avant J.-C.) montrent des **tambours** en forme de barillet à deux membranes sur lesquelles on frappait des deux mains.

La passion des artistes égyptiens à représenter des scènes musicales
apparaît aussi sur un relief conservé de nos jours au musée du Caire.
On y voit trois jeunes égyptiennes qui dansent en s'accompagnant de la
lyre, de la harpe et du luth. A Sakkarah, un très ancien relief de l'époque de l'Ancien Empire témoigne de l'utilisation simultanée de plusieurs instruments: flûtes, hautbois, harpes, accompagnant un groupe de
chanteurs. Il s'agit donc d'une sorte d'ensemble mixte vocal et instru-

39

mental, non sans rapport avec la composition des orchestres égyptiens actuels. Les chanteurs indiquent la hauteur tonale avec les doigts de leur main droite, pratique encore courante en Égypte. La main ouverte placée près de l'oreille reste un geste habituel des chanteurs populaires égyptiens. Le visiteur de la nécropole thébaine ne manquera pas de s'arrêter devant une peinture de la tombe de Nakht, représentant un musicien aveugle accompagnant un «ensemble de chambre» de jeunes filles. Les reliefs des murs de Médinet Habou, représentant des sonneurs de trompettes royaux accompagnant l'armée pharaonienne, ou encore les deux harpistes isolés dans la tombe dite «tombeau des harpistes» sont tout aussi captivantes. Toutes ces représentations témoignent de l'immense amour des Égyptiens pour la musique et de son importance dans leur vie quotidienne.

JUDÉE

La disparition de l'empire hittite, la crise de la région mésopotamienne et l'affaiblissement de l'Égypte vers la fin du IIe millénaire avant J.-C. furent autant de conditions favorables pour que les villes-états situées en territoire syrien ou phénicien cherchent à accroître leur autonomie. Plus au sud, la Palestine, soumise à la surveillance vigilante de l'Égypte du fait de sa situation géographique, connut également un destin capricieux. Parmi les peuples qui l'habitaient, les tribus sémitiques atteignirent une importance particulière. La ligue des tribus hébraïques, qui prit

32 Harpe arquée, luth, double hautbois et lyre égyptiens.
Peinture murale de la nécropole thébaine, vers 1420—1411 avant J.-C.

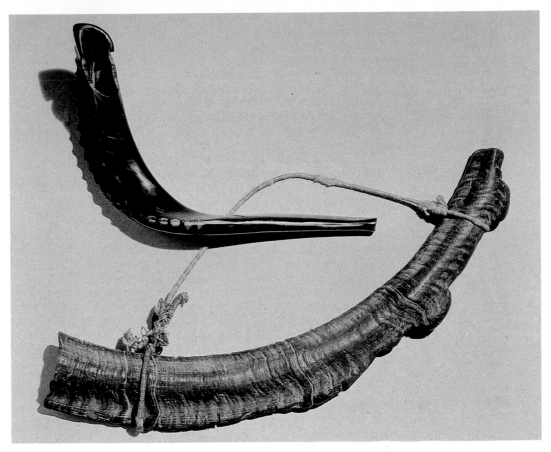

33 Schofars hébraïques, XIXᵉ siècle.

Harpe égyptienne, d'après
H. Hickmann.

le nom d'Israël, devint le représentant de leurs efforts d'unité et d'indépendance.

Nous n'avons que de vagues idées sur l'aspect des instruments mentionnés dans l'Ancien Testament et les autres écrits hébraïques. L'Ancien Testament interdit en effet toute représentation de personne ou d'objet et seules deux paires de **cymbales** et un manche de **sistre** ont été pour le moment découverts sur le territoire palestinien. La musique de la Judée était en contact permanent avec la culture égyptienne et mésopotamienne et on peut supposer que la forme des instruments assyriens, babyloniens, égyptiens et hébreux était somme toute assez voisine. Il suffit de rappeler ici l'exil des Juifs à Babylone et en Égypte, ou le passage du Talmud qui indique que la fille de pharaon qui devint l'épouse du roi Salomon emmena avec elle «mille sortes d'instruments de musique».

De nombreux documents écrits témoignent de l'amour des Israéliens pour la musique, mais nous n'avons que peu d'indications sur les instruments. Certains instruments sont par exemple mentionnés dans les Psaumes, mais nous ne savons rien sur leur aspect:

Chantez les louanges de l'Éternel avec la harpe (kinnor), avec la harpe et une voix de cantique!

Avec des trompettes (haçocereth) et le son du cor (schofar) poussez des cris de joie devant le Roi

(Psaume 98)

Louez-le avec le son retentissant de la trompette!

Louez-le avec le luth (nébel) et la harpe!

Louez-le avec le tambourin (tof) et la danse!

Louez-le avec des instruments à cordes (minnim) et le chalumeau (halil)!

Louez-le avec les cymbales sonores (selslim)!

Louez-le avec les cymbales retentissantes (trud selslim)!

(Psaume 150)

Tambours égyptiens, d'après H. Hickmann.

L'instrument dénommé **kinnor** ressemblait probablement à la lyre syrienne ou égyptienne et reçoit de nos jours plutôt le nom de kithara, cithare ou cithera. D'après le témoignage de l'historien Josèphe Flavius (Ier siècle après J.-C.), le kinnor avait dix cordes que l'on faisait vibrer à l'aide d'un plectre.

Le **schofar** est l'unique instrument encore en usage dans les synagogues. Il en existe deux types: l'un en corne de bouc servait dans les cérémonies de la nouvelle lune, le second, en corne de bélier, était réservé aux jours de jeûne. Les deux instruments étaient modelés à chaud par pression et courbure. Il est assez difficile de faire sonner cet instrument lourd qui n'émet que quelques sons peu raffinés.

Dans l'Ancien Testament (Nombres, X, 1—8), le Tout-Puissant ordonne à Moïse de fabriquer deux trompettes d'argent **(haçocereth)** pour le cas où il lui faudrait mener une campagne militaire. Il poursuit en lui indiquant comment faire sonner la trompette, combien de fois, seule, par deux, dans quelles circonstances précises etc. Sur l'arc de Titus construit après la prise de Jérusalem apparaît le retour triomphal de Titus et, parmi le butin résultant du pillage du temple de Jérusalem, on distingue également des trompettes courtes à pavillon conique.

On ignore toujours précisément de quelle nature était l'instrument **nébel.** Tout ce qu'on peut en dire, c'est qu'il s'agissait d'un instrument à cordes voisin de la harpe. Selon Flavius, le nébel avait dix cordes et on en jouait avec les doigts nus, donc sans plectre, à la différence de la harpe.

L'instrument **tof** est le **duff** des Arabes, l'ancien tambour sur cadre égyptien, dépourvu, au contraire du tambour de basque, de toute pendeloque, grelot ou cymbalette. En Judée, comme dans tous les autres pays du Proche-Orient, c'était un instrument typiquement féminin.

Un traité talmudique nous apprend que même les plus pauvres familles d'Israël engageaient pour l'enterrement de leurs proches au moins deux joueurs de **halil,** qui était sans doute un type de **diaule,** à cette période distribué dans toutes les parties du Proche-Orient. Le halil commença par avoir un tuyau cylindrique qui se transforma par la suite en tuyau conique à la manière du zamr arabe. Ce fut la forme définitive de l'instrument, celle qu'il avait juste avant la disparition de l'état d'Israël. La chronique arabe *Kitab algani,* qui date du VIIe siècle cite les deux instruments **mizmar** ou zamr et le tambourin duff comme les instruments militaires des tribus juives.

L'instrument qui porte le nom de **selslim** s'identifie probablement aux cymbales. **Schama selslim** avait un son clair, **trud selslim** un son plus fort et plus rude. Selon certains organologues, **magrepha** était le nom hébreu de l'orgue hydraulique **hydraulis,** mais on ne sait rien de précis sur l'existence de cet instrument en Judée.

GRÈCE

Entre le Ve et le IIIe millénaire avant J.-C., tandis que l'Égypte et l'Asie abritaient déjà des peuples dont le haut niveau culturel apparaît tant dans les documents écrits que dans les créations d'une grande valeur artistique et documentaire, l'Europe en était encore à l'âge de pierre, puis de bronze. Son entrée dans les temps historiques n'aura lieu que vers le premier millénaire avant J.-C. et se fera par l'intermédiaire des peuples vivant sur le pourtour du Bassin méditerranéen. Leur bonne situation géographique permettait en effet aux Grecs, aux Étrusques et aux Romains d'entrer en contact les uns avec les autres en même temps qu'avec les peuples nord-africains et proche-orientaux.

34 Trompettes hébraïques haçocereth.
Détail de l'arc triomphal de Titus, Rome, Ier siècle après J.-C.

Les historiens de la musique font souvent état de l'inadéquation entre la musique grecque et l'évolution poussée de l'art poétique, sculptural et architectural. Pourtant ces arts montrent souvent les différentes formes de la vie musicale et font apparaître assez les instruments musicaux pour prouver que les Grecs ne s'intéressaient pas moins à la musique que les autres peuples antiques. Et ce fut justement la théorie musicale de la Grèce qui apporta le plus de richesses à la pensée musicale européenne.

Athénée, Pollux et d'autres auteurs grecs mentionnnent un grand nombre d'instruments de musique, dont les principaux furent la cithare er l'aulos. Ces deux instruments démarquaient deux champs bien différenciés dans la musique grecque: la citharistique (jeu sur instruments à cordes) et l'aulétique (jeux sur instruments à vent). La **cithare (kithara),** que les Grecs consacrèrent à Apollon, est mentionnée pour la première fois de l'histoire grecque dans l'ode de Terpandre (VIIᵉ siècle avant J.-C.). Entièrement en bois, elle avait une belle sonorité grave et était souvent ornée de sculptures. Les cordes étaient accordées diatoniquement en mode dorien; par la suite, lorsque le jeu sur la cithare atteignit un niveau de virtuosité sa tonalité devint lydienne.

Dans les premiers temps, la cithare se distinguait assez peu d'un autre cordophone, la **lyre,** également très largement utilisée. Ainsi, les Grecs d'Asie Mineure comme les Grecs insulaires, les Ioniens, désignent souvent la lyre soit par le nom de phorminx, soit par celui de cithare; il en est de même chez Homère. Même au cours de leur évolution ultérieure, les deux instruments conservèrent certains caractères communs: forme, nombre de cordes, mode de jeu. La lyre était un instrument plus modeste que la cithare et se bornait à égayer les fêtes

35 Kithara grecque.
Détail d'un vase peint attique, Vᵉ siècle avant J.-C.

36 Joueur d'aulos.
Détail d'un vase peint grec, Ve siècle avant J.-C.

Claquettes carthaginoises.
D'après un relief du IVᵉ siècle
avant J.-C. Londres, British
Museum.

et à servir à l'enseignement de la musique. La base de sa caisse était souvent une carapace de tortue recouverte de peau, dans laquelle étaient plantées symétriquement deux cornes d'antilope formant les bras de l'instrument. Leur forme et leur silhouette légèrement ondulée a donné à l'instrument ses lignes encore typiques de nos jours. Sur la lyre comme sur la cithare, les cordes en boyau montaient perpendiculairement à la caisse de résonance entre les bras jusqu'à la traverse supérieure. Elles étaient tendues à l'aide de courroies enroulées autour de la traverse jusqu'à obtention du son désiré. Le nombre de cordes des deux instruments augmenta régulièrement pour passer de cinq cordes à l'origine jusqu'à onze. Anacréon et des lyriques lesbiens faisaient appel au **barbiton,** un pendant plus fluet de la lyre, pour accompagner les chants de leurs fêtes et banquets.

Cithare et lyre pouvaient être ébranlées avec les doigts ou avec une baguette de bois, de métal ou d'ivoire, nommée plectre. Lorsqu'on battait les cordes de l'extrémité élargie du plectre, on obtenait un son plus net et une vibration plus durable. La règle absolue était d'accompagner les chants en jouant avec les doigts nus. Toutefois, l'accompagnateur devait également exécuter pendant le chant des interludes en solo et devait donc pouvoir alterner les deux types de jeu selon les besoins du moment.

37 Harpe sambyké, kithara et lyre.
Détail d'un vase peint grec, fin du Vᵉ siècle avant J.-C.

38 Harpe, auloi, tambourin, lyre, luth.
Tablette grecque, Vᵉ siècle avant J.-C.

L'un des aérophones les plus répandus en Grèce était l'**aulos**. L'écrivain grec Théophraste (environ 372—287 avant J.-C.) décrit en détail un type d'aulos déjà bien perfectionné: l'instrument se compose de trois parties: le bec (dzeugos), la partie médiane (holmos) et le tube lui-même (bombyx). La première et la troisième parties étaient en roseau, la partie médiane en os ou en ivoire. Selon d'autres sources, le tuyau pouvait être également en buis ou en métal, si bien que seul le bec restait en roseau. Les auloi grecs et romains avaient toujours un tuyau cylindrique, les types les plus anciens étant dépourvus de barillet. On ne sait encore avec certitude si l'aulos était un instrument à anche simple ou double. Les Grecs utilisaient des auloi de différentes tailles, correspondant aux quatre hauteurs tonales de la voix humaine et aux besoins d'un jeu conjoint avec la cithare. Les auloi de ce type, dites **auloi de cithare** étaient accordés entre le ténor et l'alto. D'autres types se pliaient aux exigences d'une interprétation dans les trois modes grecs (dorien, phrygien et lydien). Bien entendu, le soliste (aulète) ou l'accompagnateur (aulode) devait dans ce cas avoir à sa disposition toute une série d'instruments correspondant aux différentes tonalités et aux différentes hauteurs auxquelles il devait jouer. Comme le nombre des cordes de cithares, le nombre des trous des auloi est passé avec le temps à 10—16. Selon les auteurs antiques, chaque trou permettait l'émission de trois sons de hauteurs différentes, ce qui signifie que les aulètes antiques connaissaient à la fois le doigté de fourche, la fermetu-

39 Sonneur de trompe romain.
Détail d'une mosaïque, Piazza Armerina, Sicile, IVᵉ siècle.

Aulos. Imité d'une peinture
d'amphore grecque, vers 480
avant J.-C. Londres, British
Museum.

re partielle des trous et le passage à l'octave aiguë par renforcement du souffle. Ce passage était facilité par une ouverture supplémentaire dans la partie supérieure de l'aulos (syrinx). Le nom syrinx de ce trou octaviant est sans doute dû au fait qu'il permettait d'obtenir des sons rappelant ceux de la flûte de Pan.

Les Grecs utilisaient des trompettes légèrement coniques à perce étroite, nommées **salpinx.** La plus ancienne mention en est faite dans l'*Iliade* d'Homère. Eschyle cite également la salpinx, dans sa tragédie *Les Perses,* dans la description de la bataille de Salamine. Selon Xénophon, les cavaliers athéniens faisaient leurs exercices aux sons de la salpinx: il s'agit donc incontestablement d'un instrument militaire. Son son perçant, comparé par Homère dans l'*Iliade* au terrible cri d'Achille, fait utiliser la salpinx dans les défilés et les cérémonies liturgiques particulièrement fastueuses.

Parmi les plus anciens instruments à vent, la musique grecque retient le **kalamos** (roseau) et le **kalamé** (la paille). Ces seuls noms indiquent qu'il s'agit de pipeaux de paille et de roseau, mais les joueurs populaires, nommées calamaulètes, obtenaient des effets artistiques même sur

48

Salpinx. D'après un décor de coupe grecque, début du VIe siècle avant J.-C. Rome, Museo Vaticano.

ces instruments rudimentaires. Les noms de ces pipeaux nous sont parvenus par l'intermédiaire du latin calamus, pour donner le moderne chalumeau. Un autre instrument populaire qui apparaît souvent dans l'art grec est la **flûte de Pan** ou **syrinx,** dont la conception reste inchangée depuis la préhistoire: une série de tuyaux de longueur différente collés à la cire en un instrument unique. Selon la légende, Pan était le dieu des bergers d'Arcadie. Pendant la journée, il courait dans la montagne sous la forme d'un bouc, puis, à la nuit, il tirait de sa syrinx des sons si mélodieux qu'aucune force au monde ne pouvait lui résister.

Pour le moment, aucun document artistique ou littéraire ne mentionne d'autre instrument grec à membrane que le **tambourin sur cadre.**

ÉTRURIE ET ROME

Au seuil des temps historiques, bien avant l'existence de Rome, les Étrusques développèrent au cœur de l'Italie une civilisation avancée, marquée par un certain nombre d'éléments orientaux. La musique représentait une part importante de leur vie: elle faisait partie intégrante des cérémonies religieuses comme des actes de la vie quotidienne, accompagnait les rencontres sportives comme les exécutions publiques. Selon Diodore de Sicile, les Étrusques furent les premiers à utiliser une **trompette** guerrière dite trompette tyrrhénienne. Sur la fresque murale d'un tombeau découvert à Chiusi, qui représente un rituel funéraire (actuellement au Musée archéologique de Florence) apparaît un musicien qui tient à la main une trompette à tuyau légèrement conique, à l'extrémité recourbée, renforcée par une traverse. A la courbure de l'instrument apparaît nettement une ouverture servant à faire égoutter

40 Cymbales et aulos.
Relief de marbre, Ier siècle.

41 Femme jouant d'un aulos.
Relief sur pierre, Italie du Sud, vers 460 avant J.-C.

Lyre. D'après une peinture de
vase grec, vers 480 avant J.-C.
Munich, Staatliche
Antikensammlungen.

42 Flûtiste étrusque.
Relief sur stèle de pierre, près de Pérouse, IIe siècle avant J.-C.

43 Étrusques jouant de l'aulos et du barbiton.
Détail de peinture murale étrusque, Tarquinies, tombe des Léopards, 475 avant J.-C.

44 Tibia, tympanon et kymbala.
Mosaïque de la villa de Cicéron, Pompéi, fin du IIe siècle avant J.-C.

Kithara grecque. D'après une
peinture de vase, vers 480
avant J.-C. Boston, Museum of
Fine Arts.

la salive. La forme de cette trompette rappelle la trompette romaine
lituus. Un lituus parfaitement conservé fut découvert dans la région de
Cerveteri (l'antique Caere); actuellement au musée romain Museo
Etrusco Gregoriano, il mesure 160 cm et est accordé en *sol*.

La plus ancienne représentation de cor étrusque apparaît sur une
fresque de Tarquinies. Il se distingue par son tube consolidé
par une barre transversale, particularité qui apparaît pour la première
fois, comme dans la trompette de Chiusi, justement dans les instruments de cuivre étrusques. Ce progrès technique eut un immense retentissement sur le développement ultérieur des instruments à embouchure: il permit en effet la réalisation d'instruments à tuyau beaucoup plus
long, donc à son plus bas, avec la possibilité d'obtenir un plus grand
nombre de sons harmoniques. Deux cors découverts dans un tombeau
d'Alba Longa témoignent d'un autre progrès technique, sans précédent
sur le sol européen: ils ne sont pas coulés mais faits de métal martelé.
Les auteurs grecs indiquent que les Grecs reprirent aux pirates étrusques la trompette conique droite qui leur servait à communiquer dans
la nuit et par temps de brume.

On attribue également aux Étrusques le mérite d'avoir les premiers
utilisé des embouchures séparables, bien qu'on n'ait pour le moment
découvert aucun instrument doté de cette importante innovation. Les

45 Aulos.
Peinture murale d'un peintre hellénistique de Vigna Amendola, sur la Via
Appia, près de Rome.

46 Sistre romain en bronze.
Pompéi, fin du IIe siècle avant J.-C.

pilastres du tombeau *Tomba dei rilievi,* près de Cerveteri, portent une
représentation de deux litui dont l'un présente une embouchure de couleur différente du reste du tube. Les Romains reprirent aux Étrusques
leur technique de fabrication des trompettes et des cors de bronze qui
devaient devenir les instruments dominants de la musique martiale romaine. Les instruments étrusques à embouchure se répandirent également vers le Nord et on les retrouve notamment chez les Gaulois.

Une urne étrusque en pierre, datant du IIe siècle avant J.-C. et découverte dans la région de Pérouse porte, sculptée finement, une tête de
musicien en relief, jouant d'une **flûte traversière** à court tuyau de large
diamètre équipée de trous. Le trou latéral pour l'embouchure se situe
au quart environ de la longueur.

Les Étrusques aimaient particulièrement le **double hautbois** originaire d'Asie Mineure, tel qu'on le voit dans les mains d'un musicien
dans la tombe des Léopards à Tarquinies; derrière ce musicien on en
voit un second qui marche en jouant de la **lyre** à sept cordes. Selon
Aristote, les Étrusques accompagnaient de leurs doubles auloi leurs
combats, la préparation de la pâte à pain ou les punitions de leurs
esclaves. Les musiciens étrusques furent de véritables virtuoses du
double aulos, comme leurs successeurs grecs de l'aulos simple. Un
relief étrusque du IIe siècle avant J.-C. (conservé à l'Ashmolean Muse-

Cornu et lituus. D'après une peinture murale étrusque, fin du IVe siècle avant J.-C. Tombeau Castel Rubello, Orvieto.

um d'Oxford) montre un navire accompagné de Sirènes qui jouent de la cithare avec un plectre, du double hautbois et de la flûte de Pan (syrinx).

Les Romains durent à leur parenté naturelle avec les Étrusques de trouver dans l'art de ces derniers un reflet direct de leurs tendances artistiques. Par l'intermédiaire des Étrusques, les Romains furent mis en présence de la culture grecque qu'ils se mirent en demeure d'imiter.

La musique instrumentale trouva sa place à Rome dès les premiers temps de son existence. La littérature de cette époque mentionne en premier lieu les instrumentistes et leurs instruments, tandis que le chant est relégué à une place subalterne. Partout où on entend chanter ou jouer de la musique, on se trouve à Rome en présence de la **tibia,** un court fifre d'origine étrusque, souvent dédoublé en **tibia dextra** (droite) et **tibia sinistra** (gauche), la première dotée d'un tuyau relativement étroit, la seconde, relativement large. L'influence croissante de la culture grecque fit que la tibia se perfectionna peu à peu en se calquant sur

47 Buccina romaine.
Détail d'un relief sur pierre de l'arc de triomphe de Marc Aurèle, Rome, IIe siècle après J.-C.

Aulos romain. D'après un relief de sarcophage, milieu du IIIe siècle. Rome, Praetextcatacombe.

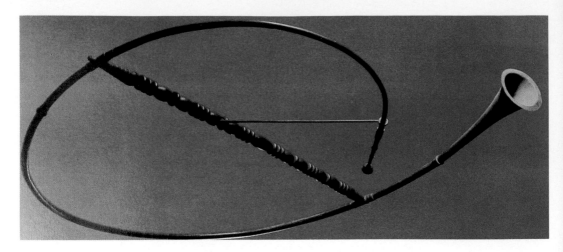

48 Tuba romaine.
Ier siècle après J.-C.

l'aulos, jusqu'à être finalement tout à fait supplantée par celui-ci. L'usage de la tibia persista cependant dans les anciennes cérémonies religieuses, qui sont pour Horace et Ovide le souvenir du bon vieux temps. Les Romains reprirent également des Étrusques la **flûte traversière,** souvent représentée par les artistes, bien qu'elle demeurât surtout un instrument religieux, manié par les musiciens des temples étrusques.

L'armée romaine utilisait essentiellement des instruments à embouchure. Selon la constitution dite de Servius, chaque légion se voyait attribuer cent sonneurs et trompettes dont le rôle était à la fois de sonner les différents signaux et de réjouir les soldats par leur musique. Lorsque l'armée triomphante revenait victorieuse à Rome, toute la fanfare militaire, à la tête du cortège, jouait des airs de marche. L'armée romaine faisait appel à différents instruments de cuivre, de sorte que le seul timbre en indique déjà à qui le signal était destiné. La plupart de ces instruments étaient déjà connus des Étrusques, et seulement perfectionnés par les Romains. Le principal instrument des fantassins était la **tuba,** connue des peuples antiques bien avant l'avènement des Romains. La tuba possédait un tuyau conique droit de 125 cm environ, terminé par un pavillon évasé. Sur la colonne Trajane, on peut voir des tubae dotées de courroies à nœud coulant fixées entre le pavillon et le milieu du tuyau. Ces nœuds servaient à maintenir l'instrument contre le corps du musicien et à le suspendre pendant la marche. La tuba donnait au maximum six sons, dont la qualité et la force ne semblent pas très estimées, à en juger par ce vers du poète Quintus Ennius (239—168 avant J.-C.): «*At tuba terribili sonitu taramtara dixit»,* où le son de la tuba est qualifié de terrible ou effroyable.

Les longues trompettes droites eussent été peu commodes pour la cavalerie, qui utilisait plutôt des trompes à tuyau courbe nommées **litu-us.** Les opinions spécialisées diffèrent sur la nature de cet instrument comme des deux suivants, à la fois parce que les documents écrits manquent de clarté à son sujet et que les représentations d'époque sont souvent imprécises, si bien que les chercheurs en sont réduits à de pures conjectures. Les Romains raccourcirent le lituus, d'origine étrusque, en

Buccina romaine. D'après une mosaïque de villa romaine à Nennig (près de Trèves, RFA), 230—240.

lui donnant une forme de pipe. Un exemplaire parfaitement conservé de lituus fut découvert dans le Rhin près de Düsseldorf et se trouve actuellement conservé au musée de Saalburg. Les bandes métalliques qui assemblent les différentes parties de l'instrument sont ornementées. Le lituus comme le cornu étaient également utilisés dans les cérémonies nuptiales et funéraires.

Nous traiterons ensemble, en raison de leur parenté, du **cornu** et de la **buccina.** Les documents artistiques romains qui nous sont parvenus, nous les montrent comme des instruments à embouchure, à tuyau de faible diamètre, légèrement conique, recourbé soit en cercle, soit en demi-cercle. Le pavillon est toujours évasé en entonnoir. Dans l'instrument circulaire, la partie étroite du tube est toujours ramenée vers le centre du cercle, le pavillon étant légèrement déporté vers l'extérieur. Certains de ces instruments sont consolidés par une traverse qui reposait pendant le jeu sur l'épaule du musicien. On ignore si c'est buccina ou cornu qu'il faut appeler cet instrument. Dans son traité *Epitoma rei militaris,* l'auteur romain Flavius Vegetius Renatus définit le cornu comme un instrument «fait de corncs de bovins sauvages, habilement assemblés par de l'argent». A un autre endroit, il énumère les instruments: «les *tubicines* jouent de la tuba, les *buccinatores* de la buccina et les *cornicines* du métal recourbé». Le cornu est donc, à l'en croire,

49 Le roi David jouant de la cithare.
Relief antique tardif, VIᵉ siècle après J.-C.

Hydraulis d'après Héron
d'Alexandrie, IIᵉ siècle.

également fait de métal et courbe. Dans le chapitre où il décrit le cornu, Vegetius fait également allusion à la buccina comme à un instrument «qui s'enroule sur lui-même en un cercle de métal». L'instrument circulaire se portait de la manière suivante: l'instrumentiste passait le milieu du tube de l'instrument obliquement sous son bras et autour de sa hanche, et la partie avec le pavillon sur son épaule.

C'est aux Romains que revient le mérite d'avoir perfectionné et disséminé l'**orgue hydraulique** nommé **hydraulis,** l'instrument le plus complexe de son époque, tant au point de vue de l'interprétation, qu'à celui de la conception technique. On cite souvent comme son inventeur le mécanicien Ctésibios qui vécut à Alexandrie vers le milieu du IIIᵉ siècle avant J.-C. Philon d'Alexandrie, à qui nous devons la première description de l'hydraulis (Iᵉʳ siècle) décrit l'orgue hydraulique comme une flûte de Pan dotée d'un mécanisme. Bien évidemment, la création d'un tel instrument exigeait que les tuyaux de la flûte de Pan soient transformés en tuyaux «à bouche», que soit assurée une alimentation d'air mécanique et que soit inventé le clavier. Ctésibios serait d'ailleurs plus le perfectionneur que l'inventeur de l'orgue hydraulique: c'est lui qui améliora le système d'approvisionnement en air en faisant appel à une pression d'eau (d'où le nom *organum aquaticum,* orgue à eau) qui jouait le même rôle dans l'orgue hydraulique que les poids sur le souf-

51 Kithara romaine.
Relief sur ivoire, Vᵉ siècle après J.-C.

50 Hydraulis.
Pompéi, fin du IIᵉ siècle avant J.-C.

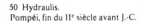

52 Cymbales romaines.
Pompéi, fin du IIe siècle avant J.-C.

flet de l'orgue pneumatique. L'hydraulis ne fut jamais très en faveur chez les Grecs. Par contre, il devint très important à l'époque de l'empire romain où il servait aux musiciens des deux sexes. C'était un instrument accompagnant tout aussi bien les cultes religieux que les événements de la vie privée ou les combats de gladiateurs au cirque. Si l'on en croit la description de Vitruve *(De architectura)* ou les écrits d'Héron d'Alexandrie *(Pneumatica),* l'hydraulis se composait d'un réservoir d'eau à moitié plein, dans lequel plongeait une cloche sphérique percée d'ouvertures pour l'évacuation de l'eau. Deux tubes sortaient de la partie supérieure de la cloche: l'un débouchait dans la pompe qui envoyait l'air dans le réservoir, l'autre conduisait l'air dans le sommier. Lorsqu'on pressait les touches, l'air pénétrait dans les tuyaux en les faisant chanter.

On a découvert jusqu'à présent deux spécimens d'orgue hydraulique, l'un à Pompéi, le second à Aquincum (près de Budapest). L'**hydre** d'Aquincum (ainsi nommée d'après une inscription gravée sur l'instrument) fut construite en 228 après J.-C. Elle surprend à la fois par ses petites dimensions et l'ingéniosité de sa conception: hauteur sans le support 62 cm, poids entre six et huit kg. Les 52 tuyaux à bouche se répartissent en 39 tuyaux fermés et 13 ouverts, mesurant de 12 à 36 cm de longueur et d'un diamètre variant entre 0,9 et 1,4 cm. Ils sont disposés en quatre registres permettant de jouer dans différentes gammes. Le nombre de touches étant le même que le nombre de tuyaux par jeu, l'hydre d'Aquincum possédait 13 touches de bois couvertes d'une tôle de laiton.

L'hydraulis cessa d'être employé en occident après la chute de l'empire romain. Il vivota encore quelque temps à Byzance. Sa dernière représentation apparaît dans le *Psautier d'Utrecht* datant du IXe siècle après J.-C. Bien qu'il s'agisse probablement d'une copie s'inspirant d'un modèle plus ancien, on peut en tout cas en déduire que l'orgue hydraulique était encore connu à l'époque de la création du psautier.

LE MOYEN AGE

Lorsque se furent tues les dernières ovations des empereurs romains sur le Capitole, lorsque les derniers accents des hymnes païens eurent fini de résonner dans les temples, les instruments de musique qui avaient contribué à ces pompes triomphales disparurent avec elles. Dès ses débuts, la chrétienté se prononça pour la musique vocale et les instruments de musique antiques disparurent ou tombèrent dans l'oubli. Si certains se maintenaient encore, l'Église y voyait les instruments des «musiciens du diable», ces «sacristains de Satan» comparés aux bêtes sauvages. En face d'eux, l'Église plaçait les «musiciens de Dieu» dont les instruments étaient ceux de l'Ancien Testament. Pourtant, les peintures et les sculptures des premiers temps médiévaux témoignent clairement de la présence de toute une série d'instruments dans les événements de la vie quotidienne. En témoignent encore des documents écrits, telle une lettre apocryphe de saint Jérôme à Dardanus (IXe siècle) qui mentionne douze instruments de musique qui paraissent être les derniers descendants de l'éventail instrumental gréco-latin. Même les instruments représentés dans le *Psautier d'Utrecht* ou dans la *Bible de Charles le Chauve* sont marqués par les influences antiques. Pour-

53—54 Croquis d'instruments de musique.
Boèce: *De Musica*, copie du Xe siècle.

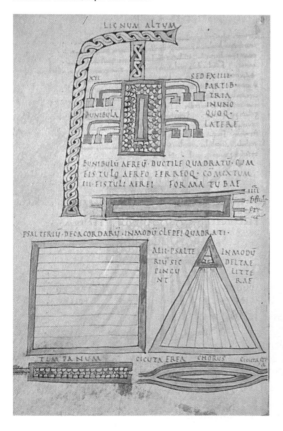

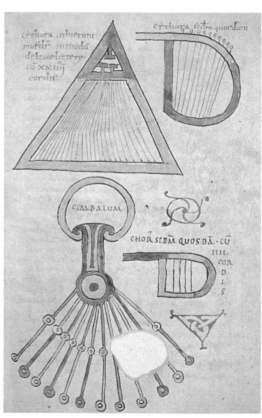

55 Cymbales, harpe quadrangulaire à résonateurs, harpe, luth.
Miniature italienne, Abbazia, Montecassino, XIe siècle.

tant, un manuscrit de la Bibliothèque Nationale de Madrid (vers 920—930, Hh 58) montre déjà des musiciens tenant des vièles à archet, marquant ainsi le premier pas d'une évolution qui connaîtra son apogée quelques siècles plus tard avec Antonio Stradivari. Même la découverte de la peinture rupestre bulgare dont il fut question plus haut ne suffit pas à expliquer l'apparition soudaine de l'archet. Toujours est-il qu'il surgit tout à coup on ne sait d'où pour se trouver à l'origine d'une révolution radicale des instruments à cordes quelques siècles plus tard.

La musique instrumentale médiévale était surtout le fait des jongleurs et des musiciens errants. Au XIIIe siècle, un jongleur provençal devait savoir jouer de neuf instruments: de la vièle, de la cornemuse, de la flûte, de la harpe, de la vielle, de la gigue, du décacorde, du psaltérion et de la chrotta.

Parmi les plus anciens idiophones médiévaux, on compte des instruments à bruits, **claquettes** de bois ou de métal, visiblement reprises de l'Antiquité. Au XIIIe siècle, ces instruments apparaissent encore dans les mains des jongleurs, plus tard, ils caractérisent les lépreux qui utilisent leur son pour avertir la population de leur présence. Parmi les instruments de musique représentés dans la *Bible de Charles le Chauve* (823—877), on remarque des cliquettes métalliques à petits cuillerons bombés placés à l'extrémité de deux bras réunis par un manche flexible.

56 Corne, claquettes métalliques, harpe, cithare, lituus.
Bible de Charles le Chauve, IXe siècle.

Double clarinette. Imité du manuscrit Lat. 1118, XIe siècle, Paris, Bibliothèque Nationale.

L'instrumentiste tenait une cliquette dans chaque main et jouait parfois en même temps d'un instrument à vent. Les **cymbales** ne furent au début répandues qu'en Europe méridionale et orientale. Il en existait deux types: à plateaux convexes, apparaissant dans les peintures et les sculptures jusqu'à la fin du XIIIe siècle, et à plateaux plans, repris de l'Orient. A partir du début du XIVe siècle, on ne voit plus que des cymbales plates à dôme central proéminent et de diamètre variable. Les documents iconographiques nous indiquent la manière dont elles étaient tenues et actionnées: nous y apprenons que les cymbales sont toujours frappées l'une contre l'autre et tenues à l'aide d'une poignée ou d'un anneau de cuir, en position verticale jusqu'au milieu du XIIIe siècle. Plus tard apparaissent également des cymbales horizontales ou obliques, soit choquées l'une contre l'autre, soit le plateau supérieur contre le plateau inférieur immobile. Les cymbales sont représentées de cette manière jusqu'au XVIe siècle où elles disparaissent de l'éventail instrumental.

Les **clochettes à main** furent utilisées sans interruption depuis l'Antiquité, tandis que les **cloches** d'église ne peuvent être datées avec certitude que du VIe siècle environ. Dans les textes latins, les clochettes reçoivent le nom de **cymbalum** ou **tintinnabulum.** Dans les premiers temps, les clochettes étaient exclusivement utilisées à des fins de signalisation, permettant d'appeler les adversaires dans les tournois. Plus tard, on les employa dans les églises à côté des orgues: elles devaient ajouter une aura mystique aux accents séculiers de la musique religieuse médiévale. Dans la *Bible de Jaroměř* datant de la fin du XIIIe siècle (Prague, Musée National) on peut voir la représentation d'un carillon à trois cloches, mais la plupart des documents de l'époque montrent des jeux beaucoup plus fournis. Parmi les instruments à sonorité noble, mais ne répondant pas à des règles théoriques précises, on compte le **triangle,** fait d'une tige métallique. Il portait le nom latin **tripos colybaeus** et se présentait sous deux formes: celle d'un triangle équilatéral ou d'un trapèze isocèle. Dans le manuscrit *Saint Emmeran* du Xe siècle conservé à la Bibliothèque de Munich, il apparaît exceptionnellement sous la forme d'un trépied ajouré. Le triangle descend probablement du sistre antique, comme tendent à le prouver et sa forme et les anneaux cliquetants enfilés sur sa base. Pour jouer du triangle, on le tenait par une poignée ou un anneau de cuir et on le faisait résonner avec une baguette métallique.

57 Olifant, cor de chasse de Roland, neveu de Charlemagne. VIIIe siècle.

Parmi les instruments à vent, certains types médiévaux sont encore des instruments préhistoriques: chalumeau, flûte ou corne trouée. Le **chalumeau** reçut sa forme médiévale sous l'influence d'un hautbois à tuyau conique, le zamr oriental, au moment des croisades. Des documents littéraires du XIIe siècle mentionnent un instrument chalamelle ou chalemie (du latin *calamus,* roseau). Les illustrations d'époque montrent deux types de chalumeaux médiévaux. Le premier apparaît dans le *Codex de la famille Manesse* (vers 1310, Heidelberg, Bibliothèque universitaire): il possède un court tuyau légèrement conique. Le second, tel qu'on peut le voir sur un détail d'une peinture sur panneau de Paolo Veneziano représentant le *Couronnement de la Vierge* (Prague, Galerie Nationale), est plus long et présente une perce plus étroite. Les documents iconographiques témoignent de la grande extension de la **vèze (Platerspiel),** une sorte de clarinette à réservoir d'air, répandue aux XIIIe—XVe siècles. Chez cet instrument, l'anche se trouve enfermée dans une vessie qui joue le même rôle que la réserve d'air de la cornemuse. L'anche vibre donc ici plus facilement que dans un instrument à embouchure directe, mais il est impossible de passer à l'octave supérieure par renforcement du souffle.

On sait fort peu de choses sur la **flûte** avant 1500. Sa plus ancienne représentation nous la montre tenue vers le bas et dotée d'un tuyau cylindrique (manuscrit Lat. 1118 du XIe siècle, Bibliothèque Nationale,

58 Vièle.
Manuscrit enluminé *Mater Verborum*, XIIIe siècle.

59 Harpe, vielle, psaltérion, vièle.
Miniature d'un calendrier manuscrit d'origine irlandaise, fin du XIIIe ou début du XIVe siècle.

60 Instruments autorisés par
l'Église, en haut, de gauche
à droite: monocorde, carillon,
orgue, harpe, flûte de Pan, cor.
Instruments populaires, en bas,
de gauche à droite: rebec, cor et
tambour. *Psautier de l'abbé
saint Remi,* XIIe siècle.

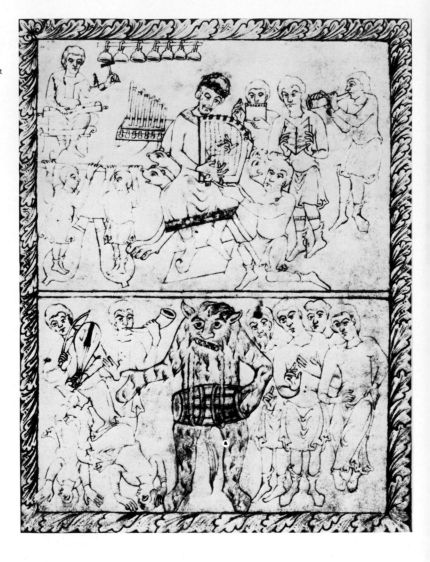

Cornet à bouquin droit. Imité
d'une bible, vers 1070.
Pommersfelden, Gräfische
Schönbornsche Bibliothek.

Paris). Sa sonorité était si tendre qu'on la surnomma **flûte douce.** La
flûte douce pénètre en Europe depuis l'Asie par l'Afrique du Nord, mais
également par les territoires de Hongrie et de Bohême. Sa présence en
pays slaves apparaît dans les poèmes et la prose en vieux français où
elle est appelée *fluste de Behaigne* (flûte de Bohême). Sur les représentations médiévales, on voit beaucoup plus souvent un musicien jouer
d'une main de la flûte et de l'autre du tambour. Le poème *Frauendienst*
d'Ulrich von Lichtenstein (1255) nous apprend que cette association
indissoluble était d'origine française, puis s'était répandue dans toute
l'Europe. Dans les poèmes sur la *Prise d'Alexandrie* et *Li temps pastour*
de Guillaume de Machaut, poète et compositeur français (1300—1377),
ces instruments portent le nom de **flaios** et de **tabour.** Nous y lisons
d'autre part qu'il existait plus de vingt sortes de flûtes, «tant de fortes

61 Flûtes à une main et tambours.

62 Doubles chalumeaux à soufflerie.

63 Cromornes.

64 Vièles.

61—64 Miniatures du codex d'Alphonse X le Sage (1221—1284), roi de Castille et de León, *Cantigas de Santa Maria*.

comme de legières». Machaut range parmi les flaios la **fistule**, la **pipe**, le **soffle** et le **frétiau**, ce dernier recevant par la suite le nom de **galoubet.** Jusqu'au XIVᵉ siècle, cette flûte à une main conserve un tuyau court et une embouchure ouverte; par la suite, le tuyau s'allonge et l'instrument reçoit une embouchure en bec. La flûte à une main avait beau n'être percée que de deux trous sur le dessus et de un sur le dessous, on pouvait jouer sur elle, en bouchant l'ouverture terminale avec le doigt

65

65 Orgue.

66 Flûte.

67 Triangle.

68 Tambour de basque.

65—68 Drôlerie du manuscrit ponticale et benedictionale, XIVᵉ siècle.

Vièle. D'après une miniature de bible catalane, début du XIe siècle. Rome, Biblioteca Vaticana.

et en utilisant les doigtés de fourche, une série chromatique d'un ambitus de deux octaves.

Dès que l'on eut appris à utiliser d'autres matériaux que la corne pour la confection du cor à trous, ce fut l'apparition du **cornet à bouquin** qui connut une grande faveur pendant la Renaissance. Mais c'est surtout la **trompette** qui occupait une place irremplaçable dans la vie médiévale. Elle se faisait entendre dans les cours des seigneurs pour donner le signal d'apporter l'eau et le pain; dans les villes, elle annonçait la présence des notables, signalait l'ouverture et la fin des foires, faisait ouvrir et fermer les portes des cités. Elle joue un rôle important dans la vie militaire: la cavalerie avait sa trompette propre, différente de celles utilisées dans les villes fortifiées et les châteaux forts; la marine et les navires de guerre avaient également leurs propres trompettes. En fait, il s'agissait toujours de deux types principaux qui portaient encore les noms latins **tuba** et **buccina.** La buccina ou **buisine** avait un tuyau plutôt conique, sans pavillon et était donc plutôt du type corne, tandis que la tuba était cylindrique à large pavillon.

Le désir de produire des sons de plus en plus graves conduit les facteurs à allonger le plus possible le tuyau, mais celui-ci devient difficile à manier et facilement endommageable. Au XIVe siècle, on voit les tuyaux des cuivres se courber et s'enrouler en prenant les formes les plus diverses. Au XVe siècle, leur forme finit par se stabiliser en prenant une courbure en S. Ce moment marque le début de la gloire des sonneurs qui acquièrent une position privilégiée dans les cours seigneu-

69 Vèze *(Platerspiel).*

Peinture murale, château de Karlštejn (Tchécoslovaquie), XIVe siècle.

70 Vièle, psaltérion, luth, tambour de basque, portatif, claquettes, cornemuse, chalumeau, timbales, trompettes.
Boèce: *De Musica*, copie du XIVᵉ siècle.

Chrotta. D'après une miniature de tropaire, XIe siècle. Paris, Bibliothèque Nationale.

riales comme chez la noblesse des villes qu'ils distraient aux sons de leurs **tromba clarina,** plus tard simplement appelées clarina.

L'histoire de la musique nous apprend que l'**orgue pneumatique** s'est répandu en Europe grâce à l'empereur de Byzance Constantin Copronyme V qui envoya en 757 au roi Pépin le Bref, à Compiègne, un orgue à tuyaux de plomb. Il s'agissait d'un petit orgue qui reçut le nom de **portatif** car on le transportait lors des processions grâce à une courroie passée sur l'épaule; l'instrumentiste appuyait sur les touches de la main droite, tandis qu'il actionnait de la main gauche un soufflet situé sur la partie postérieure de l'instrument. Le portatif avait de 8 à 32 tuyaux fabriqués en différents alliages. Chaque tuyau possédait sa propre «touche», ou plus exactement sa tirette que l'on tirait et repoussait pendant le jeu et dont la partie postérieure ouvrait et fermait l'arrivée d'air aux tuyaux. A partir du XIIIe siècle, les tirettes sont remplacées par des leviers que l'on presse et qui ouvrent les soupapes des tuyaux. Sa faible étendue tonale faisait de l'orgue portatif un instrument subalterne de la musique religieuse, servant à l'intonation du chant grégorien. Après un temps de succès aux XIVe—XVe siècles, le portatif perd subitement la faveur du public pour se voir remplacer par un orgue plus grand, non mobile, qui reçoit le nom de **positif.**

Dans la hiérarchie des instruments de musique, aucun ne mérite plus justement le titre de «royal» que la **harpe.** Au Moyen Age, son nom est étroitement associé au personnage du roi David, comme l'enclume à celui de Jubal ou le monocorde à celui de Pythagore. Dès les débuts du Moyen Age, les musiciens irlandais firent connaître aux peuples européens la large **harpe irlandaise,** qui servit ensuite de modèle à un

71 Tambour, flûte, vièles, psaltérion et cornemuse.
Détail d'une illustration d'un recueil de chants d'origine zurichoise, dit *Codex de la famille Manesse,* début du XIVe siècle.

72 Harpe-psaltérion.
Détail d'une peinture murale, château de Karlštejn (Tchécoslovaquie), 1360—1370.

instrument plus petit, très en faveur chez les jongleurs français et les *Minnesänger* allemands. Avec la culture provençale pénétraient vers le Nord aussi des poètes et des musiciens qui accompagnaient leurs chants sur des instruments de musique: la petite harpe était leur instrument de prédilection. C'est sous cette forme qu'elle apparaît sur toutes les représentations médiévales où elle dépasse rarement la tête d'un musicien assis. Il existait même une harpe encore plus petite que l'instrumentiste portait suspendue à son cou avec une courroie et dont il jouait debout. Généralement, la console de cette harpe était dotée d'un

Tympanon. D'après une illustration de l'ouvrage *Les Échecs amoureux*, fin du XVe siècle. Paris, Bibliothèque Nationale.

prolongement serpentiforme qui donnait un point d'appui à l'instrumentiste, celui-ci le carrant sur son épaule. Cet instrument était également très prisé par les trouvères et les *Minnesänger* pour leur servir d'accompagnement. Il n'existait point de roman chevaleresque, point de poème qui ne retentît du son de la harpe, où le récit des aventures héroïques ne fût présenté par un harpiste.

A côté de la harpe, on trouve souvent dans les mains du roi David un instrument à cordes pincées, appelé **nabulum** ou **decacordum** dans le traité de Boèce *De Musica* (Ve siècle) et connu sous le nom de **psaltérion-psalterium** vers la fin du Moyen Age. L'instrument avait une forme en delta et possédait plusieurs cordes en métal, simples ou consonantes. Vers la fin du Moyen Age, le psaltérion passe dans la sphère de la musique populaire où il devient, sous le nom de **salterio tedesco,** le prédécesseur du cymbalum. C'est au psaltérion que l'éventail d'instruments modernes est redevable de l'apparition d'un instrument à cordes et clavier. En effet, dès que le psaltérion fut muni d'un clavier à mécanisme pincé, ce fut l'apparition du premier **clavicembalo;** un instrument doté de sautereaux fut nommé **clavicorde** ou **manicordion.** A côté du psaltérion existaient également des demi-psaltérions appelés **micanon.** Lorsque la partie oblique du micanon était courbe, l'instrument prenait une forme d'aile, *ala* en latin. Un type de ce psaltérion n'apparaît que dans les documents d'origine tchèque, ce que traduit aussi son épithète: c'est l'**ala bohemica.**

L'union de la harpe et du psaltérion donna un instrument qui porta différents noms latins comme **tympanon, nabulum, cithara** etc. Pour le moment, seules les sources iconographiques tchèques et un unique

73 Cithares et harpes-psaltérions.
Illustration du manuscrit *Scriptum super Apocalypsim*, fin du XIVe siècle.

74 Trompette et tambour.
Miniature du manuscrit *Liber viaticus* de Jean de Středa, deuxième moitié du XIVᵉ siècle.

document yougoslave nous permettent de connaître sa forme. Il s'agit de la **harpe-psaltérion** à deux caisses de résonance. La première caisse était percée soit sur la table, soit sur les éclisses et portait quelque seize cordes. La seconde caisse, en forme de large bande recourbée percée en son milieu, occupait l'espace entre la première caisse et la console et remplaçait ainsi la colonne d'appui. Cependant, elle était plus étroite que cet espace, si bien que les cordes les plus courtes étaient tendues dans le vide. Dans la chapelle de la Sainte-Croix du château de Karlštejn, près de Prague, on peut voir une peinture murale représentant une harpe-psaltérion avec tous ses détails de construction.

D'un point de vue typologique, on peut classifier les cordophones médiévaux à touche en deux types principaux. Le premier groupe comprend les vièles, instruments en trois parties, dont la caisse de résonance est constituée par une table, un fond et des éclisses latérales. Le deuxième groupe comprend des instruments bipartites, dont la cais-

75 Ala bohemica, cithare, vièle et psaltérion. Illustration de la *Bible de Vélislav*, 1340.

76 Harpe-psaltérion, carillon et psaltérion. Illustration de la *Bible de Vélislav*, 1340.

se de résonance est formée par une table plane et un fond fortement bombé, du type luth. Les instruments du type luth étaient surtout à cordes pincées. On ne sait au juste comment le **luth,** leur principal représentant, est parvenu sur le continent européen, ni à quel moment remonte son introduction. Les documents iconographiques ne permettent pas toujours de distinguer avec certitude si on a affaire à un luth ou à un instrument de forme voisine comme le **rubèbe,** la **cobsa,** la **mandore** ou la **guiterne.** Il faut attendre le XIVe siècle pour voir apparaître le véritable luth avec son manche bien détaché de la caisse, ses sillets et son chevillier cassé en arrière. Les noms de laudis, leutus et lutana datent d'ailleurs à peu près de la même époque. La caisse, d'abord piriforme, prend par la suite sous l'influence des luthiers italiens une forme en amande. Elle est faite de fines lamelles de bois d'érable: au moment de son plus grand épanouissement, pendant la Renaissance, elle sera également parfois en santal ou en cyprès. Un grand nombre de documents artistiques de premier plan nous sont parvenus, immortalisant la splendeur de cet instrument, depuis les sculp-

77—78 Détails de miniatures du *Passionnaire de l'abbesse Cunégonde,* 1319—1321.

77 Harpe.

78 Cithare.

tures de Giotto sur le Campanile de Florence jusqu'au célèbre *Portrait de luthiste* par Van Dyck (Louvre).

Parmi les instruments dont la conception est restée inchangée depuis de nombreux siècles, figure la **trompette marine.** Celle-ci se caractérise par une caisse pyramidale très étroite, dont la longueur permet de faire appel à la technique des harmoniques obtenues par effleurement au juste endroit de sa corde unique. La trompette marine possède un chevalet appuyé sur la table par un pied assez épais, tandis qu'un second pied, plus court et aussi plus fin, ne fait qu'effleurer la caisse. Sa vibration pendant le jeu ajoute un timbre particulier à la sonorité de la trompette marine. L'archet ne frotte pas ici la corde au-dessus du chevalet comme chez les autres instruments à cordes frottées, mais se déplace à la partie supérieure de la corde, entre la tête et le pouce de la main gauche qui raccourcit la corde aux nœuds de vibration par un contact léger. Il est également intéressant de noter la manière particulière dont est tenu l'instrument, manière qui s'apparente plutôt, comme le montrent les illustrations médiévales, au maniement de la trompette.

79 Ala bohemica.

80 Vièle.

81 Psaltérion, trompette marine, luth, trompette, chalumeau.
Hans Memling: triptyque *Anges Musiciens*, XVᵉ siècle.

C'est peut-être à cette façon curieuse et fort probablement peu commode que l'instrument doit son nom. A moins que ce nom, qui est apparemment un non-sens, se rapporte au fait que la trompette marine permet de jouer la même gamme naturelle que la trompette classique.

L'importance de la **guitare,** qui représente les cordophones à caisse en trois parties, ne se manifestera nettement qu'au XVIIIᵉ siècle. Sa représentation apparaît pourtant dans les illustrations d'ouvrages espagnols dès le Xᵉ siècle, où elle reçoit le nom de **guitarra latina, guiterne** etc... elle est reproduite sous une forme déjà évoluée dans l'ouvrage de Juan Bermudo, *Declaración de Instrumentos musicales* (Osuna, 1549) où elle reçoit le nom de **vihuela.** Michael Praetorius, compositeur et théoricien musical allemand la décrit comme l'instrument des comédiens italiens.

Le théoricien de la musique Johannes de Grocheo (Paris, environs de 1300) écrit dans son traité *Theoria* (Bibliothèque de Darmstadt): «Parmi les instruments, ceux à cordes tiennent la première place et parmi ceux-ci, la première place revient à la vièle qui a en elle la cantilène et toutes les autres formes musicales.» Les nombreuses représentations que nous possédons de la **vièle** attestent également son importance. Son origine centre-asiatique est suggérée par sa représentation sur une

82 Trompette droite, saquebute, orgue portatif, harpe, vièle.
Hans Memling, triptyque *Anges Musiciens,* XVᵉ siècle.

reliure en ivoire du VIIIᵉ siècle, qui nous la montre tenue d'une manière typiquement orientale, et par sa caisse en forme de fer de bêche; telle qu'elle apparaît dans le *Psautier d'Utrecht.* Une vièle à caisse ovale n'apparaît qu'au Xᵉ siècle. C'est également à ce moment que l'on voit apparaître chez les peuples slaves la forme définitive de la vièle, avec une caisse étroite, allongée, déprimée sur les flancs. Cette forme finira par l'emporter dans les autres pays.

Un autre instrument à archet existait à côté de la vièle. On peut le voir sur une sculpture du palais de l'archevêché de Saint-Jacques-de-Compostelle, en compagnie de la vièle. Il se caractérise par une large caisse ovale et des éclisses basses, et reçoit le plus souvent dans la littérature le nom de **lira.**

Parmi les instruments favoris au Moyen Age comptait aussi la **vielle** dont le premier caractère distinctif fut l'emploi de sautereaux raccourcissant les cordes. Par la suite, l'archet fut transformé en une roue mécanique tournante enduite de résine et située à la partie inférieure de la caisse. Les premières représentations nous montrent la vielle comme un instrument de grande taille, actionné par deux instrumentistes dont l'un tourne la manivelle tandis que l'autre actionne les touches. Progressivement, la taille de la vielle ira diminuant, si bien qu'un seul ins-

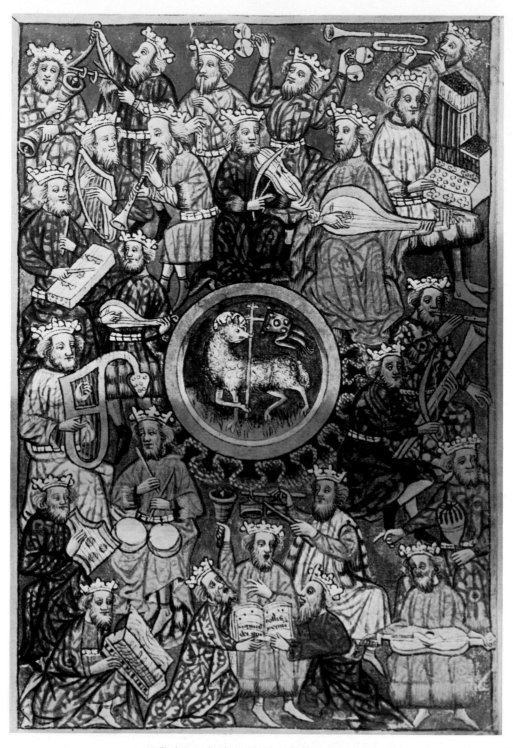

83 Clochettes, triangle, cornet à bouquin blanc, grelots, trompe, tympanon, harpe, chalumeau, vièle, luth, portatif, mandore, flûte droite, harpe, trompette marine, psaltérion, timbales, clochette, carillon, clavicorde, vielle à roue.
Codex Casimirianum, 1448.

Vielle. D'après un dessin de
psautier, vers 1170. Glasgow,
Hunterian Museum.

trumentiste suffira à la manier. Peu à peu, l'ancien nom **organistrum** fut
supplanté par les appellations **armonia** et **symphonia.** La vielle tombe
en désuétude vers le XIVe siècle et ne se maintient dans la musique
savante que pendant la période où la polyphonie continue de reposer
sur la pratique de la pédale continue. Avec l'évolution vers une musique
plus souple, la vielle perd sa position privilégiée et ne survit à nos jours
que dans la musique populaire européenne.

Dans son traité de l'année 600, Isidore de Séville appelle le tambour
symphonia et le décrit comme une caisse de bois creuse, couverte de
peau sur les deux faces. Dans le manuscrit enluminé *Liber viaticus* de
Jean de Středa (milieu du XIVe siècle, Prague, Musée National), on peut
voir un joueur qui porte suspendu à son cou un tambour de la taille de
la caisse claire actuelle. L'instrumentiste frappe le tambour avec deux
baguettes dont l'angle d'attaque sur la peau est environ de 75°, tandis
que le coude de la main droite est levé, ce qui est la position juste des
batteurs modernes. Dans les représentations médiévales, les tambours
apparaissent assez souvent par deux: le musicien les fixe à l'aide de
courroies au-dessus de ses genoux ou à sa taille et les frappe de deux
baguettes de bois. Les **timbales** pénétrèrent en Europe seulement
après les croisades vers la fin du XIIIe siècle. Dans son poème sur la
Prise d'Alexandrie, Guillaume de Machaut leur donne le nom de **nacaires** (de l'arabe *naqqara).* Dans son récit des événements des croisades,
le chroniqueur du roi Saint Louis, Joinville, dit des instruments sarra-
sins: «La querelle entre leurs timbales et leurs cornes était terrible à
entendre». Le tambour à deux membranes et à caisse allongée en forme de tonneau est représenté dans un manuscrit du début du XIIe siècle
de l'Université de Cambridge, et un tambour en forme de sablier apparaît dans des manuscrits enluminés d'origine italienne. Ce que le Moyen
Age appelait **margaretum** était un tambour de basque à grelots frappé
avec une baguette. Cet instrument se répandit depuis l'Asie dans tout le
Bassin méditerranéen et surtout en Italie et en Espagne. C'est l'un des

84 Clavicytherium à cordier vertical.
Détail d'un retable, église paroissiale, Kefermarkt (Autriche), fin du
XVe siècle.

85 Timbales, vièle, cor, triangle, luth et cornemuse.
Miniature de *Bible d'Olomouc,* 1417.

Tambour. D'après une
miniature de la *Bible du roi
Venceslas IV,* XIVe siècle.
Vienne. Staatliche Bibliothek.

instruments les plus représentés dans les œuvres des peintres italiens des XIVe et XVe siècles. Au XVIe siècle, il passa subitement dans la sphère de la musique populaire puis finit par disparaître. Le Moyen Age connaissait donc tous les types de tambours utilisés par l'orchestre actuel. Cependant, comme les tambours médiévaux étaient essentiellement des instruments militaires, on se préoccupait surtout de leur puissance: il existait donc aussi des tambours de grandes dimensions nommés **bedon.**

Les documents littéraires et iconographiques montrent de façon convaincante que les instruments de musique avaient au Moyen Age un rôle plus important que celui qu'on leur a attribué jusqu'à présent. Si le Moyen Age ne connut point les orchestres et si les groupes de musiciens qui apparaissent sur les documents iconographiques ne sont assemblés que de façon fortuite, nous voyons toutefois apparaître une certaine tentative d'unir les instruments de musique de la manière la plus avantageuse possible, surtout à l'époque de la polyphonie. Le Moyen Age ne connut pas plus les ensembles homogènes d'instruments, si caractéristiques de la Renaissance. L'absence de toute information sur la technique de construction des instruments de musique comme sur la musique instrumentale du Moyen Age pose à l'organologie des problèmes qu'il lui faudra élucider malgré les obstacles et les difficultés d'une telle démarche.

LES TEMPS MODERNES ET L'ÉPOQUE CONTEMPORAINE:

RENAISSANCE

Les documents graphiques et iconographiques, ainsi que pour la première fois aussi les instruments eux-mêmes, nous permettent de nous faire une idée juste de l'éventail instrumental de la Renaissance. Cette époque marquera le début d'une évolution dramatique de la musique instrumentale, évolution amorcée par les chapelles royales et seigneuriales. Nous constatons de prime abord qu'au contraire du Moyen Age, surtout marqué par la prédominance des instruments à cordes, la Renaissance nous présente littéralement une débauche d'instruments à vent d'une exceptionnelle précision de construction et réalisés, au contraire des époques précédentes, surtout en bois.

Le besoin croissant de produire des sons de plus en plus graves se solda par l'apparition d'instruments de grande dimension, donc difficilement maniables du point de vue de la technique du jeu. Pendant la Renaissance, on vit se créer des familles entières de chaque instrument, allant de la voix suraiguë jusqu'au dessous de basse: il put donc se former des groupes instrumentaux de même coloration sonore. On peut citer en exemple la série de vingt-et-une flûtes à bec mentionnée par Michael Praetorius.

Le développement exceptionnel des aérophones en bois fut favorisé par les tentatives de différencier les timbres des instruments et surtout par l'invention des clefs qui permettaient de vaincre la difficulté de la

86 Sourdines.
Fin du XVIᵉ siècle.

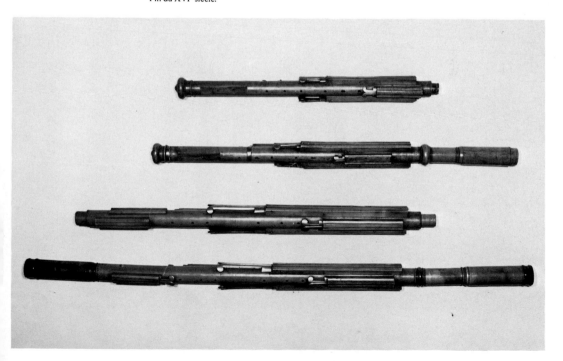

87 Saquebute et chalumeaux.
Maestro del Cassone Adimari, détail du tableau *Noces d'Adimari*, vers 1450. Photo Scala, Florence.

88 Bombardes, trompettes droites et trompe enroulée.
Dessin de la *Chronique de Richenthal* nomméee *manuscrit de Leningrad*, 1464.

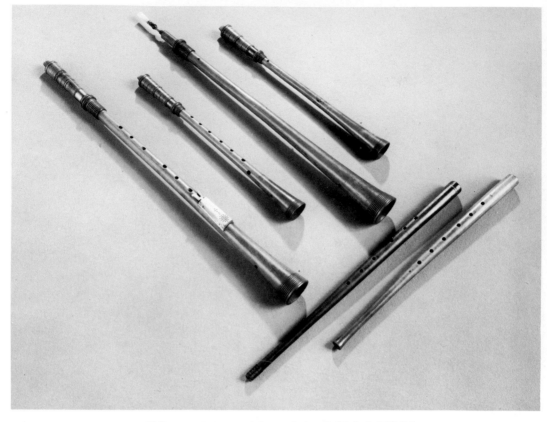

89 Deux cornets et quatre chalumeaux à réservoir d'air, fin du XVIᵉ siècle.

Sourdine de grande-basse.
1 Orifice d'embouchure
2 Trous mélodiques 3 Clefs
4 Ouverture à air 5 Ouvertures
sonores (fin de la perce)
6 Orifice d'évacuation de l'eau

distance lorsqu'il s'agissait de boucher les trous les plus éloignés. Cette invention révolutionnaire eut un tel retentissement qu'elle entraîna la création d'instruments tout à fait nouveaux. Parmi ceux-ci, citons surtout la **bombarde** dont on vit apparaître, au sommet de sa gloire au XVIᵉ siècle, toute une famille de hauteurs, étagées depuis le petit chalumeau nommé **bombardo sopranino** jusqu'à la bombarde de grande basse **bombardone.** La bombarde avait sept trous bouchés par les doigts et plusieurs autres à clefs, fermés par des clapets de laiton nommés fontanelles. A la partie inférieure de l'instrument, légèrement évasée en cône, se trouvaient deux ouvertures et une couronne métallique ornementale protégeait les bords du pavillon contre tout accident. Le philosophe et érudit français, l'abbé Marin Mersenne ne mentionne plus que trois tailles de bombardes dans son ouvrage *Harmonie universelle* datant de 1636: dessus, taille et basse. Les bombardes étaient des instruments patauds qui produisaient, avec leur anche double, un son voisin du basson. Au XVIIᵉ siècle, elles céderont la place à cet instrument, au point que les théoriciens du XVIIIᵉ siècle ignoreront tout des bombardes, dont la contrebasse pouvait atteindre jusqu'à trois mètres.

La prédilection des sons graves à timbre nasalisant, ainsi que les efforts pour maîtriser la technique furent à l'origine d'aérophones en bois d'une conception toute particulière. L'un d'eux, la **sourdine,** appa-

Bombarde de basse. 1 Anche
double 2 Tuyau d'insufflation
en laiton 3 Partie supérieure à
six trous mélodiques 4 — 5
Boutons des clefs 6 Garde de
bois des clefs, dite fontanelle
7 Ferrures en laiton
8 Fontanelle de laiton 9 Baril
10 Couronne ornementale en
laiton.

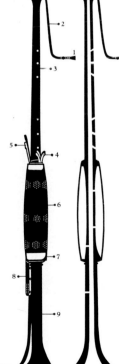

90 Cornet à bouquin, cervelas, flûte à bec basse, cromorne, bombarde, flûte traversière, trombone, flûte de
Pan, cornemuse, flûte à bec. Bergers musiciens et Pan. Détail d'une sculpture sur ivoire de la caisse de
l'électeur de Bavière Maximilien 1er, par Christoph Angermaier, vers 1620.

91 Table de doigtés pour cornet à bouquin.
Gravure sur bois de l'œuvre de J.F.B.C. Majer: *Museum musicum theoretico-practicum,* 1732.

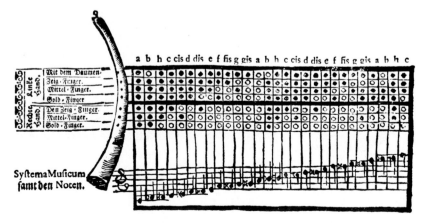

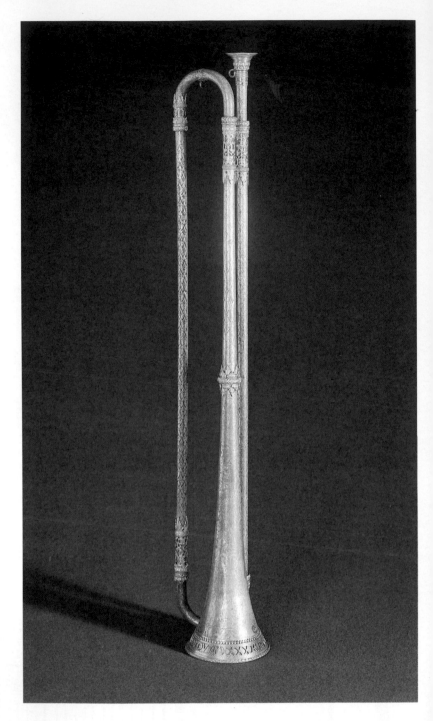

Tartölt. 1 Anche double
2 Tuyau d'insufflation 3 Trous
mélodiques.

92 Trompette en *ré.*
A. Schnitzer, Vienne, 1581.

93 Tartölts dans leur étui originel.
Collection du château d'Ambras, fin du XVIe siècle.

raît sur le frontispice de l'ouvrage de Praetorius, *Theatrum instrumentorum* (Wolftenbüttel 1618), dans les mains d'un musicien qui se tient debout à droite de l'orgue. Quatre exemplaires de sourdines se trouvent dans les collections du Musée d'Histoire de l'Art à Vienne, où ils furent transférés du château d'Ambras. Ces pièces uniques d'origine italienne sont dotées d'un tuyau jusqu'à trois fois coudé à l'intérieur du corps de l'instrument, fait d'une seule pièce de buis tournée avec le maximum de soins. Elles sont munies d'une anche double. La sourdine de grande basse, qui peut émettre le son le plus bas de la contrebasse, le *mi*$_o$, n'en reste pas moins un instrument relativement petit. Sa sonorité est très faible, ne dépassant pas le *mezzopiano* même lorsqu'on souffle fort. Sur le

94 Orgue de 1575.
Église décanale de la Sainte-Trinité, Smečno (Tchécoslovaquie).

Cervelas. Système des
canaux, d'après J. Schlosser.

même principe que les sourdines sont faits les **cervelas,** dont le corps
est si court que l'instrument de dessus ne dépasse pas 12 cm de longueur. A l'intérieur de ce corps court mais épais sont forés neuf canaux
communiquant les uns avec les autres, tandis que l'extérieur porte de
nombreux trous, dont onze sont prévus pour les doigts. Les cervelas
présentent le même inconvénient que les sourdines: leur son est faible,
leur tonalité incertaine. Pourtant, leur perce coudée suggère de nouvel-

95 Orgue positif.
Essaias Compenius, 1610.

les possibilités et annonce une évolution des aérophones qui aura pour aboutissement le basson.

La musique de la Renaissance accorde également une place importante aux instruments en bois dont l'anche se trouve enfermée dans un réservoir d'air. Il s'agissait d'un étui de bois entourant l'anche et que l'instrumentiste insufflait à l'aide d'un court bec, sans que ses lèvres atteignent l'anche. Dès que la vessie du sifflet à réservoir médiéval eut fait place à une réserve d'air en bois, ce fut l'apparition du **cromorne** dont l'existence ne dépassa pas la période baroque et qui ne tarda pas à prendre place parmi les «instruments rouillés» *(verrostete Instrumenta)* de la musique allemande. Le cromorne devait toutefois se maintenir en France jusqu'au milieu du XVIIIᵉ siècle, avec une conception revue, et sous le nouveau nom de **tournebout,** il est vrai.

Le réservoir d'air fut également ajouté à la variante de chalumeau qui conservait encore les caractères originels d'un instrument de bois: court tuyau conique largement percé. Cet instrument pénétra dans l'histoire musicale au XVIᵉ siècle sous le nom allemand **Rauschpfeife.** Il fut immortalisé par une célèbre gravure sur bois de Hans Burgkmair représentant le *Cortège triomphal de l'empereur Maximilien.* Ce chalumeau à réservoir d'air ne se trouve aujourd'hui que dans quelques rares collections: à Prague (pièce unique en position de grande-basse), à Berlin et à Leipzig. Les instruments de ces différentes collections permettent de reconstituer toute une famille de six membres, depuis la Rauschpfeife sopranino jusqu'à l'instrument de contrebasse.

Comme ces instruments ne permettaient pas d'émission de sons à l'octave par renforcement du souffle, leur étendue se limitait à celle de six trous et une clef. De plus, leur vaste tuyau leur donnait un son plat et sans relief, peu adapté à interpréter des compositions dont la difficulté ne cessait d'augmenter. L'usage de la Rauschpfeife se limite au XVIᵉ siècle.

La **flûte à bec,** que ne menaçait point encore la flûte traversière,

96 Cornet à bouquin noir, fin du XVIᵉ siècle.

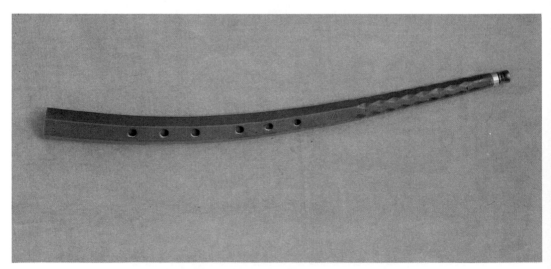

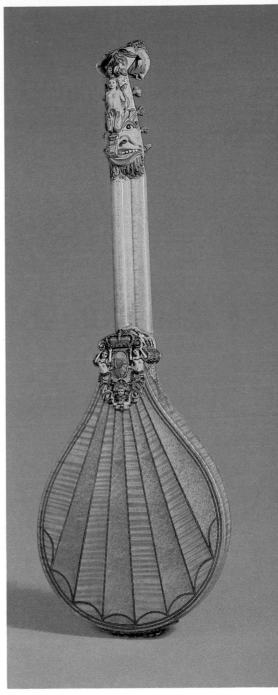

97—98 Cistre.
Girolamo Virchi, Brescia 1574,
face antérieure et postérieure de l'instrument.

Chalumeau à réservoir d'air
(Rauschpfeife) en position de
grande-basse. 1 Réservoir d'air
2 Bec 3 Mécanisme à anche
double 4 Trous mélodiques 5
Clef 6 Ouvertures à air.

Réservoir d'air. 1 Étui 2 Anche
double 3 Embout.

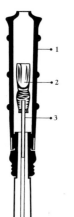

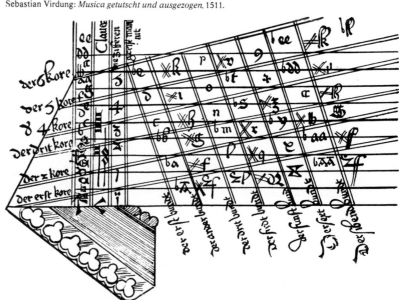

99 Harpe et luth.
Détail d'illustration peinte, *Livre de cantiques de Litoměřice,* 1520.

100 Repères de tablature sur la touche d'un luth.
Sebastian Virdung: *Musica getutscht und ausgezogen,* 1511.

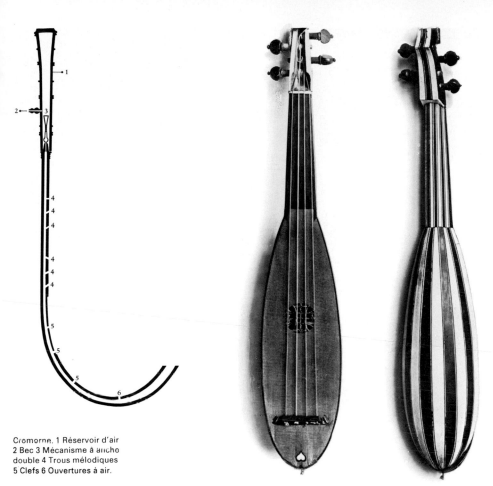

Cromorne, 1 Réservoir d'air
2 Bec 3 Mécanisme à anche
double 4 Trous mélodiques
5 Clefs 6 Ouvertures à air.

101−102 Pandourine *(Mandürchen)*.
Italie, XVIe siècle, face antérieure et postérieure de l'instrument.

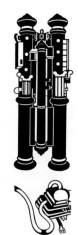

Phagotum.

engendra également pendant la Renaissance des familles d'instruments de différents registres, depuis la «petite flûte» mentionnée par Praetorius, jusqu'à la «grande-basse» insufflée à l'aide d'un mince tuyau en laiton en forme de S. Praetorius décrit une famille de flûtes à bec comprenant 21 instruments: 2 petites flûtes, 2 flûtes de dessus à la quarte inférieure, 2 flûtes de dessus à la quinte inférieure, 4 flûtes alto, 4 flûtes ténor, 4 flûtes de basset, 2 flûtes de basse et 1 flûte de contrebasse. Au XVIe siècle, les instruments n'avaient pas encore d'accord bien établi. Ainsi, le musicologue et musicien belge François Joseph Fétis constate (*Fabrication des Instruments de Musique,* 1855) qu'on trouve pendant la Renaissance des flûtes à bec du même type en différentes hauteurs tonales et il cite comme exemple une flûte de dessus accordée d'une tierce entière plus bas que les autres intruments du même registre. Praetorius se plaint également de la rareté des flûtes à bec d'un «juste accord». La flûte à bec resta en usage jusqu'au milieu du XVIIIe siècle où elle fut détrônée par la flûte traversière et ne se conserva que sous la forme primitive d'instruments populaires ou celle d'instruments de signalisation (sifflets).

103 Chitarrone, orgue, luth, violon, flûtes à bec soprano et basse. Laurent de La Hire (1606—1656): *Allégorie de la Musique*, la Muse Euterpe, Metropolitan Museum of Art, New York.

Puisque la flûte à bec basse présentait une faible intensité sonore et que la bombarde de grande-basse ne permettait qu'un jeu très lourd, le besoin se faisait sentir d'un instrument grave mais techniquement maniable. C'est alors qu'apparut le **basson,** qui répondait à ces conditions et dont l'invention est attribuée légendairement à l'Italien Afranio degli Albonesi. L'instrument d'Albonesi, nommé **phagotum,** était pourtant une sorte de cornemuse, composée de deux tuyaux verticaux munis de trous et de clefs, réunis par un court tube qui permet le passage du flux d'air depuis le soufflet jusqu'aux anches métalliques situées dans la tête des tuyaux. Un troisième tuyau central ne fait que couvrir et orner à l'avant le milieu de l'instrument. Chaque tuyau se compose de deux parties dont la supérieure est emboîtée dans l'inférieure qui sert de réservoir d'air et qui protège les anches. Pour jouer du phagotum, l'instrumentiste le pose sur ses genoux et actionne le soufflet comme on le fait pour la cornemuse.

Le vrai inventeur du basson est donc inconnu. Tout ce que nous pouvons dire, c'est qu'il connaissait obligatoirement et la bombarde, et la flûte à bec basse, et le chalumeau et le cromorne, voire également le trombone, car son instrument fait appel à certains éléments empruntés

104 Clavicorde dit lié.
Allemagne, XVIIe siècle.

105 Spinettregal.
Anton Meidling, Augsbourg, 1587.

Doulcine.

à tous les instruments cités. Pendant la Renaissance, cet instrument au tuyau en U, fut connu sous le nom de **doulcine.** Le point caractéristique de la doulcine était d'avoir ses deux tubes percés dans un seul bloc de bois, le plus souvent d'érable, parfois aussi de poirier ou de cerisier. Les deux canaux étaient ensuite mis en communication par une perce transversale et l'ouverture ainsi formée dans la paroi de l'instrument était hermétiquement bouchée à l'aide d'un bouchon de bois. A côté des six trous pour les doigts des deux mains et d'une clef ouverte sur le septième trou, le tuyau ascendant comporte deux autres trous et une clef destinés aux pouces. La doulcine avait une autre particularité: un couvercle troué recouvrant la lumière du barillet était censé adoucir le son. Comme tous les instruments de la Renaissance, le basson apparaissait aussi par séries entières. Praetorius en cite huit membres: basson de dessus, deux bassons piccolo, trois bassons de chœur, un basson de quarte et un basson de quinte. Le nom de basson de chœur vient de l'emploi de l'instrument pour soutenir la partie basse d'un chœur d'église, ce qui fut longtemps le principal rôle de l'instrument. Le basson actuel dérive du basson de chœur dont la gamme principale est celle de *do* majeur.

L'intermédiaire entre les aérophones en bois, et les cuivres est le **cornet à bouquin,** qui a des bois le matériau et la conception (instrument à trous) et des cuivres la production du son par le truchement

106 Virginal.
Angleterre, 1575.

107 Épinette. Murano da Pentorisi, 1590,
Museo degli Strumenti musicali, Castello Sforzesco, Milan.

108 Secrétaire contenant un virginal. Travail allemand, XVIIᵉ siècle.

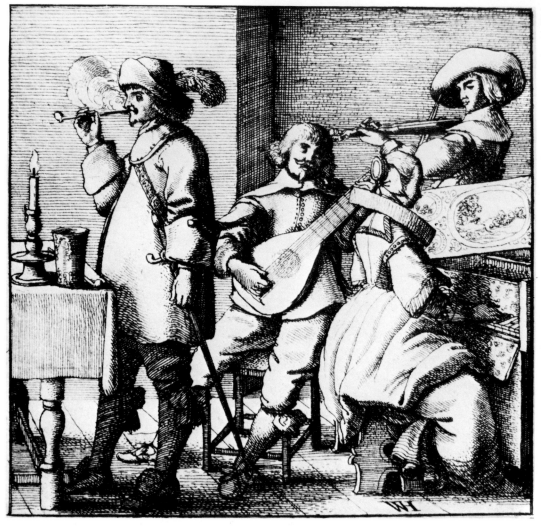

109 Luth, sordina, clavecin.
Gravure sur cuivre de Venceslas Hollar, début du XVIIe siècle.

d'une embouchure. On distingue dès le XIe siècle le **cornet blanc,** droit,
du **cornet noir,** recourbé. Le plus ancien des deux, le cornet à bouquin
blanc, possède à partir du XIIIe siècle seulement cinq trous et un pavillon en corne animale. Par la suite, le cornet blanc sera tourné dans un
ou plusieurs blocs de buis et possédera sept trous dont l'un sur la face
inférieure. Un pavillon de corne ou de bois est soit accolé à l'instrument
après coup, donnant au cornet un timbre plus perçant, soit tourné en
même temps que le tuyau; les cornets de ce type avaient un son plus
doux. Le cornet noir, ou courbe était, au contraire, fait de deux blocs de
bois dans lesquels était percé le tube et qui étaient ensuite accolés en
forme de faucille légèrement recourbée. L'instrument entier était enfin
couvert de cuir noir.
L'ouvrage de Daniel Speer, *Unterricht musikalischer Kunst* (Ulm,

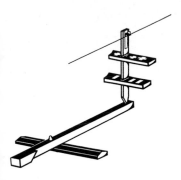

Mécanique du clavecin.

Mécanique du clavicorde.

110 Cistre basse.
Travail allemand, début du XVIe siècle.

111 Lira da braccio et signature du maître
Giovanni d'Andrea, Vérone 1511.

Joanes - andreas veronsi

12 mop

1 5 12

112 Violes de gambe et viola da braccio.
Détail du retable d'Isenheim, par Matthias Grünewald (entre 1460 et 1470 — vers 1510).

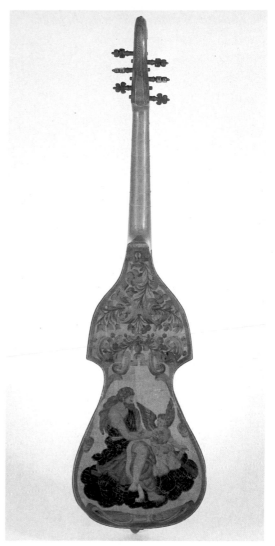

113—114 Basse de viole. Gaspard Tieffenbrucker,
Lyon vers 1560, face antérieure et postérieure de l'instrument. Haags Gemeentemuseum, La Haye.

1687) traite de la technique de jeu et de l'embouchure des cornets à bouquin. Nous y apprenons que l'embouchure des cornets de position haute se pratiquait très différemment de celle des instruments de cuivre classiques. Comme le diamètre du bord de l'embouchure des cornets de registre haut ne dépassait pas 1,5 cm, on ne pouvait, avec des lèvres fines et étroites, emboucher le cornet de la manière habituelle. L'instrumentiste prenait l'embouchure entre ses lèvres sans exercer aucune pression, le ton étant obtenu simplement par une forte tension des lèvres et des muscles faciaux. Ce mode de jeu était également utilisé dans les temps archaïques où les instruments ne possédaient pas d'embouchure au sens où nous l'entendons actuellement et où on prenait simplement le bout du tuyau dans la bouche. Cette technique d'insuffla-

In Padua Vendelinus Tieffenbruker.

115 Cistre-harpe et détail de sa marque,
Wendelin Tieffenbrucker, Padoue, vers 1590.

tion apparaît encore chez certains instruments populaires actuels et chez les trompettes de registre aigu (cornet soprano en *mi* bémol, trompettes de Bach).

Par sa sonorité, le cornet à bouquin se rapprochait des cuivres: des trompettes dans l'aigu, des trombones dans le grave. Sa sonorité, surtout dans l'aigu, avait également quelque chose de la doulcine. Ce fut Gluck dans son *Orfeo* qui utilisa pour la dernière fois la sonorité incertaine, geignarde et terne du cornet à bouquin, d'une faible valeur esthétique dans l'absolu, mais d'un intérêt certain pour créer une atmosphère sonore particulière. Le cornet de contrebasse avait pour nom **serpent,**

116 Harpsicorde.
Vitus de Trasuntinus, Venise, 1560.

en raison des contorsions de son tuyau, nécessaire pour arriver à poser les doigts sur les trous. Le serpent était également recouvert de cuir noir. Il s'est conservé, surtout en France, comme instrument de basse dans les orchestres religieux et les fanfares militaires jusqu'au milieu du XIXᵉ siècle. Le timbre du serpent manquait de relief et d'assurance et les facteurs tentèrent de le perfectionner au début du XIXᵉ siècle en le dotant de clefs. Rossini, Mendelssohn et Wagner composèrent pour cet instrument. Le facteur Jordan, à Liverpool, construisit même un **contre-serpent,** exposé en 1851 à Londres. Mais toutes les tentatives de sauver le serpent furent vaines: il fut supplanté dans l'orchestre par d'autres instruments auxquels il servit de point de départ: le **cor de basse,** plus tard l'**ophicléide** et le **tuba basse.**

Une nouvelle évolution des cuivres fut amorcée lorsqu'on fit appel à la technique de coudage du tuyau et à l'emploi de la coulisse. L'invention du **trombone** sera fortement influencée par un modèle ancien d'une **trompette à coulisse,** la saquebute, qui apparaît sur de nombreuses œuvres picturales du Moyen Age, la plus connue étant le triptyque du retable d'Anvers de Hans Memling (1433—1494). Le sonneur tenait cette trompette d'une main juste au-dessus de l'embouchure, tandis qu'il se servait de l'autre main pour tirer plus ou moins tout l'instrument. Un type plus récent présente déjà les caractéristiques du trombone: l'instrumentiste tient fermement la partie du tuyau qui porte le pavillon tandis qu'il tire de la main droite la deuxième partie du tube en forme de U. Dès que cette trompette à coulisse acquit des dimensions plus importantes, il a suffi de modifier le principe de translation du tuyau sonore pour voir apparaître le trombone. L'instrumentiste tient ici fermement de la main gauche la partie du tuyau qui porte le pavillon, au contraire des trompettistes anciens, et actionne de sa main droite la coulisse en forme de U allongé. Les meilleurs fabricants de trombones comme d'autres instruments de cuivre furent les artisans de Nuremberg. Le premier dont le nom nous soit parvenu fut Hans Neuschel

117 De gauche à droite: trombone, clavecin, viole de gambe et viola da braccio, luth d'octave, sordina, cornet à bouquin noir, chalumeau, lira da braccio, violoncelle, flûte à bec, cornet à bouquin blanc, cornet à bouquin noir, luth. Dans l'angle à droite: clochettes, grelots, cors de chasse et cornets de poste.
Jan Brueghel: *l'Ouïe*, huile, vers 1620,
Museo del Prado, Madrid.

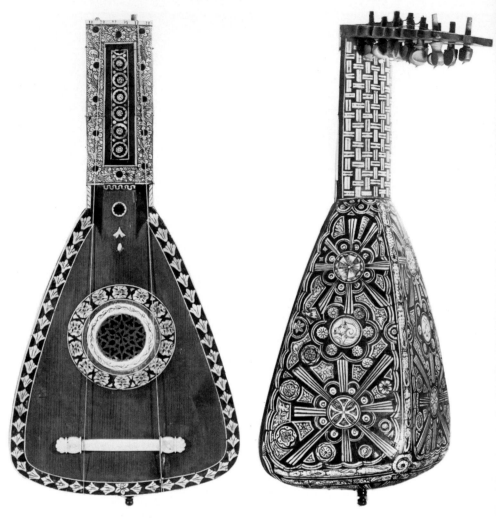

118—119 Luth soprano.
Italie, XVIᵉ siècle, face antérieure et postérieure de l'instrument.

dont l'activité se situe à la fin du XVᵉ siècle. Il fournissait la noblesse, le clergé et les chapelles royales, mais aucun de ses instruments ne s'est conservé jusqu'à nos jours. D'autres artistes de Nuremberg comme Schnitzer, Hainlein, Ehe, Haas etc. continuèrent, encore fort avant dans le XVIIᵉ siècle, à suivre ses traces illustres. Nuremberg doit également sa célébrité à la production de cordes d'acier d'une grande qualité.

On chercherait en vain dans les instruments à cordes l'extraordinaire variété et l'inventivité technique dont témoignent les instruments à vent. Seules les variations de formes des instruments à cordes pincées peuvent rappeler peut-être la richesse typologique de leurs prédécesseurs médiévaux. C'est surtout le **luth** et ses nombreuses variantes qui connaîtront durant la Renaissance une popularité générale en même temps que le point culminant de son développement et une célébrité telle que seul le violon peut prétendre peut-être à l'avoir égalée. La

120 Chitarrone,
Johannes Mantoya de Cardone, 1591.

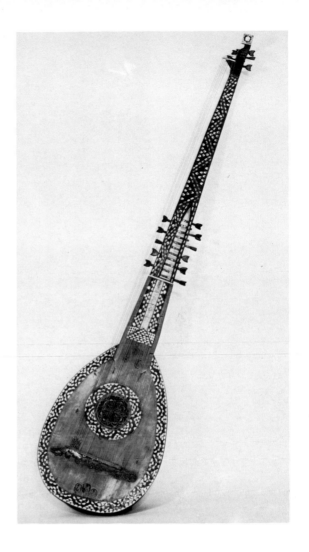

Renaissance éleva le luth au niveau d'une création artistique. Sa caisse à l'origine piriforme prend une harmonieuse ligne en amande aux bords marquetés d'ébène et d'ivoire. Le luth conserve sa table d'harmonie plane en sapin finement fibreux, mais la sculpture ornementale de sa rosace, exécutée directement sur cette table, présente des ornements gothiques d'une beauté exceptionnelle. Le nombre de bandes dont est fait le fond de l'instrument augmente également et ces bandes sont plus d'une fois incrustées de fines lamelles d'ébène ou d'un autre bois de couleur. Le cordier bas, collé sur la table, porte également des ornementations sculptées, tout comme d'ailleurs le gigantesque chevillier cassé en arrière.

Le nombre de cordes du luth augmentait sans cesse. Au début, il se contentait de quatre cordes doubles, complétées par la suite d'une cinquième paire de cordes et, à l'aigu, d'une chanterelle unique. Les cordes

121 Tambour de basque, violon, luth, flûte à bec. Bernardino Lanino
(1510-15 — 1583): *Madone en Gloire avec saints et donateurs*, détail,
North Carolina Museum of Art.

du luth étaient accordées en la_1-la_2, $ré_2$-$ré_3$, sol_2-sol_3, si_2-si_2, mi_3-mi_3 et
la_3. Aux XVIe et XVIIe siècles il y eut des luths à onze cordes et plus.
L'immense popularité de l'instrument fut à l'origine de l'invention de la
notation en tablature qui indiquait, au lieu des notes à jouer, l'emplacement concret des doigtés sur le manche. Au XVIIe siècle, le luth cesse
brutalement d'être un objet de culte et perd sa place privilégiée dans la
vie sociale. Bien que Bach fasse encore appel à lui tant à l'orchestre
(Ode funèbre, Passion selon saint Matthieu) qu'en soliste (suites pour
luth), il est en nette perte de vitesse et sera rapidement supplanté vers
le milieu du XVIIIe siècle par les instruments à archet et à clavier.
Comme tous les instruments, le luth existait dans différents registres,
depuis le petit luth d'octave jusqu'au **luth de basse,** dont les cordes
basses étaient tendues sur un chevillier spécial en passant sur un manche spécial en porte à faux avec l'axe longitudinal de l'instrument. Ces
instruments, dont le manche pouvait atteindre jusqu'à 2 m de longueur,
portaient les noms de **luths théorbés, théorbes** et **archiluths** ou **chitarrone.** Sa grande popularité durant la Renaissance fait du luth encore
pendant longtemps un instrument dont la fabrication reste intéressante
pour la lutherie. Les villes allemandes de Füssen, à la frontière entre la
Bavière et le Tyrol, et Nuremberg devinrent les centres principaux de
fabrication. Aux XVIe et XVIIe siècles, la lutherie devint une activité
essentiellement italienne. Ernest Gottlieb Baron mentionne le luthier
pragois Martin Schott, célèbre pour ses «théorbes romans»; un autre
luthier pragois, Ondřej Ott, confectionnait de merveilleuses **chitarras
battentes.** Les luths ne manquèrent pas d'attirer également les collec-

tionneurs. La plus grande collection de luths fut celle réunie dans la salle de musique du célèbre Cabinet des Fugger à Augsbourg.

La vièle avait au XVIe siècle un manche fluet à tête en volute et chevilles frontales; la lira, en s'agrandissant donnera naissance à un instrument de registre de basse, le **lirone perfetto,** dont on jouait debout. Ces deux instruments à archet annonçaient l'avènement de la **viole** qui reprend en les combinant toutes les acquisitions de ses prédécesseurs: une table bombée percée d'ouïes en C, un fond plan, un manche fin à chevilles antérieures. Chez la viole aussi, on connaît toutes les tailles d'instruments, depuis la **viola da braccio** de dessus jusqu'à la **viole de contrebasse** en passant par la **viole de gambe** ténor. Au XVIe siècle, on n'utilisait pas les violes et les gambes en solo, mais on leur faisait tenir deux parties d'un ensemble de quatre à cinq sortes d'instruments. Cependant, les Italiens ne tardèrent pas à porter leur préférence à un instrument qui permettait un jeu plus expressif, comme c'était le

122 Luth théorbé, quinton de ténor.
Bartholomeus Van der Helst (1613—1670): *La musicienne*, huile, Metropolitan Museum of Art, New York.

cas des modèles da braccio dont la fabrication devint la spécialité de l'Italie du Nord. Parmi les instruments à archet, les violes occupèrent le devant de la scène grâce à leur parfaite maîtrise contrapuntique de la musique polyphonique jusqu'à l'avènement triomphal des violons. C'est à la fin du XVIᵉ siècle que la viola da braccio donne naissance à l'instrument le plus aigu des archets, le **violon.** Cependant, il fallut attendre les époques suivantes pour que le violon connût sa plus grande célébrité. L'extension rapide et le perfectionnement technique de cet instrument d'importance capitale dans les temps modernes sont dus au mérite des compositeurs du XVIᵉ siècle qui surent profiter immédiatement de sa belle sonorité et de ses aptitudes exceptionnelles au jeu d'orchestre. Ce fut sous leur influence qu'apparurent, en quelque 50−70 ans, dans les ateliers Duiffopruggar à Lyon comme dans ceux de Gasparo da Salò à Brescia, les premiers violons artistiques, et cela encore au XVIᵉ siècle.

La Renaissance vit également le développement des instruments à cordes et à clavier. L'installation du clavier sur un instrument du type psaltérion donna naissance au **clavicorde,** dont l'existence est attestée dès le milieu du XIVᵉ siècle. Les sautereaux du clavicorde dérivent du chevalet du monocorde; leur rôle est de frapper la corde en la divisant. La même chose se produit dans le **clavicorde** dit **lié;** dans le **clavicorde libre,** cette double fonction des sautereaux se réduit au seul ébranlement des cordes. Cette mécanique extrêmement simple, sans registres et sans pédales, enfermée dans une étroite caisse rectangulaire, ne permettait d'obtenir qu'un son très faible. Par contre, un léger tremblement du doigt pouvait transmettre à la corde une vibration de la main et obtenir ainsi une sorte de vibrato donnant au jeu un relief plus expressif. Dans son ouvrage, *Musica Mechanica Organoedi* (1768), le théoricien allemand Jacob Adlung écrit que malgré sa sonorité faible, le clavicorde est un instrument d'une grande délicatesse, se prêtant mieux que tout autre à un jeu fleuri.

Un siècle plus tard environ apparaît un nouveau type d'instrument à clavier pour la première fois mentionné vers les années 1460 par l'écrivain tchèque Paulus Paulirinus de Praga: il s'agit du **virginal.** Les cordes du virginal étaient ébranlées par des griffes en plume de corbeau ou des crochets de cuir (cordes «pincées»); il en existait plusieurs tailles marquées par un degré de complexité variable. En Angleterre et en Europe septentrionale, on donna la préférence au virginal rectangulaire, en Italie, il devait prendre la forme d'un pentagone allongé. Les petits virginals aux cordes de quatre pieds reçurent en Italie le nom de **ottavina** ou **spinetta,** en Angleterre celui de **virginals d'octave,** car ils étaient accordés à l'octave supérieure des autres virginals.

A partir du XVᵉ siècle, le clavier, jusqu'à présent parallèle aux cordes, fut également construit perpendiculairement aux cordes et au mécanisme pinçant: ce fut l'apparition du **clavecin.** Celui-ci présentait bien des avantages par rapport au clavicorde, et notamment une étendue tonale plus grande et des cordes le plus souvent doubles. L'adjonction d'un second clavier permit au clavecin d'obtenir de nouvelles sonorités. Les cordes pincées par une plume d'oiseau ou un crochet de cuir émettaient un son plus net que celui du clavicorde et des registres permettaient d'en modifier le timbre.

La production de cordophones à clavier fut surtout l'affaire de la Hollande, avec ses facteurs de premier plan tels que Hans Ruckers, Martin van der Biest, Hans Grauwels, etc. Les fils de Hans Ruckers,

Andreas et Johannes, contribuèrent au XVIIe siècle à faire connaître les instruments de facture hollandaise dans toute l'Europe. On vit même alors créer des instruments qui comprenaient à la fois une petite épinette et un clavecin à double clavier, commandant des registres de huit et quatre pieds que l'on pouvait accoupler pendant le jeu. Vers la fin du XVIIIe siècle, le clavecin périclita, après avoir connu trois siècles de gloire et de désaffection alternées.

Le roi de Bohême, Ladislas le Posthume, envoya en 1457 des messagers à la cour du roi de France Charles VII pour demander la main de la princesse Madeleine. Dans la suite de la délégation se trouvaient entre autres des joueurs de **timbales.** Au début du XVIe siècle, les peaux des timbales, jusqu'alors tendues à l'aide de cordes, commencèrent à être tendues à l'aide d'un cercle de fer serré par des écrous. Les timbales étaient alors le membranophone le plus important de l'orchestre européen et leurs joueurs bénéficiaient des mêmes privilèges que les sonneurs de trompettes; leur position dans les chapelles royales ne cessait de se fortifier.

123 Lira da gamba.
Wendelin Tieffenbrucker, vers 1590.

124—125 Lira da braccio.
Giovanni Maria da Brescia, 1540, dessus et revers de l'instrument, Ashmolean Museum, Oxford.

126 Violon, tambour de basque, trombone, bombarde, viole de gambe, luth.
Pieter Lastman (vers 1583 — vers 1633): *le Concert*, huile.

BAROQUE ET CLASSICISME

L'art musical de la période suivante, le baroque, se caractérise par la pratique généralisée de la basse continue. La victoire de la monodie italienne sur la polyphonie néerlandaise marque un tournant décisif dans l'évolution de la musique européenne. Les modes religieux laissent la place aux modes mineur et majeur, depuis longtemps en usage courant dans la musique populaire. A côté de la mélodie et de l'harmonie, l'instrumentation devient un important facteur d'expression. Celle-ci conduit, dans le cadre du style instrumental concertant, à la différenciation et à l'individualisation des instruments de musique.

L'extraordinaire importance de la basse continue porta au premier rang les instruments qui servaient à sa réalisation: orgue, clavecin et luth. Le *maestro al cembalo* devient le chef d'orchestre de l'ensemble instrumental. Si profonde est l'empreinte que la basse chiffrée a imprimé sur toute la musique des années 1600—1750, que cette période de l'histoire musicale est à juste titre connue comme l'«époque de la basse continue».

L'orchestre baroque est en pleine évolution, marquée par la production en solo d'instruments qui tiennent les voix obligées. Les aéropho-

127—128 Trompette et détail de sa pomme. Jan Bauer, Prague, fin du XVIIIe siècle.

129 Flûte à bec.
Jan Kupecký (1667?—1740): *le Flûtiste*, huile.

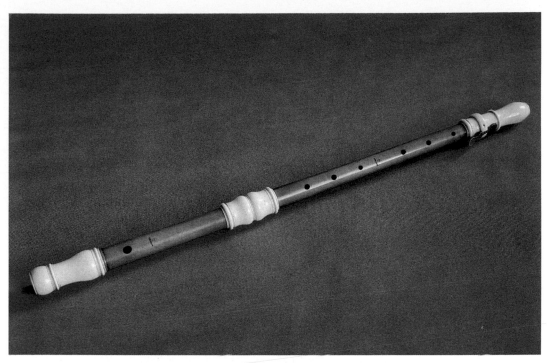

130 Flûte.
Louis Hotteterre, fin du XVIIᵉ siècle.

131 Clarinettes en buis et en ivoire.
J. Schlegel (1733—1792), Bâle.

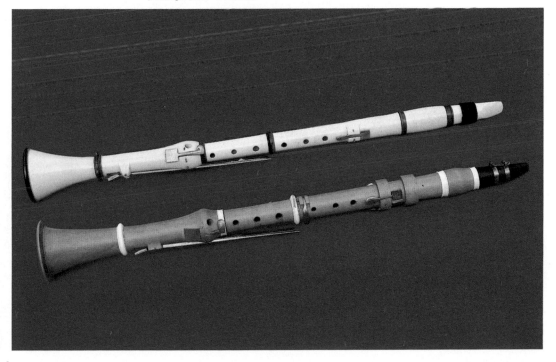

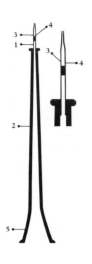

Coupe d'un hautbois.
1 Embout 2 Tuyau sonore
3—4 Anche double 5 Barillet.

nes en bois à réserve d'air, dont l'imperfection technique et musicale est patente, font les premiers les frais de cette remise à neuf: c'est d'abord la fin des chalumeaux à réserve d'air, des cromornes etc. Puis disparaissent les bombardes, les sourdines, les cervelas, puis enfin même les cornets à bouquin. Trois instruments de ce groupe se maintiennent seulement: le **chalumeau,** qui donne, après une série de modifications complexes, naissance au **hautbois,** le **basson** et la **flûte traversière.** La flûte traversière est l'un des rares aérophones dont la Renaissance ne connut que trois tailles; à l'époque baroque, elle devient le plus expressif des instruments solo. Parmi les cuivres, une place de choix revient surtout aux trompettes hautes **(clarinas)** et aux **trombones** de différents registres. La seule nouveauté est ici l'apparition du **cor d'harmonie** qui descend de la trompe de chasse par allongement du tuyau et réduction de son diamètre.

C'est à l'époque baroque que sera également créé un instrument important dans la musique moderne: la **clarinette.** S'il est de nos jours impossible de faire de Johann Christoph Denner l'unique inventeur de la clarinette, il faut lui reconnaître le mérite d'avoir perfectionné le chalumeau. La difficulté à établir clairement les circonstances des premiers temps de la clarinette, la parenté de son nom, le moment de son introduction dans l'orchestre, est encore aggravée par le fait que la clarinette porte encore, dans les premières compositions où elle figure, le nom de chalumeau. Son nom définitif vient de l'italien *clarinetto* et désigne une trompette de registre aigu, nommée clarine, dont la clarinette viendra prendre la place. La clarinette de Denner conserve encore le barillet en entonnoir et les sept trous. Ce qui est nouveau, c'est seulement son anche simple et deux clefs qui étendent son registre vers le grave. Le compositeur Jan Václav Stamic fait appel à la clarinette dans sa symphonie «avec clarinettes et cors de chasse» de 1755.

Au début du XVIII⁰ siècle l'ensemble instrumental qui se produisait dans le chœur de l'église de Weimar était dirigé par un chef qui regar-

132—133 Cors de chasse.
B. Fürst, Ellwang 1770 et Gutrot, Paris, fin du XVIIIᵉ siècle.

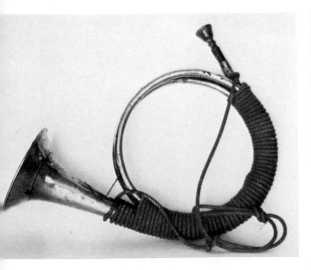

116

134 Basson et cor de chasse.
Porcelaine viennoise, XVIIIᵉ siècle.

135 Positif, violone, violes ténor, à l'arrière-plan: trompettes et trombones; au mur: cor de chasse, triangle (à anneaux métalliques), hautbois d'amour, pandoura. Concert spirituel à l'église de Weimar en 1732 (gravure contemporaine).

Coupe d'une clarinette.
1 Anche simple 2 Tuyau sonore 3 Bec 4 Barillet.

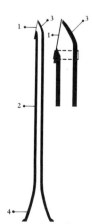

dait la musique de l'organiste. Une gravure de l'époque, illustrant le *Musikalisches Lexicon* de Johann Gottfried Walther (1732) restitue l'atmosphère d'une telle exécution et montre le jeu des instrumentistes soutenu par l'**orgue** qui assure la basse continue. Après la guerre de Trente ans, l'Église catholique fit appel à tous les procédés spirituels et temporels susceptibles de lui faire retrouver sa gloire passée. Elle fit bâtir de magnifiques églises où les chants liturgiques s'élevaient aux sons de l'orgue. Le **positif** de la Renaissance, avec ses deux soufflets d'alimentation et ses registres en nombre limité, continua à se maintenir pendant quelque temps, mais il ne répondait plus aux exigences musicales croissantes des cérémonies solennelles. On commença donc à construire des instruments monumentaux, dotés de plusieurs claviers et d'un grand nombre de jeux. Tandis que la Renaissance s'intéressait surtout à la perfection des jeux principaux, les facteurs baroques mirent surtout l'accent sur la représentation des jeux de flûtes. De nouveaux effets sonores sont obtenus par différentes combinaisons de ces registres ou

117

136 Cor de chasse en *sol*, porcelaine. Travail allemand du XVIIIe siècle.
Metropolitan Museum of Art, New York.

leur parfaite fusion. De nouvelles acquisitions acoustiques et techniques viennent perfectionner le mécanisme de l'orgue: régulation de l'air et introduction de l'accord tempéré. L'étendue du clavier se fixe pendant une longue période à la valeur $ut_1 - ut_4$. Un grand nombre de facteurs d'excellente renommée contribuèrent à la gloire immortelle de cet instrument. Parmi eux, citons le facteur et organiste de la cour de Wolfenbüttel Essaias Compenius, ou encore Eugen Casparini, précurseur de la célèbre famille de facteurs Silbermann (Andreas et Gottfried), Zacharias Hildebrand, Antonin Gärtner etc.

Dans la musique profane, ce fut le **clavecin,** doté d'une nouvelle série de cordes — le registre de seize pieds —, qui devint le principal instrument de la basse continue. La caisse de l'instrument s'accroît fortement en conséquence et sa voix gagne en plénitude et en ampleur. D'un signe de tête, le claveciniste règle les attaques et le tempo de l'orchestre; il

137 Cor de chasse, C. F. Eschenbach, Markneukirchen, 1792,
et trompette, G. F. Glier, Markneukirchen, 1801.

est soutenu dans cette tâche par les mouvements du premier violon. Pour renforcer la sonorité, on faisait appel à deux ou plusieurs clavecins, souvent soutenus par d'autres instruments de basse continue comme les luths, la harpe, voire les instruments à archet en registre de basse.

C'est aux peuples latins que revient depuis la deuxième moitié du XVIIIe siècle le mérite d'un essor imprévu de la **guitare.** C'est également à cette époque que se fixe sa forme, fond plat d'érable, table de sapin, éclisses hautes et rosace ronde. Des sillets divisent la touche de demi-ton en demi-ton, le chevillier est plat. Les six cordes de la guitare étaient accordées de la façon suivante: mi_1, la_1, $ré_2$, sol_2, si_2, mi_2, mais la musique était notée une octave plus haut. Comme le luth, la guitare utilisa également une notation en tablature. Sa popularité à la fin du XVIIIe siècle est à juste titre attribuée à l'activité du luthier royal de Weimar, Jakob August Otto, à qui l'on doit probablement aussi l'introduction de la sixième corde, la plus grave. Mais déjà avant Otto, les Européens rivalisaient de manifestations d'admiration à l'égard de la guitare, qu'il était de bon ton d'apprécier, si l'on voulait être à la page. Des artistes et des compositeurs de premier plan, comme Schubert, Boccherini, Weber, Paganini etc., composaient pour la guitare ou en jouaient.

139 Portatif,
fin du XVIIIe siècle.

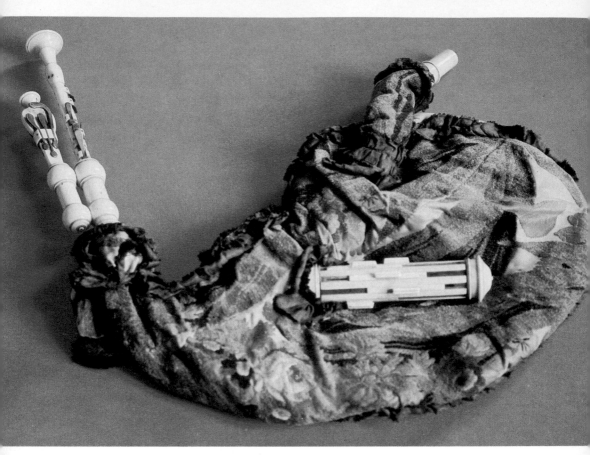

140 Cornemuse de concert française, musette. Deuxième moitié du XVIIIe siècle.

Un concurrent moins chanceux de la guitare était le **cistre,** un instrument au corps piriforme que connaissait déjà le Moyen Age sous le nom de **citole.** Aux XVIe et XVIIe siècles, il était appelé **cithern** en Angleterre et **Zitter** en Allemagne. A la charnière du XVIIIe et du XIXe siècle, le cistre, avec ses cinq cordes doubles métalliques, sa barre *(capotasto)* et son plectre, était l'instrument favori des dames; le luthier pragois Jan Michal Willer en fit de particulièrement beaux, dotés d'un ingénieux mécanisme d'accordage. Une variété de cistre, nommée **pandoura,** passe pour être d'invention anglaise: il s'agit d'un instrument de basse continue, à caisse ouvragée montée de sept cordes métalliques doubles. L'**orphéoréon** qui possédait huit cordes doubles était encore plus sculpté. Cependant, ces instruments à cordes nombreuses ne se répandirent pas outre mesure et, difficiles à accorder, ne passèrent pas la période baroque.

141 Orgue. H. Sieber 1706, église Saint-Michel, Olomouc.

Pandoura.

L'admiration portée à l'Antiquité fut à l'origine, dans l'Empire, de la naissance de la **lyre-guitare,** instrument réservé aux femmes, en forme de lyre antique, également à six cordes. A la différence de la guitare, la guitare-lyre se plaçait sur le genou de la jambe gauche, soutenu par un tabouret. Instrument rien moins que pratique, la guitare-lyre réussit toutefois à se maintenir au XIXe siècle pendant plusieurs décennies. Un autre substitut de la guitare devait être la **harpe-luth,** construite à la fin du XVIIIe siècle par le Londonien Edward Light, mais connue surtout après l'obtenion du brevet en 1816.

On ne sait pas grand-chose sur la création de l'instrument d'abord nommé **gravicembalo col piano e forte.** Le mécanisme à marteaux était d'ailleurs connu depuis les années 1400 et l'**échiquier,** instrument

142—143 Luth théorbé et détail de sa rose.
Tomáš Edlinger, Prague, XVIIe siècle.

Orphéoréon.

144—145 Chitarra battente.
Italie, début du XVIIIᵉ siècle, dessus et revers de l'instrument.

évoqué par Guillaume de Machaut était déjà doté de ce mécanisme. Dans son ouvrage, *Interpretation of the Music of the XVIIth and XVIIIth Centuries* (1915), Arnold Dolmetsch mentionne qu'il a vu un piano fabriqué en 1610, qui devance donc de plus d'un siècle les premiers instruments de Cristofori. L'instrument ressemblait à un grand

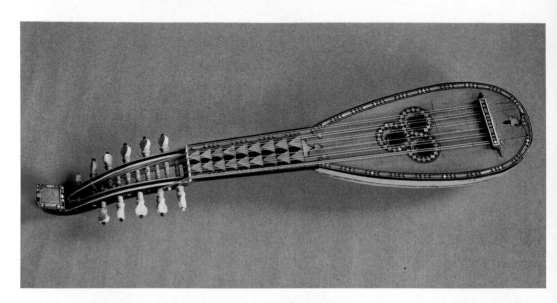

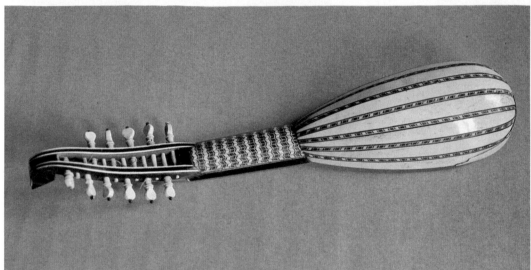

146—147 Pandourine.
Ignazio Ongaro, Venise, début du XVIIIe siècle, dessus et revers de l'instrument.

tympanon avec de minuscules maillets fixés aux touches, comme les formes primitives de la mécanique viennoise. Dès que l'art musical eut ressenti comme un manque la faible étendue dynamique des cordophones à clavier existants, clavicorde et clavicembalo, l'invention ultérieure du piano était devenue inéluctable. Tout cela explique l'immense succès à Paris en 1705 du virtuose Pantaleon Hebenstreit, sur un tympanon de sa propre construction, que l'entourage de Louis XIV surnomma **pantalon**. L'organiste et littérateur allemand Gottfried Schröter raconte comment il a découvert la mécanique à maillets en 1717. Cependant, c'est un an plus tôt que le Français Jean Marius présenta à l'Académie

148 Guitare. Jean Voboam, Paris, 1687.

149 Dos de la guitare du même maître.

150 Violon. Nicola Amati, Crémone, 1681.

Principaux éléments de la guitare. 1 Tête et chevilles 2 Mécanisme des chevilles 3 Touche et sillets 4 Manche 5 Cordier 6 Table d'harmonie à rosace 7 Éclisses 8 Fond.

151 Double guitare.
Alexandre Voboam, Paris, 1696.

Piano: mécanique allemande
des marteaux (J. A. Stein, 1772).

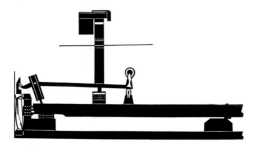

Piano: mécanique anglaise des
marteaux (R. Stodart, 1777).

Royale de Paris ses modèles d'un instrument nommé **clavecin à maillets** et doté d'une mécanique à marteaux. Il n'en reste pas moins historiquement exact que ce fut le facteur florentin Bartolommeo Cristofori qui construisit en 1709 le premier **piano à marteaux.**

Une description technique de la mécanique de Cristofori (*Giornale dei letterati d'Italia,* 1711) montre que ce piano est construit selon le principe général de la mécanique anglaise: le marteau tendu de peau de cerf rebondit après le coup et une attrape l'empêche de se libérer spontanément. L'instrument est d'autre part équipé d'un étouffoir autonome

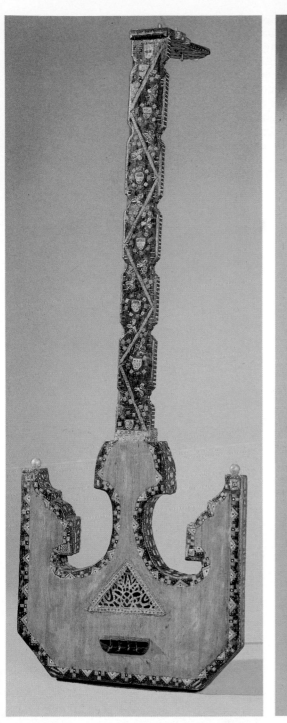

152—153 Guitare.
Fedele Barnia, XVIIIᵉ siècle, dessus et revers de l'instrument.

129

par touche. C'est au célèbre facteur d'orgues Gottfried Silbermann que revient le mérite d'avoir contribué à répandre universellement le piano à maillets. En 1780, John Broadwood, descendant direct des techniques de Silbermann, construisit en Angleterre la première mécanique anglaise, telle qu'elle s'est maintenue jusqu'à nos jours. Quant à la mécanique viennoise, elle fut inventée à Augsbourg en 1778 par l'élève de Silbermann, Johann Andreas Stein, mais ce sera seulement son gendre, l'exceptionnel facteur de pianos viennois Johann Andreas Streicher qui la rendra célèbre. Dans cette mécanique, les marteaux tendus de peau sont fixés directement à l'arrière du levier de touche; la mécanique anglaise est montée de marteaux couverts d'une couche de feutre, fixés sur un liteau spécial, indépendamment des touches.

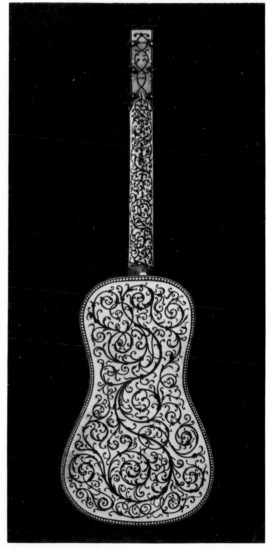

154—155 Guitare.
Georgius Sellas, Italie, XVIIᵉ siècle, dessus et revers de l'instrument.

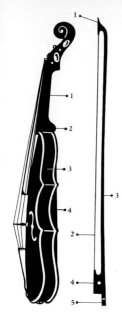

156 Archi-cistre *(Erzcister)*,
XVIIᵉ siècle.

Violon. 1 Manche 2 Talon
3 Éclisses 4 Fond
Archet: 1 Pointe 2 Mèche
3 Baguette 4 Talon 5 Écrou.

Violon. 1 Tête à volute
2 Chevillier 3 Chevilles 4 Sillet
5 Table d'harmonie 6 Ouies
7 Chevalet 8 Cordier 9 Bouton
(bouton d'éclisses)
10 Mentonnière.

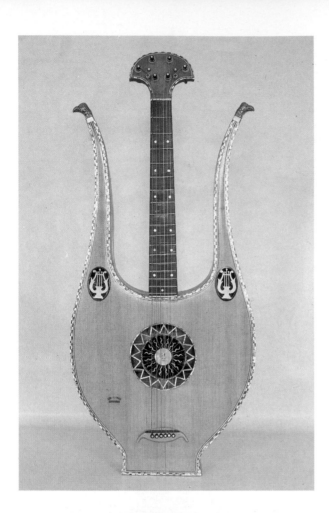

157 Lyre-guitare.
G. M. Pace, Catane, début du XIXᵉ siècle.

158 Lyre-guitare.
Mlle Rivière: *Dame à la lyre,* huile, vers 1820.

Violino piccolo.

Violon ténor.

159 Viola bastarda, flûte à bec.
Domenichino (Domenico Zampieri, 1581 – 1641): *Sainte Cécile jouant de la viole de gambe,* vers 1620, Musée du Louvre. Photo Musées Nationaux.

Tandis qu'au XVIIᵉ siècle, la grande majorité des clavecins étaient de construction flamande, les meilleurs instruments à archet, **violon** en tête, étaient de facture italienne. Les instruments du type violon, sortant des ateliers des maîtres luthiers de Crémone comme Nicola Amati, son élève Antonio Stradivari ou encore de Giuseppe Guarneri dit del Gesù atteignaient aux sommets de la perfection. La noble beauté, la mélodiosité tonale, la mobilité technique du violon sont des qualités inégalées par aucun instrument. Mais cela ne signifie pas que tout violon les possède automatiquement. La qualité du son dépend grandement du facteur. Les violons des grands maîtres luthiers des XVIIᵉ et

Pardessus de viole.

Viola pomposa.

160 Mandoline milanaise.
Francesco Presbler, Milan, 1773.

161 Mandoline napolitaine.
Johann Jobst Frank, Dresde, 1789.

Quinton.

XVIIIᵉ siècles sont des œuvres d'art comparables aux tableaux de Raphaël ou aux sculptures de Michel-Ange.

Comme pour les autres instruments, il exista pour les violons aussi des familles entières de tous registres, depuis le **violino piccolo,** un peu plus petit que le violon et accordé une quarte plus haut que ce dernier, jusqu'au **violon de contrebasse.** Cependant, on utilisait plus souvent à la place de celui-ci la **contrebasse** ou **violone.** La famille des violons commença par avoir six membres, dont deux tombèrent assez rapidement et tout à fait injustement en disgrâce: d'abord le violino piccolo, puis le **violon ténor.** L'absence de ces deux instruments se fait cruellement sentir dans l'interprétation des œuvres de Bach qui se plaisait à écrire pour le violino piccolo, comme à l'orchestre de façon générale, où les voix ténor se partagent actuellement entre l'**alto** et le **violoncelle.** Il est intéressant de noter que le violoncelle ne l'emporta que très lentement sur la **viole de gambe,** car cette dernière, qui joua un rôle important dans l'histoire de l'improvisation, défendait tenacement ses

163 Arpanette.
Travail allemand, deuxième moitié du XVIIIᵉ siècle.

162 Harpe-luth *(Dital Harp).*
Edward Light, fin du XVIIIᵉ siècle.

164 Harpe à pédales.
Travail français, deuxième moitié du XVIIIe siècle.

165 Harpes à pédales.
Jean-Baptiste Mauzuisse (1784—1844): *La leçon de harpe.*
Photo Musées Nationaux.

positions, tant dans la musique familiale que comme instrument solo. Du point de vue de la conception, la gambe, avec ses hautes éclisses et son fond plat, se trouvait désavantagée par rapport au violoncelle. D'un autre côté cependant, son plus grand nombre de cordes (5—6) et la manière particulière de tenir l'archet (comme pour la contrebasse) permet pour la viole de gambe de jouer sur trois ou quatre cordes simultanément. Il faut attendre la fin du XVIIe siècle, avec l'établissement par Stradivari de la forme classique du violoncelle, pour voir cet instrument supplanter complètement la viole de gambe.

Chez les instruments de la famille du violon, apparaît pour la première fois l'intérêt porté à la qualité du vernis. Celui-ci a pour rôle de protéger le bois des effets nocifs de facteurs extérieurs comme la variation de l'humidité atmosphérique ou les écarts de température, mais il influe également (sans avoir une importance déterminante) sur la qualité du son. Le vernis présente également un coloris, une lumière intéressants, et se distingue par une qualité difficile à définir, comparable au feu des pierres précieuses. C'est pour cette raison que le secret des vernis, que les maîtres de Crémone emportèrent avec eux dans la tombe, a tellement occupé l'esprit des luthiers, comme celui des chimistes ou de simples dilettantes.

La signification des instruments à cordes peut également se mesurer au nombre de types nouveaux, moins vivaces toutefois que les violons, et qui ne survécurent que pendant une courte période. La viole de gambe et la lira da gamba donnèrent naissance à la **viola bastarda** qui fut montée au début du XVIIe siècle de cordes sympathiques (résonan-

166 Épinette, XVIIe siècle.

167 Clavecin-épinette. Johannes Ruckers, Anvers, 1619.

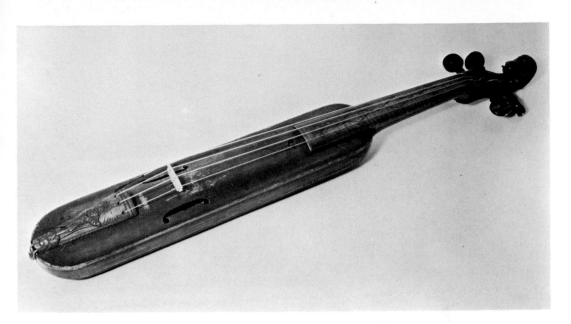

168—169 Sordina et détail du fond.
Italie, XVIIᵉ siècle.

tes) qu'elle reperdit dans la deuxième moitié du siècle. Un violon à caisse réduite, du nom de **pochette,** fut utilisé jusqu'au XIXᵉ siècle par les maîtres à danser. A l'origine, la pochette avait une caisse étroite et naviculaire, cette forme recevant en Italie le nom de **sordina.** Au XVIIIᵉ siècle, on faisait également des pochettes en forme de très petits violons, avec toutefois un manche de longueur normale et quatre cordes. C'est grâce à Bach que l'Allemagne inventa la **viola pomposa** montée de cinq cordes; en France, on vit apparaître des violes de gambe à cinq cordes nommées **quintons.** Le **basso di camera** avait le même nombre de cordes, parfois avec une corde supplémentaire; vers le milieu du XVIIIᵉ siècle apparut une viole aiguë nommée **pardessus de viole.**

Les compositions musicales ne sont donc pas les seules à se plier aux changements de mode: les instruments de musique font de même, nais-

170 Dulcimer.
Travail français, XVIIe siècle.

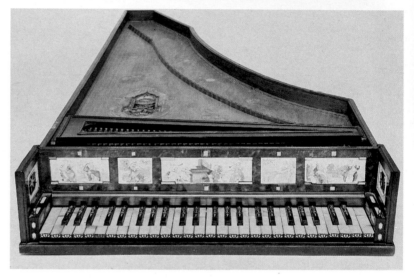

171 Clavecin,
fin du XVIIe siècle.

sant, atteignant le sommet de leur célébrité, puis déclinant pour faire place à de nouveaux instruments, d'une plus grande vitalité. Les instruments montés, à côté des cordes de touche, de cordes métalliques vibrant en sympathie ne parvinrent pas non plus à se maintenir. Un représentant plein de charme en était la **viole d'amour,** dont le nom exact aurait dû être *viola da more,* viole mauresque. Cet instrument présente en effet un certain nombre de points communs avec les instruments indiens sarangi et esrar, également montés de cordes sympathiques. On ne sait encore exactement à quel moment la viole d'amour reçut ses cordes sympathiques. C'était un instrument un peu plus grand que le violon, à fond plat, légèrement cassé en direction du manche, aux ouïes en forme de langues de feu. Ses six à sept cordes de touches, et autant de cordes résonantes passaient sur le chevalet, puis par le manche creux jusqu'aux chevilles. La beauté de l'instrument est encore

140

soulignée par le long chevillier aux chevilles nombreuses et terminé par une tête de femme ou d'angelot. Ces menues sculptures devaient symboliser la finesse et la ferveur de la sonorité de la viole d'amour. Les cordes de touche comme les cordes sympathiques étaient accordées en accord parfait de *ré* majeur ou parfois de *ré* bémol majeur. Jean-Sébastien Bach qui se plaisait à écrire pour la viole d'amour en *mi* bémol mineur, utilisait le système de *scordatura,* un procédé courant à l'époque, et consistant à accorder l'instrument dans la tonalité de la composition à jouer. A la fin du XVIIIe siècle, lorsque l'intérêt général se portait surtout aux instruments à sonorité assez puissante, la viole d'amour, dont la sonorité était faible, fut condamnée à disparaître. Il existait aussi une viole d'amour à caisse plus grande et à double nombre de cordes sympathiques, qui portait le nom de **violette anglaise.**

Les Anglais inventèrent aussi une viole nommée **baryton** (ou **viola**

172 Clavecin.
Hercule Pepoli, Bologne, 1677.

di bordone) dont les cordes résonantes passaient à la partie postérieu-re du manche et pouvaient être pincées par le pouce de la main gauche. La taille et la tonalité du baryton se rapprochaient de la viole de gambe ténor. Il possédait en plus des cordes de touche de neuf à vingt-sept cordes résonantes qui passaient sur un large chevalet collé à la table et jusqu'à un chevillier monumental, dont l'extrémité s'ornait d'une tête masculine sculptée. Comme tous les instruments de gambe, le baryton possédait une touche divisée par des sillets. Le baryton connut son heure de gloire à l'époque durant laquelle Joseph Haydn fut au service du prince Nicolas Esterházy, à Eisenstadt (1765—1775). Le musicien devait composer non moins de 175 œuvres pour cet instrument favori du prince.

LES INSTRUMENTS DE L'ORCHESTRE MODERNE (XIXᵉ ET XXᵉ SIÈCLES)

Si la musique baroque se voulait de portée universelle, celle du XIXᵉ siècle fut au contraire marquée par l'apparition de cultures musicales nationales. Avec l'expansion des cuivres coïncidera le développement des orchestres populaires dont la formation et le perfectionnement du jeu technique devaient beaucoup aux harmonies militaires. Bien que la recherche de sonorités nouvelles rappelle la Renaissance, elle a pour but non d'obtenir la netteté contrastée du jeu polyphonique, mais de répondre aux demandes d'une sensibilité exaltée. La musique doit se faire expressive, répondre aux émotions du public. Soit: l'orchestre en plein développement fait appel à de nouveaux instruments dont il fait autant de variantes qu'ils peuvent avoir de registres. On construit huit

173 Violette anglaise.
Johannes Udalricus Eberle, Prague, 1727.

174 Quinton.
Tomáš Hulinský, Prague, 1754.

175 Viole de gambe.
Johannes Udalricus Eberle, Prague, 1740.

176—177 Violon «Le Messie» (Antonio Stradivari, Crémone, 1716).
Shirley Slocombe: *Le Messie*, gouache, 1890.

178 Pochettes de maître à danser, deuxième moitié du XVIIIᵉ siècle.

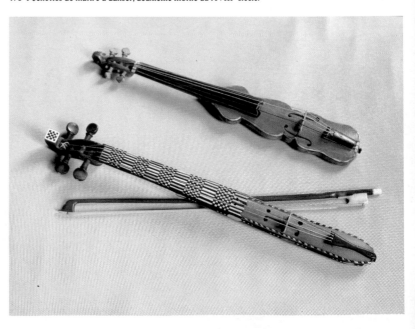

tailles différentes de clarinettes, six de saxophones. Pour que les instruments soient à même de répondre à toutes les demandes, c'est d'abord les aérophones qu'il faudra modifier. C'est aux Allemands Blühmel et Stölzel que l'on doit l'invention, au début du XIXe siècle, de la **trompette à pistons,** qui ne tarde pas à devenir le principal instrument aigu de l'orchestre de cuivres. De même la **harpe,** que Berlioz considère comme une composante à peu près stable de l'orchestre symphonique, devient chromatique, après être restée inchangée pendant de longs millénaires. La période classico-romantique élimine de l'orchestre presque

180 Basse de viole de gambe (transformée ultérieurement en instrument à quatre cordes).
Joachim Tielke, Hambourg, 1687.

179 Viola di bordone (baryton).
Travail viennois, deuxième moitié du XVIIIe siècle.

tous les instruments à cordes pincées. Il en ira de même des idiophones que seuls le néo-romantisme et l'impressionnisme remettront en usage.

A première vue, on peut penser que notre siècle a repris sans aucune modification l'héritage musical du romantisme. Il en va un peu autrement, bien que les nouveaux éléments apportés par Richard Strauss découlent en fait des leçons d'instrumentation de Berlioz. Au milieu du XXe siècle, on se plaît à reproduire le pincement sous la forme du *pizzicato* des instruments à archet et les idiophones comme les membranophones forment une composante de plus en plus importante de l'ensemble musical actuel. Dans son *Histoire du Soldat,* Stravinsky oppose à six instruments mélodiques le même nombre d'instruments à percussion. Même ce nouveau pas n'est pas incompréhensible: pendant des siècles, l'harmonie prima sur le rythme, si bien qu'il ne serait pas étonnant de voir la musique du XXe siècle s'orienter vers une structure de rythme continu, comme jadis celle du XVIIe siècle se fonda sur la basse continue.

Dans les collections mondiales, un cinquième environ des instruments sont des instruments dits à friction, dans lesquels des barres de bois, de métal ou de verre, des cordes, des tubes, des coupes, des verres ou des cloches sont mis en vibration non par un choc, mais par un

181—182 Violoncelle.
Domenico Galli, Parme, 1691, dessus et revers de l'instrument.

183—184 Viole d'amour.
Tomáš Hulinský, Prague, 1769, dessus et revers de l'instrument.

185 Viola di bordone (baryton),
XVIIIe siècle.

frottement. Celui-ci peut être réalisé au moyen d'un archet enduit de colophane, d'un cylindre tournant, d'un flux d'air, voire des doigts humides de l'instrumentiste. Des facteurs entreprenants, mais aussi des acousticiens et des mécaniciens inondèrent au XIXe siècle le marché musical de dizaines et de dizaines d'instruments de musique de leur «invention», ou du moins perfectionnés par leurs soins et baptisés de noms d'origine grecque aux sonorités romantiques comme **euphon,** instrument monté de tubes de verre et de barres métalliques résonnantes, ou **terpodion,** où c'étaient des barres de bois qui étaient frottés par un cylindre colophané, ou encore **acoucryptophone, bellarmonic, clavicylindre, coelestine, uranion** etc. Le faible intérêt artistique de ces instruments comme leur incapacité à se prêter à un jeu où la polyphonie se doublerait d'une dynamique et de la modulation des différents sons fit que ces instruments disparurent dès les années 1850.

Parmi l'extraordinaire flot d'idiophones à friction, on vit reparaître pendant une courte période le **violon de fer** (ou **harmonica de fer**) inventé vers le milieu du XVIIIe siècle à Saint-Pétersbourg par Johann Wild. L'instrument consistait en une caisse de résonance de forme va-

186 Angélique Kaufmann, virtuose d'harmonica de verre.
Gravure, première moitié du XIXe siècle.

187 Violon de fer.
Première moitié du XIXᵉ siècle.

riable, montée de tiges d'acier de différentes longueurs que l'on faisait
vibrer à l'aide d'un archet. Le violon de fer fut par la suite doté de
cordes consonantes, ce qui ne l'empêcha pas de tomber dans l'oubli. Il
fut ressuscité au début de notre siècle à Vienne sous le nom de **duolon,**
mais sans grand succès. Le représentant le plus marquant de ces instruments fut l'**harmonica de verre** du célèbre physicien Benjamin Franklin. Il s'agit d'une série de cloches de verre de taille variable, accordées
chromatiquement, et fixées sur un axe commun qui tourne grâce à
l'action d'une roue dotée d'une courroie solidaire d'un pédalier. Les
cloches de verre n'entrent en vibration que si les doigts de l'instrumentiste sont parfaitement dégraissés. Il fallait non seulement se laver les
mains, mais les enduire de craie, ce qui desséchait désagréablement la
peau. Certaines cloches ne chantaient que frottées avec le milieu du
doigt, d'autres avec la première phalange etc. Même l'invention d'un
harmonica à clavier ne réussit pas à éviter le contact direct du doigt
avec la cloche en vibration tout en conservant une bonne qualité du
son. De plus, l'instrument avait la réputation de produire des vibrations
nocives à l'organisme humain et de nombreuses villes lui interdirent de
se produire en public. Pourtant, tant les musiciens que les auditeurs

188 Violoncelle, violon, serpent, piano, cors de chasse, hautbois, théorbe.
John Zoffany: *Famille avec instruments de musique*, huile, 1781.

étaient émerveillés par sa sonorité qui exprimait mieux que tout autre la sensibilité exacerbée de l'époque, en influençant même la littérature (Jean-Paul, Wieland, Schubart etc.). C'est seulement avec la disparition en Allemagne de la génération de Werther et l'apparition aux environs de 1810 d'un instrument moins fragile et moins dangereux pour le système nerveux, le **physharmonica,** que les jours de l'harmonica de verre touchèrent à leur fin. Après 1830, l'instrument disparaît peu à peu, et avec lui sa sonorité éthérée.

Le physharmonica utilise des anches métalliques libres, fixées par une extrémité aux plaquettes sonores, et mises en vibration grâce à un flux d'air que deux pédales envoient dans le soufflet et dans la laye. Les différentes touches ouvrent, une fois pressées, les soupapes menant aux anches: l'élasticité propre de celles-ci fait vibrer les plaquettes sonores d'un bout à l'autre d'une ouverture allongée. Des expériences tout à fait récentes ont montré que l'onde sonore se forme à la suite d'une diminution périodique de la pression d'air au voisinage d'une fente étroite dans laquelle l'anche est fixée. La hauteur du son dépend de la longueur et de l'épaisseur de l'anche, le timbre de sa forme et de son emplacement.

En France, on continue encore de nos jours à appeler orgue d'anches l'**harmonium,** un instrument qui n'a pas grand-chose en commun avec le grand orgue à tuyaux. Le mérite d'avoir perfectionné l'harmonium revient aux Français Gabriel Joseph Grenié qui construisit en 1810 l'**orgue expressif** et Alexandre François Debain qui fit breveter en 1840 à la fois l'instrument et le nom d'harmonium. Pour permettre à l'instrumentiste de régler l'intensité sonore, la maison Alexandre père et fils dota l'harmonium d'un registre fermant le soufflet, nommé expression. Cependant, les anches n'atteignent pas immédiatement leur intensité maximale. Ce temps de latence, qui existe aussi chez la plupart

189 Harmonica de verre.
Première moitié du XIXe siècle.

190—191 Terpodion et son intérieur.
Première moitié du XIXᵉ siècle.

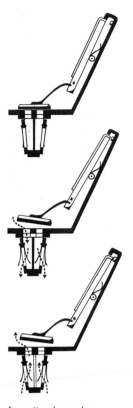

Formation du son dans
l'accordéon.

192 Physharmonica.
Début du XIXe siècle.

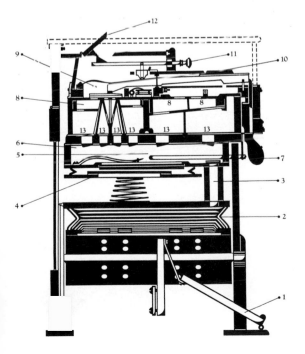

Coupe d'un harmonium. 1 Pédale 2 Soufflet 3 Conduit
d'air 4 Réservoir d'air 5 Laye 6 Soupape de registre
7 Levier de genou 8 Gravures 9 Soupape de jeu
10 Clavier 11 Bouton de registre 12 Clapet du forte
13 Cavités sonores.

193 Serpent. Début du XIXe siècle.

Triangle.

Cymbales.

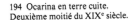

Gong.

des harmoniums modernes, ne permet pas l'exécution de passages rapides. C'est la raison pour laquelle le facteur parisien Martin construisit un instrument qu'il nomma **orgue à percussion,** monté d'un système à marteaux nommé percussion et d'un registre, dit prolongement qui permettait au contraire d'allonger la durée des notes. C'est au Français Victor Mustel que nous devons un harmonium perfectionné nommé **harmonium d'art:** nous retrouvons ici tous les perfectionnements inventés jusqu'alors, complétés par une double expression et une série de jalousies actionnées par les genoux. La conception rigoureuse de l'harmonium de Mustel permettra la naissance d'une littérature spécifique pour cet instrument. Les harmoniums du Viennois Kotykievicz devinrent également mondialement connus.

L'harmonium peut être monté d'un ou plusieurs rangs d'anches de même timbre, nommés jeux. Chaque jeu comprend soixante-et-une anches couvrant une étendue de cinq octaves; leur hauteur est indiquée, comme chez l'orgue, par le nombre de pieds. Le pied n'indique évidemment pas ici une longueur de tuyau, mais la hauteur tonale de l'anche qui correspondrait à la longueur appropriée du tuyau d'orgue. Comme pour l'orgue, on peut pour l'harmonium assembler plusieurs sons d'octaves différentes, pour obtenir une coloration sonore plus ample ou doubler le son. Un caractère particulier qui influe sur la technique du jeu est ici la division du clavier en deux moitiés indépendantes mais complémentaires: les graves et les aigus. Les jeux sont mis en action par des boutons de registres placés au-dessus du clavier et repérés par des numéros.

Selon que l'instrumentiste presse plus ou moins rapidement les pédales, les anches vibrent avec plus ou moins de force. Le bon pianiste se reconnaît à son toucher, le virtuose de l'harmonium à son pédalage. Les harmoniums de concert possèdent d'autres perfectionnements, comme la percussion et le prolongement qui tient le son alors que le doigt a quitté la touche. A Boston, la maison Mason & Hamlin a réalisé un harmonium à air aspiré. Cet instrument destiné à remplacer l'orgue

194 Ocarina en terre cuite.
Deuxième moitié du XIXᵉ siècle.

195 Double flageolet anglais.
Deuxième moitié du XIXᵉ siècle.

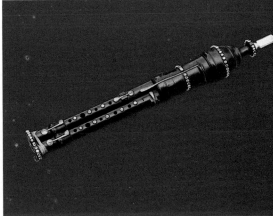

Xylophone.

a reçu le nom de **cottage-organ;** il était doté d'un pédalier et de plusieurs claviers.

L'**accordéon,** inventé par David Buschmann à Berlin sous le nom de **Handäoline,** est également doté d'anches libres. En 1829, Charles Wheatstone transforma en hexagonale sa forme carrée et lui donna le nom de **concertina.** A la différence du Handäoline, le son produit ne change pas ici avec le changement de direction du soufflet, les boutons sont disposés en rangées horizontales et on peut jouer une gamme chromatique en pressant les boutons en alternance de la main droite et de la main gauche. Le concertina est un instrument national en Angleterre; en Allemagne, sa forme est redevenue carrée vers la fin des années 1840 et les touches ont été disposées en lignes verticales. C'est ce dernier type qui servit à Heinrich Band pour la construction de son **bandonion.**

En démultipliant les sons homonymes en compression et extension du soufflet, en agençant chromatiquement le système tonal, on arriva finalement aux accordéons chromatiques actuels. A partir de là, les constructeurs s'intéressent surtout à la mise au point de l'accordéon à clavier pour la main droite; celui-ci est constamment perfectionné non seulement par la multiplication des basses et leur agencement chroma-

196—197 Petite flûte et flûte.
Amati, Kraslice (Tchécoslovaquie).

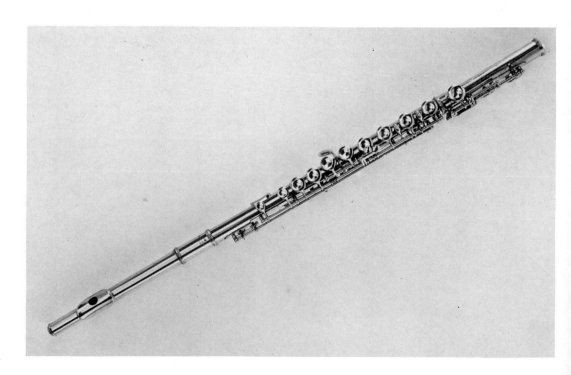

198—199 Hautbois et détail de son mécanisme de clefs.
Amati, Kraslice (Tchécoslovaquie).

tique (basses baryton) et à l'extension de l'étendue tonale grâce à des registres d'octaves de différentes hauteurs, mais aussi par l'introduction de plusieurs registres de combinaison, de boîtes de résonance et de jalousies. Dans le modèle Scandalli Conservatorio, un commutateur astucieux qui transforme la touche classique de basse en baryton, permet d'obtenir des effets techniques et artistiques inattendus. Parmi les accordéons de premier plan mondial, citons encore les modèles allemands Morino, Orgela et le modèle tchécoslovaque Delicia.

David Buschmann inventa également l'**harmonica à bouche** qui fut d'abord plus un jouet qu'un instrument de musique. Cependant il n'a cessé de se perfectionner et d'occuper avec le temps une place de plus en plus stable dans la vie musicale. Les harmonicas se divisent en harmonicas diatoniques, chromatiques, d'accompagnement, et de types particuliers. Parmi les harmonicas diatoniques, citons ceux de Richter, de Knittlinger et les harmonicas viennois. Ceux de Richter possèdent dix à douze tuyaux sonores simples, dont chacun sert à produire deux sons de hauteur différente, soit en soufflant, soit en aspirant. Les harmonicas de Knittlinger ont une étendue d'une à deux octaves et possèdent des tuyaux doubles: chaque son, tant soufflé qu'aspiré est doublé à l'octave supérieure. Les harmonicas viennois présentent une étendue d'une octave et produisent un son vibrant: chaque tuyau produit deux notes à

200 Cor anglais.

201 Orgue d'appartement. Georg Hammer, Schiers (Suisse), 1838.

Flexatone.

Castagnettes.

202 Harpe à crochets.
Severin Pfalz (1796 – ?): *Le Harpiste pragois Josef Häusler.*

l'unisson, les anches étant accordées avec une très légère différence de longueur d'onde, ce qui a pour résultat un son vibrant. Les harmonicas chromatiques sont en fait constitués par deux harmonicas diatoniques dont l'un est accordé un demi-ton plus haut que l'autre. On a vu récemment apparaître un harmonica à clavier. Parmi les harmonicas d'accompagnement, citons un harmonica d'accord qui mesure une soixantaine de centimètres et se compose de deux harmonicas parallèles réunis latéralement par des lames métalliques spéciales qui permettent de les écarter ou de les rapprocher. En RFA on rencontre souvent l'**harmonetta,** qui possède trente-deux clefs et permet de jouer une gamme chromatique sur trois octaves d'étendue. En Tchécoslovaquie, l'union de deux harmonicas chromatiques a abouti à l'apparition du **polyphonic** sur lequel ont peut jouer dans toutes les tonalités à quatre voix. L'instrument est cependant de taille assez modeste: on peut le couvrir presque entièrement avec les deux mains. Dans la catégorie des harmonicas particuliers, contentons-nous de mentionner les modèles de tonalités extra-européennes et les harmonicas associés, mélodiques et d'accompagnement.

159

204 Basson.
Amati, Kraslice (Tchécoslovaquie).

203 Contrebasson.
Amati, Kraslice (Tchécoslovaquie).

Parmi les idiophones métalliques qui ajoutent à l'ensemble orchestral un tintement chantant, citons le **triangle** fait d'une tige d'acier cylindrique repliée en forme de triangle équilatéral avec un angle ouvert. C'est par cet angle que le triangle est librement suspendu. On le frappe avec une tige d'acier. Comme le son fondamental disparaît ici par suite d'une disproportion entre la longueur et l'épaisseur de la tige et qu'aucun des harmoniques ne domine plus qu'un autre, le triangle ne donne pas un son de hauteur définie. Un rôle analogue dans l'orchestre est celui des

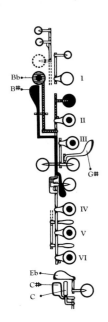

Bb
B#

I

II

III

G#

IV

V

VI

Eb
C#
C

Système Böhm appliqué à la flûte.

cymbales, pour la première fois utilisées en 1779 par Gluck dans son opéra *Iphigénie en Tauride.* Dans les musiques militaires, les cymbales n'ont leur place que depuis le début du XIXe siècle. Les cymbales sont généralement en bronze ou en alliage à cloches. L'instrumentiste les tient en passant les quatre doigts sauf le pouce dans l'anneau de cuir destiné à cet effet. Le pouce vient ensuite toucher l'index pour tenir l'anneau ou s'appuie, tendu, sur un support de feutre. Lorsque l'instrumentiste tourne les cymbales l'une contre l'autre, ce n'est pas uniquement dans un but démonstratif: cette rotation a également une justification acoustique et vise à prolonger le plus possible la vibration de l'instrument. Pour éteindre le son, le musicien plaque la cymbale contre sa poitrine. Il existe trois sortes de cymbales: les turques, les chinoises qui sont plus minces et de sonorité plus grave que les turques, et les italiennes, souvent fabriquées individuellement pour les orchestres de jazz.

205 Cithares.
Couchées: début du XIXe siècle; debout: Georg Tiefenbrunner, Munich, 1850.

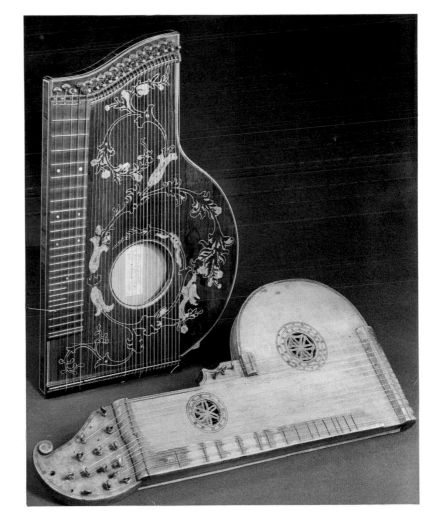

Système Böhm appliqué à la clarinette.

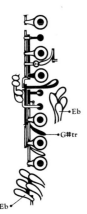

Eb

G#tr

Eb

Le **gong** fut introduit en Europe depuis la Chine en passant par l'Indonésie. C'est le compositeur français François-Joseph Gossec qui fut le premier à utiliser le gong dans l'orchestre en 1791. Le gong se présente sous la forme d'une coupe plate de taille variable; il est fait de bronze et ses bords orthogonaux sont larges de 2 à 5 cm. Son accord varie de ut_2 à ut_3. Suspendu à une corde de soie, il est mis en vibration par le choc d'une baguette douce ou dure (tendue de peau). Les gongs de grande taille peuvent être frappés par un marteau de bois en forme de tonnelet, visant le centre du plateau. Ils produisent un son clair comparable à celui d'une grande cloche lorsque l'instrument est de grande taille. Le tam-tam est une variété de gong, au métal martelé en

Mécanisme à clefs du hautbois.   Mécanisme à clefs du basson d'Heckel.   Mécanisme à clefs du saxophone.

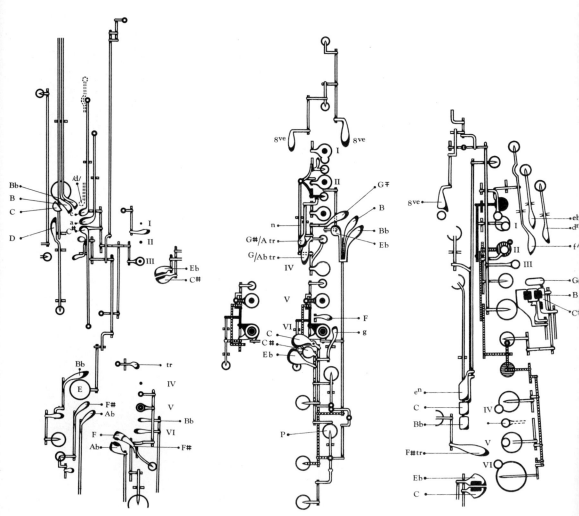

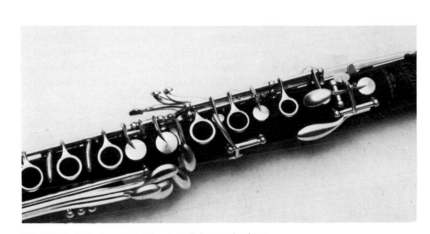

206—207 Clarinette de système Böhm et détail de son mécanisme.
Amati, Kraslice (Tchécoslovaquie).

forme de coupe légèrement concave à bord à peine recourbé. Il se distingue du gong par sa sonorité de hauteur incertaine.

Les **cloches** sont remplacées à l'orchestre par un jeu de quatre à treize tuyaux de laiton ou d'acier, de longueur croissante, fermés à leur partie supérieure et accordés chromatiquement dans l'étendue d'une octave. Ils sont frappés par un maillet de bois recouvert d'un cuir épais, le coup étant porté près de leur point de suspension. Les cloches furent utilisées pour la première fois par Luigi Cherubini pour accentuer l'effet d'une ambiance de fête. Depuis que Haendel fit appel dans son *Saul* (1738) aux sons d'un carillon, le **jeu de timbres (Glockenspiel)** est une composante constante de l'éventail orchestral. Il se compose de deux séries de lames d'acier accordées chromatiquement et reposant librement sur des supports de bois ou des cordes tendues par des chevilles métalliques. L'instrumentiste les frappe avec deux baguettes en forme de maillets plus ou moins sphérique, de taille et matériaux variables. Le **tubaphone** qui est monté de tubes métalliques à la place des lames d'acier est une variété de glockenspiel. Frappés par un petit maillet, les

208 Clarinette basse.
Amati, Kraslice (Tchécoslovaquie).

Piccolo-heckelphone.

tubes produisent un son de clochettes douces et l'instrument permet d'obtenir un effet de *glissando* circulaire unique, lorsque les maillets décrivent sur des tubes des courbes fermées de différentes formes. Les possibilités sonores et techniques du tubaphone n'ont pas encore été exploitées suffisamment dans l'orchestre symphonique.

L'aspect du **célesta,** inventé en 1886 à Paris par Alphonse Mustel, fait penser à un petit harmonium. La caisse renferme des lames d'acier reposant sur des résonateurs accordés et frappées par un mécanisme à marteaux. Une pédale unique commande les étouffoirs. Les célestas les plus récents sont dotés de vibreurs électromoteurs et produisent un son plus raffiné, moins tintinnabulant que le jeu de timbres. Le **vibraphone,** inventé en 1924 par l'Américain Winterhoff, est une sorte de jeu de timbres de grande taille. Des lames en alliage léger sont ici disposées côte à côte par ordre de taille sur deux rangs et placées sur un support métallique spécial. Sous chaque lame est librement fixé un résonateur en forme de tube métallique. A la partie supérieure des résonateurs se trouvent des couvercles en forme de palettes fixées à un axe commun que fait tourner un moteur électrique. En ouvrant et fermant les tubes, ces couvercles permettent ou empêchent alternativement la formation d'ondes de résonance sonores à l'intérieur de l'espace des tubes. On crée ainsi un son vibrant que l'on peut accélérer ou ralentir et dont on peut étouffer la résonance à l'aide d'une pédale.

En 1840, fut introduit dans l'orchestre le **xylophone.** Le xylophone moderne comporte généralement trente-six lames en palissandre ou en érable, réunies par une corde. Les lames reposent librement sur quatre rangs sur des supports de bois et sont soutenus aux nœuds de vibration par des prismes de caoutchouc. Certaines lames sont doublées pour des

209 Cithare à archet, fin du XIXe siècle.

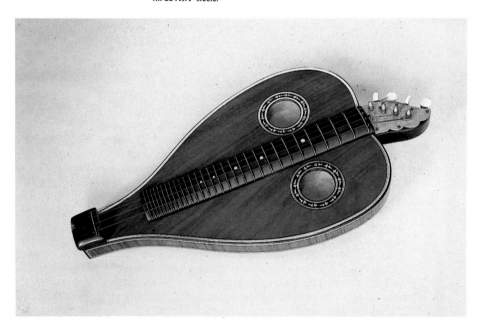

210 Piano-table.
Leopold Sauer, première moitié du XIXe siècle.

211—213 Détail du mécanisme à clefs d'un saxophone alto,
saxophone soprano et ténor.
Amati, Kraslice (Tchécoslovaquie).

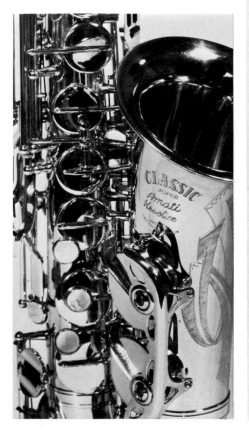

raisons de commodité technique. Elles sont frappées par des cuillers de
bois et produisent un son aigu et creux, les notes tenues étant obtenues
par un roulement exécuté avec les deux baguettes. Les **castagnettes** de
l'orchestre symphonique présentent un plateau de bois en forme de
cuiller intercalé entre les deux moitiés en forme de coquille de l'instrument. Le manche ainsi formé permet un maniement plus aisé de l'appareil. Parfois, deux paires de castagnettes sont réunis sur un manche
commun, auquel cas le lien en corde qui les unit doit être remplacé par
un élastique qui écarte légèrement leurs deux moitiés. Les parties ryth-

Sarrusophone.

miquement difficiles se jouent sans la partie intérieure, en frappant le rythme avec les doigts sur la castagnette enfilée sur le majeur et reposant sur la paume de l'autre main.

Les compositeurs modernes font intervenir dans leurs partitions d'autres idiophones moins courants, comme le **flexatone,** où le son est produit par une lame d'acier dont une extrémité est fixée à un cadre métallique doté d'un manche. Deux billes de bois fixées par un ressort d'acier de chaque côté de la lame viennent la frapper lorsqu'on secoue l'instrument. Comme la hauteur du son varie suivant le degré de flexion de la lame, le flexatone produit un *glissando* gémissant. Les compositeurs français (Debussy, Ravel) écrivent souvent pour les **crotales,** deux plateaux de bronze de petite taille à son retentissant, accordés à la quinte. D'autres instruments à bruits, telle l'**enclume,** les **grelots,** la **crécelle,** permettent d'obtenir des effets pittoresques.

Dans la première moitié du XIXe siècle, les amateurs de musique anglais se prirent d'affection pour le **flageolet,** une sorte de flûte droite à bec en os, dont le tuyau renfermait une éponge qui retenait la salive. L'instrument a également existé à tuyau double — **english double flageolet** — l'un des tuyaux pouvant être supprimé du jeu à l'aide d'un mécanisme particulier. Parmi les amateurs italiens, mais aussi dans d'autres pays d'Europe occidentale c'est un autre instrument du type flûte qui connut un grand succès au tout début du siècle: l'**ocarina.** Inventé par l'Italien Donati, l'ocarina était un instrument de forme

214 Tableau de doigté d'une trompette à clefs.

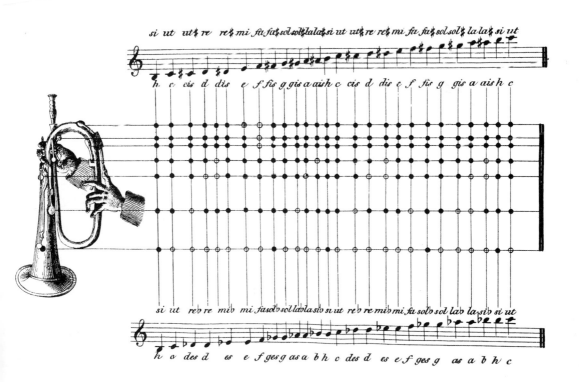

ovoïde en terre cuite ou en porcelaine, doté de huit à dix trous et parfois de une à deux clefs. Le premier instrument de l'harmonie d'un orchestre est la **flûte traversière** moderne, dont le perfectionnement est dû au flûtiste de la chapelle royale de Munich, Theobald Böhm. C'est au milieu du XIXe siècle que Böhm rendit à la flûte sa forme cylindrique initiale, modifia sa mécanique et établit les nouveaux principes du système des clefs, appliqués par la suite à la plupart des aérophones en bois. La flûte a une sonorité tendre, pensive dans les graves. Elle est plus souvent fabriquée de nos jours en argentan (alliage de

215 Piano-girafe.
Joseph Seufert, Vienne, vers 1820.

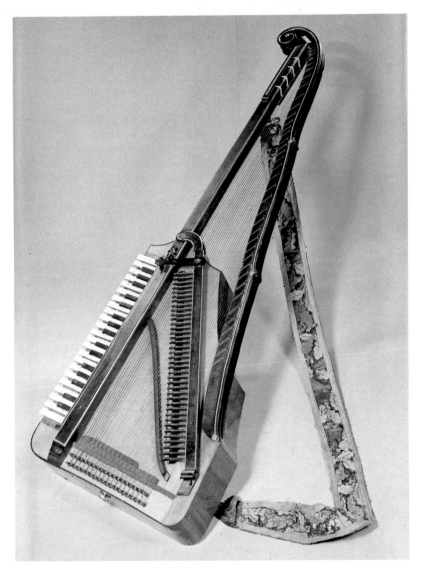

216 Orphica.
Joseph Dohnal, Vienne, vers 1800.

cuivre et de nickel) qu'en bois de grenadille. La flûte est aidée à l'orchestre par la **petite flûte** ou **piccolo** dont le son perçant ne peut passer inaperçu. A l'époque actuelle, on confie à cette dernière un rôle de plus en plus exigeant du point de vue technique comme artistique et on l'utilise même souvent en solo. Lorsqu'elle possède un pied à clefs permettant d'obtenir les sons graves *ut* et *ut* dièse, et certaines clefs supplémentaires pour les trilles, la petite flûte est en fait une vraie flûte en modèle réduit.

Depuis l'année 1867, où elle reçut à son tour le système de clefs Böhm, la **clarinette** offre de très vastes possibilités de sonorité comme

Bugle à clefs.

Trompette égyptienne.

d'étendue. Il existe différents types et différentes grandeurs de clarinettes: la plus petite et la plus aiguë en *mi* bémol est surtout utilisée par les orchestres d'harmonie, l'orchestre symphonique faisant plutôt appel aux clarinettes en *la* et en *si* bémol. A côté des clarinettes de système Böhm, il existe également des instruments de système Heckel, dont la différence de disposition mécanique entraîne celle des doigtés. Dans son opéra *Fervaal,* Vincent d'Indy donne une partie à la **clarinette contrebasse** mise au point en 1890 par le Français Fontaine Besson.

C'est en 1846 que le facteur belge Adolphe Sax obtint en France un brevet pour son **saxophone.** Instrument en succès croissant, le saxophone ne cessa de se perfectionner jusqu'à acquérir les clefs du système Böhm. A l'origine la famille des saxophones se répartissait en deux séries: les instruments destinés à l'orchestre symphonique, accordés alternativement en *fa* et en *do,* et les instruments destinés aux harmonies civiles ou militaires, accordés alternativement en *mi* bémol et *si* bémol. Les saxophones destinés à la musique sérieuse n'eurent pas un grand succès, tandis que les autres trouvèrent par la suite leur place dans la musique de jazz. Le saxophone possède, comme la clarinette, une anche simple, mais se distingue de cette dernière tant par sa tonalité que par sa structure. A la différence de la clarinette qui quintoie, le saxophone octavie; il est entièrement métallique et possède un tuyau largement conique. Son étendue notée va du si_2 bémol au fa_5, la sonorité réelle dépendant de la position de l'instrument. En d'autres termes, tous les saxophones se notent comme l'instrument soprano en *ut,* qui est seul à jouer ce qui est vraiment écrit.

Dans un orchestre, tous les instruments adaptent leur longueur d'onde fondamentale à celle du **hautbois.** Celui-ci apparut en France au XVIIe siècle par rétrécissement du tuyau du chalumeau et fut utilisé pour la première fois en 1659 dans l'opéra de Cambert, *Pomone.* Il fut doté dans les années 1844—50 du système de clefs Böhm et accordé, comme la flûte, en *ut.* La qualité et la sûreté sonore du hautbois dépendent de la qualité et de la bonne conformation de l'anche double en roseau fixée à une extrémité d'un tuyau métallique dont l'autre extrémité est engagée dans l'extrémité supérieure de l'instrument. C'est la raison pour laquelle la plupart des instrumentistes confectionnent eux-mêmes leurs anches. L'anche double doit être bien humectée de salive avant de commencer à jouer, sans quoi l'instrument resterait muet. Le hautboïste infléchit les vibrations de l'anche pendant le jeu par une pression délicate des lèvres et un travail en souplesse des muscles buccaux. Le hautbois est l'instrument des cantilènes galantes, de la nature, imitant la sonorité des flûtes pastorales. Jean-Sébastien Bach composait pour le **oboe d'amore,** instrument plus grand que le hautbois ordinaire, au barillet sphérique. Tombé dans l'oubli, le hautbois d'amour fut «redécouvert» par Debussy *(Gigues)* et par Richard Strauss *(Sinfonia domestica).* Le **cor anglais** qui apparut dans la première moitié du XVIIIe siècle par transformation du **oboe da caccia** (haute-contre) doit son nom à sa forme initialement recourbée. Le cor anglais actuel est droit, à l'exception de son bec métallique qui est légèrement courbe, permettant une tenue droite de l'instrument. Les partitions comprennent depuis le XVIIIe siècle des parties pour hautbois baryton ou même basse, qui apparaît dans l'orchestre symphonique depuis qu'il fut doté, à la fin du siècle dernier, du système de clefs moderne. Le hautbois baryton a un rival sérieux dans l'**heckelphone,** inventé en 1904, et utilisé par

Cor de basse.

Richard Strauss dans ses opéras *Salomé* et *Electre*. L'inventeur de cet instrument Wilhelm Heckel, fils du fondateur de la célèbre fabrique d'instruments à vent à Biebrich, construisit des heckelphones de différentes positions, dont le **terz-heckelphone** sonnait une octave plus bas que le **piccolo-heckelphone.**

A Heckel revient surtout le mérite immortel d'avoir perfectionné les qualités sonores du **basson,** resté malgré tous les efforts rebelle au système Böhm. Le **contrebasson,** inventé dès le XVIIIe siècle, mais réellement utilisable à l'orchestre seulement après sa mise au point par Heckel, demeure le seul support vraiment grave des aérophones modernes dans la pratique orchestrale actuelle. Il se compose de tuyaux de bois réunis par des coudes métalliques en forme de U. Son baril métallique est dirigé vers le bas, son embouchure est tournée légèrement de côté. En 1872, le facteur tchèque Václav František Červený inventa un **subkontrafagot,** à l'octave grave du contrebasson; sa longueur théorique était le quadruple de celle du basson. Son jeu était d'une telle difficulté technique que l'instrument ne trouva jamais sa place dans la pratique.

A l'exception des trombones, les cuivres modernes sont dotés d'un appareillage qui groupe toute une série de soupapes, de pistons, de tubulures et de raccords, et dont l'élément essentiel est le mécanisme

217 Trombone ténor en *si* bémol. Ramis, Madrid, début du XIXe siècle, Metropolitan Museum of Art, New York.

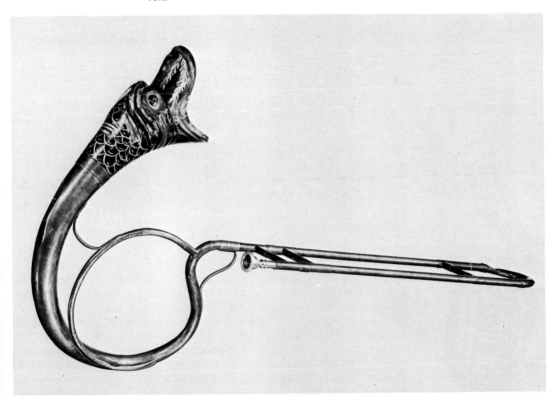

Sudrophone.

Euphonium.

218 Violon-canne *(Stockgeige),*
vers 1810.

modificateur qui transforme le circuit du flux d'air, soit par une translation le long de son axe dans le mécanisme à pistons, soit par une
rotation autour de son axe dans le mécanisme à cylindres (à soupapes).
Ce dernier mécanisme est le plus employé dans les instruments de
l'orchestre symphonique et les harmonies à vent d'Europe centrale. Les
cornets français, le tuba et la trompette de jazz s'en tiennent, quant à
eux, au mécanisme à pistons. Les propriétés sonores d'un instrument du
groupe des cuivres dépendent en grande partie de la taille, du matériau
et de la forme de l'embouchure — qui peut être soit en chaudron, soit

en entonnoir — et, pour une part non négligeable, aussi de la conicité du tuyau.

Par la noblesse de sa sonorité qui lui permet d'exprimer en solo ou dans l'orchestre presque tous les états d'âme, le **cor d'harmonie** est l'un des cuivres qui produisent le plus d'effet. Il possède le plus souvent un mécanisme à cylindres. Dans les dernières années, on voit de plus en plus souvent aussi le **cor double.** A côté de sa propre étendue, le cor peut aussi produire les sons fondamentaux graves. Depuis l'époque de Mozart, il était courant de voir quatre cors à l'orchestre, de nos jours, ce nombre peut se monter jusqu'à huit.

Avant l'adoption définitive du système à pistons moderne, le Viennois Weidinger tentera en 1801 d'adapter à la trompette le système à

219 Glockenspiel.
Amati, Kraslice (Tchécoslovaquie).

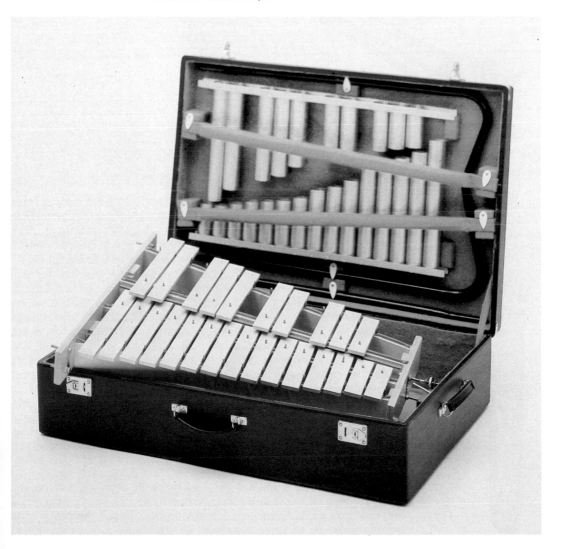

220 Trompette à soupapes.
Lídl, Brno.

Ophicléide (basse).

clefs des aérophones en bois. La courte vie de la **trompette à clefs** s'explique par sa sonorité creuse et terne, conséquence de la violence qui lui est faite en lui imposant par force des caractères de flûte, alors qu'elle est par nature plutôt un cor. Le bugle, **cor à clefs** breveté à Dublin par Halliday en 1810, connaît un sort moins malheureux.

La **trompette** moderne de l'orchestre symphonique comme des harmonies à vent est accordée en *si* bémol et possède un système à cylindres. Sa sonorité claire et solennelle s'accorde à merveille avec les autres cuivres, et l'emploi de diverses sourdines permet d'obtenir des effets sonores variés. Dans la musique d'harmonie, on utilise également comme instrument accompagnateur la trompette en *mi* bémol, à la quinte grave de la précédente. Lorsqu'on emploie deux ou plusieurs trompettes dans ce genre de formations, on leur associe ordinairement une trompette basse. Les trompettes de Bach en *ré,* avec possibilité de passage en *ut,* furent créées pour permettre l'interprétation à leur hauteur originelle des parties à l'extrême aigu des compositions de Bach. Dans l'opéra *Aïda,* les fanfares sont interprétées sur des **trompettes** dites **égyptiennes,** dotées d'un seul piston. La **trompette de jazz** est en fait une trompette ordinaire accordée en *si* bémol et dotée d'un mécanisme à soupapes et pistons avec une possibilité de passage en *la.*

Le mécanisme du **trombone** est resté inchangé depuis son invention, car le système de coulisse est ici si parfait qu'on ne saurait y trouver à redire. Parmi les instruments du passé, seuls le **trombone ténor** et le **trombone basse** se sont maintenus. Le **trombone alto,** couramment

Mécanisme à cylindres (rotatif).

Mécanisme à pistons (translation).

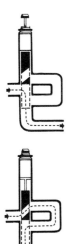

221 Bugle. Lídl, Brno.

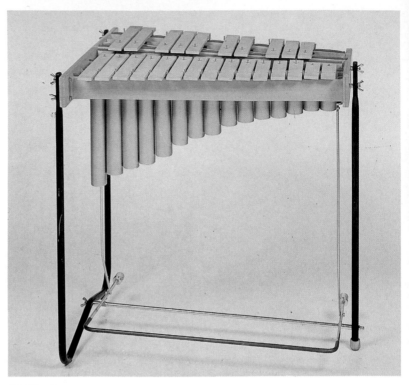

222 Vibraphone.

Orgue. 1 Positif de face 2 Façade principale à tuyaux de montre
métalliques 3 Tuyaux de bois 4 Tourelles 5 Console 6 1er manuel
7 2e manuel 8 Pédalier 9 Traction mécanique de la pédale
10 Boutons de registres 11 Soufflerie 12 Arrivée d'air au positif.

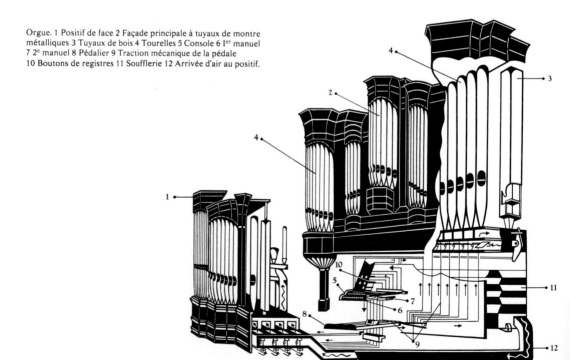

Schéma de traction mécanique d'un orgue à registres coulissants
1 Touches 2—3 Vergettes d'abrégés 4 Soupape 5 Laye 6 Bouton
de registre 7—8 Bâton et traction de registre 9 Registre
coulissant.

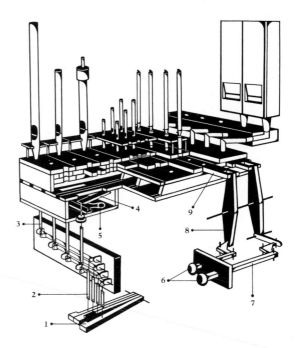

Laye à registre coulissant. 1 Gravures 2 Registres coulissants
3 Chapes 4 Trou de passage d'air 5 Laye 6 Soupape 7 Ressort
d'acier.

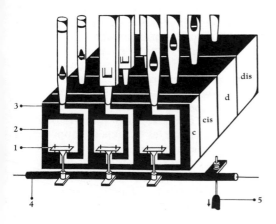

Laye à système conique. 1 Soupape 2 Casier de registre 3 Chape
4 Levier à double articulation 5 Traction de registre.

223—224 Orgue et console.
Rieger & Kloss, Krnov (Tchécoslovaquie).

utilisé jusqu'au milieu du XIXe siècle, fut rappelé à la vie par les compositeurs du XXe siècle (Schönberg, Mahler) pour sa sonorité claire au cachet tout particulier. Les trombones destinés à l'orchestre symphonique possèdent un tuyau et un pavillon un peu plus larges que ceux des orchestres d'harmonie et de danse. En 1839, le facteur Sattler à Leipzig assembla le trombone ténor et le trombone basse en un instrument unique en fixant une partie supplémentaire à la section solide du pavillon de trombone ténor. Ce **trombone ténor-basse** eut un grand succès qui se solda par la disparition quasi totale du trombone basse de l'orchestre. Le **trombone contrebasse** que l'on trouve par exemple dans les partitions de Wagner est difficilement maniable et compte de nos jours parmi les instruments historiques. Les orchestres militaires et surtout la cavalerie utilisent le **trombone à pistons** où la coulisse est remplacée par un mécanisme à soupapes ou à cylindres.

La France est devenue la patrie des **cornets,** plutôt réservés dans les autres pays aux orchestres de jazz. Comme les cornets se rapprochent un peu des cors d'harmonie, les premiers cornets à pistons étaient réservés aux mêmes instrumentistes. Leur conception et leur qualité sonore place les cornets entre les trompettes et les cors d'harmonie. Les passages d'embouchure difficiles sont confiés au petit **cornettino** de registre sopranino, le **cornet à pistons** soprano restant le plus couram-

ment utilisé. Dans certaines harmonies militaires des pays occidentaux, on utilise également pour compléter l'ensemble un cornet alto en *mi* bémol ou en *fa*, en Angleterre en *ut*.

Les instruments du type clairon forment un groupe particulier parmi les cuivres. Leur principal représentant est le **bugle,** roi des orchestres d'instruments à vent centre-européens. Le bugle fut inventé en Autriche-Hongrie par adjonction d'un mécanisme à cylindres à un vulgaire cornet de signalisation. Sa sonorité est plus fine, moins affirmée, mais aussi plus mélodieuse que celle de la trompette. C'est un bon instrument d'orchestre à vent, rarement employé dans l'orchestre symphonique (Mahler, Janáček). Le **bugle basse** est exclusivement réservé aux harmonies à vent, où il tient la partie de ténor. Pour renforcer sa sonorité dans les graves, on fait appel à l'**euphonium** ou **baryton,** de même forme mais de tuyau plus large que le bugle basse. C'est sur les conseils de l'inspecteur des armées prussiennes Wilhelm Friedrich Wieprecht, que le facteur Moritz créa en 1835 le **tuba** qui ne tarda pas à trouver sa place dans l'orchestre symphonique, condamnant du même coup à la disparition les divers serpents, cors de basse et ophicléides employés jusqu'alors. On vit alors apparaître différentes variantes du tuba, de très grandes dimensions, en registre de basse grave, voire de contrebasse grave. Le maniement de ces instruments demandait cependant des

Cornophone.

efforts surhumains et leur existence fut par conséquent brève. L'instrument le plus grave entre les cuivres resta le **tuba contrebasse,** créé par le Tchèque Václav František Červený, qui prit la place du **tuba basse** dans l'orchestre symphonique. Les harmonies militaires et les ochestres d'instruments à vent furent dotés de tubas de forme circulaire nommés **hélicons,** accordés en fa_o pour le registre de basse et en si_{oo} bémol pour le registre de contrebasse. Les plus larges tubas et hélicons reçurent par la suite le nom de **bombardon,** désignant un instrument construit à Vienne à corps conique fortement évasé. Le chef de musique militaire américain Sousa inventa une autre forme d'hélicons, qui reçurent en son honneur le nom de **sousaphones.** Ces instruments sont employés dans les orchestres de jazz et les harmonies militaires.

Le milieu du XIXe siècle, riche en inventions et en perfectionnements d'instruments de musique, créa également un certain nombre de cuivres qui ne trouvèrent pas leur place dans la pratique musicale. Citons par exemple le **sudrophone,** du facteur parisien Sudre, le **fonikon** et le **baroxyton** de Václav František Červený, dont le **kornon** inventé en 1844 aurait servi d'exemple à Wagner pour les **tubas** utilisés dans sa *Tétralogie.* Ces instruments ont un corps ovale et un pavillon largement ouvert et sont toujours doublés à l'orchestre, l'un en registre de basse, l'autre de ténor. Le facteur français Fontaine Besson créa à la fin du

225 Double cor d'harmonie.
Lídl, Brno.

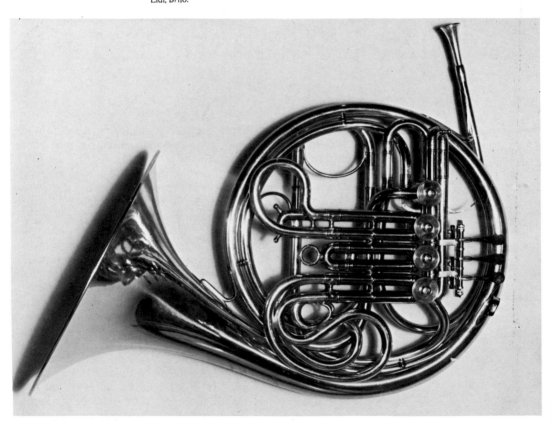

226 Hélicon.
Amati, Kraslice (Tchécoslovaquie).

XIXe siècle toute une série d'instruments du type des tubas auxquels il donna le nom générique de **cornophones.** Adolphe Sax créa, lui, pour les harmonies militaires françaises, une famille de **saxhorns** depuis le saxhorn piccolo en *la* bémol jusqu'au saxhorn contrebasse en *si* bémol.

C'est à juste titre que l'**orgue** est appelé, depuis l'époque baroque, instrument royal: aucun autre instrument de musique ne possède une pareille variété de sonorités, aucun n'est de facture aussi complexe, aucun ne participe d'autant de domaines de la créativité humaine. L'époque romantique apporte à l'orgue une série de perfectionnements qui concernent surtout la technique du jeu et le fonctionnement mécanique de l'orgue. Le désir d'imiter les instruments symphoniques et la recherche effrénée d'effets bizarres n'ont servi qu'à ôter à l'orgue son caractère d'instrument spécifique. C'est grâce au travail d'Albert Schweitzer, à la collaboration du musicologue allemand Willibald Gurlitt avec l'organier Walcker, et aux efforts de bien d'autres spécialistes de l'orgue, que l'instrument actuel atteint un si haut niveau technique et sonore, malgré le peu d'intérêt que montre jusqu'à présent la musique moderne à cet instrument.

Les organes principaux de l'orgue: tuyauterie, console et soufflerie sont placés dans le buffet d'orgue, dont la partie antérieure constitue la façade. Le jeu est commandé depuis la console dotée de plusieurs claviers: de un à cinq manuels disposés en terrasses les uns au-dessus des autres de manière que l'instrumentiste puisse en jouer alternativement des deux mains et le pédalier permettant le jeu pédestre. La console est également riche en registres (boutons, dominos, leviers) permettant d'appeler ou de repousser les jeux en les approvisionnant ou non en air, et sert de poste de commande pour d'autres instruments placés dans le buffet: timbales, tambours, jeux de timbres divers etc. A l'époque romantique, on leur ajoutait un instrument pour effets de tonnerre, utilisé par exemple par Verdi dans son opéra *Othello*.

227 Orgue. Rieger & Kloss, Krnov 1973, Nevolné (Tchécoslovaquie).

228 Accordéon à clavier.
Hořovice (Tchécoslovaquie).

La liaison entre les touches et les tuyaux se fait par l'intermédiaire de la traction. Dans les orgues anciennes, cette traction est mécanique et l'organiste l'actionne par sa propre force physique. Il s'agit d'un lourd ensemble de leviers, de tirants, de cylindres et de tourillons, dont les inconvénients se traduisent par un maniement pesant, dont la difficulté augmente avec le nombre de registres en jeu, à l'air humide, avec les écarts de température. C'est pour cette raison que l'orgue moderne possède une traction pneumatique ou électrique. La traction pneumatique fonctionne par l'intermédiaire d'air comprimé passant par une tuyauterie métallique (orgue tubulaire). La traction électrique (ou plus exactement électropneumatique) utilise le principe suivant: en appuyant sur la touche, on ferme un circuit électrique qui met en fonction un électro-aimant. L'électricité sert ici à transporter rapidement les attaques de la console au sommier, mais les soupapes continuent de fonctionner mécaniquement à l'air comprimé. L'avantage de la traction mécanique réside dans le fait qu'en pressant les touches, l'organiste influe sur la manière d'attaquer le son et peut ainsi obtenir diverses nuances.

L'air nécessaire au jeu des tuyaux est fourni par la soufflerie et les réservoirs primaires situés sous la laye. Une soupape ferme la commu-

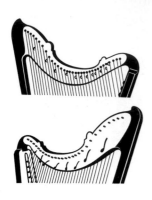

Mécanisme de la harpe à crochets.

229 Banjo.
Cremona, Luby (Tchécoslovaquie).

Fonctionnement des disques de changement de tonalité dans la harpe à double mouvement de pédales, et détail du système des pédales. 1 Corde utile dans toute sa longueur 2 Première position de la pédale 3 Seconde position (au *sol*) de la pédale.

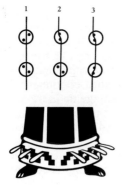

nication entre la laye et chaque tuyau, empêchant ainsi tout l'orgue de résonner à la fois. Lorsque l'organiste presse la touche, la soupape s'ouvre et le tuyau peut chanter, à condition que le jeu ait été introduit par le levier ou le bouton de registre correspondant. C'est là le grand principe de l'orgue. Du réservoir primaire, l'air sous pression passe par le portevent à travers le régulateur et dans la laye, hermétiquement fermée, et qui peut être soit du type à barrage orthogonal, soit du type conique. Le barrage orthogonal a une structure de cadre: son espace intérieur est divisé par des barres parallèles en autant de gravures (cavités) qu'il y a de touches au clavier correspondant. Sur ces gravures, séparées par des cloisons, se trouve la chape, percée d'autant de trous qu'il y a de tuyaux. Une fois la touche pressée, l'air peut entrer dans toutes les gravures de même son. Pour empêcher tous les tuyaux de même son de chanter simultanément, des registres mobiles percés de trous pour le passage de l'air se trouvent sous la chape et mettent, une fois le bouton de registre tiré, l'air en communication uniquement avec les tuyaux du registre choisi. La laye à système conique comporte une soupape par tuyau. Lorsqu'on presse la touche, on libère dans toutes les gravures la soupape conique correspondante, commandée depuis la console par le bouton de registre. Les tuyaux de l'orgue se distinguent soit selon leur matériau: tuyaux de bois (sapin, épicéa, pin) et tuyaux de métal (étain, zinc, plomb, cuivre, alliage de plomb et d'étain dit *spotted*), soit selon la manière dont le son est produit: tuyaux à bouche (labiaux) et tuyaux à anche (linguaux).

La hauteur des différentes voix est déterminée par rapport à la lon-

230 Harpe chromatique.
H. Greenway, Brooklyn, milieu du XIXe siècle,
Metropolitan Museum of Art, New York.

231 Harpe.
A. Červenka, Prague.

gueur du tuyau ouvert d'*ut* qui fut jadis le plus long, et qui mesure huit pieds ou 8′ (le pied = 31,6 cm). Ainsi, un tuyau de longueur double, soit de 16′, sonne à l'octave grave du précédent, un tuyau de moitié moins long (4′), à l'octave aiguë etc. Le rapport entre la longueur et la largeur du tuyau, la dimension et la forme de l'extrémité du tuyau constituent sa taille, qui influe sur le timbre du jeu.

Les grandes orgues présentent un nombre de tuyaux fantastique, de l'ordre de 10 000, ce qui veut qu'il est nécessaire de les utiliser rationnellement en les assemblant dans les claviers manuels et le pédalier avec les indications concernant le nom du jeu et sa hauteur dans l'échelle sonore, de telle manière que chaque clavier constitue un ensemble fermé d'un certain caractère sonore, et que la réunion des claviers forme un tout homogène (*tutti* de l'orgue). C'est ce qu'on appelle la disposition de l'orgue, à laquelle on demande de former une sorte de pyramide de l'orgue, c'est-à-dire d'être capable de faire entendre un solo comme un plein-jeu, et de comprendre les registres principaux.

En même temps que se font jour de nouvelles tendances dans la facture des orgues, d'autres instruments du type synthétique, qui connaissent leur plus haute expression dans l'orgue électronique, continuent leur développement. Leur similitude avec l'orgue ne repose plus que dans leur nom mal adapté d'«orgues» et dans le fait qu'ils reproduisent les sonorités de l'orgue. Leur fonctionnement comme leur technique sont cependant d'un tout autre type, comme nous le verrons dans le chapitre consacré aux instruments de musique électrique.

La **harpe** est devenue une composante permanente de l'orchestre symphonique en même temps que son unique cordophone à cordes pincées. Son évolution multimillénaire connaît au XIXe siècle un tour-

232 Accordéon à boutons. Hlaváček, Prague.

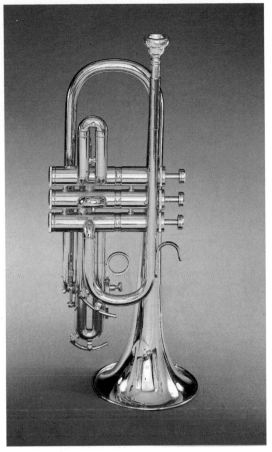

233 Trompette de jazz.
Amati, Kraslice (Tchécoslovaquie).

234 Cornet.
Amati, Kraslice (Tchécoslovaquie).

nant radical. En effet, jusqu'à ce moment, la harpe était diatonique et ne permettait pas de jouer les demi-tons, si bien qu'il fallait faire appel à divers mécanismes (crochets, pédales) pour raccourcir les cordes. A la fin du XVIIIe siècle, le facteur de harpes parisien Jacques-Georges Cousineau a l'heureuse idée de construire une **harpe à double mouvement** de pédales. L'instrument fut construit aussitôt, mais il fallut attendre 1820 pour voir une harpe à pédales fonctionnant de manière satisfaisante sortir des ateliers de Sébastien Érard. A de petites transformations près, cet instrument est resté inchangé jusqu'à nos jours. La harpe moderne à deux crans se compose d'une colonne terminée par une volute ornementale, d'une console en forme de S très allongé et d'une caisse de résonance de forme conique percée de trois ouvertures. Le cordier auquel sont fixées les cordes passe au milieu de la caisse. A la partie inférieure de l'instrument, la caisse de résonance et la colonne se rejoignent pour former le boîtier des pédales qui constitue en même temps le socle de l'instrument. Des biellettes d'acier mènent, par l'intérieur de la colonne, et des leviers par la cavité de la console, jusqu'aux disques de changement de tonalité, montés de deux pointes métalliques

187

235 Piano à queue.
Weinbach, Hradec Králové (Tchécoslovaquie).

pour chaque corde. Les chevilles d'accordage sont vissées dans la tôle de laiton de la console, au-dessus des sillets qui limitent la longueur vibrante de la corde. Le socle porte sept pédales dont chacune modifie simultanément la hauteur de toutes les cordes du même nom de l'instrument. La harpe possède généralement quarante-sept cordes accordées diatoniquement en *ut* bémol majeur. Pour faciliter le repérage, toutes les cordes (en boyau) *ut* bémol sont colorées en rouge, toutes les cordes *fa* bémol en bleu.

La harpe à double mouvement de pédales n'était pas, elle non plus, dépourvue d'inconvénients. Le mécanisme complexe qui permet de raccourcir les cordes crée un assez grand nombre de surfaces de rotation et de friction; la technique du jeu ne permet pas d'exécuter dans toutes les situations des mouvements complexes de pédales; l'interprétation de passages chromatiques est malaisée etc. C'est la raison pour laquelle on recommence à songer sérieusement à la construction d'une harpe chromatique satisfaisante, surtout depuis que les compositeurs demandent de fréquents changements de tonalité et que le chromatisme de la mélodie comme de l'harmonie ne cesse de s'approfondir. En 1845, le Français Jean-Henri Pape tenta de construire un tel instrument, et, indépendamment de lui, Gustave Lyon y parvint et fit breveter sa harpe à Paris en 1894. La harpe de Lyon permettait de jouer toutes les gammes majeures et mineures, ainsi que les arpèges à doigté approprié. Certains compositeurs (Charles Lefèbvre, George Enescu etc.) ne tardèrent pas à composer pour la **harpe chromatique.** Mais la difficulté de certains traits, celle de l'accordage, de la réalisation du *glissando* enharmonique et dans une grande mesure aussi le croisement des cordes la firent rapidement disparaître de la pratique musicale.

L'**orphica,** invention du facteur viennois Karl Leopold Röllig, était une harpe à clavier. L'instrumentiste pouvait soit la poser sur la table, soit la porter suspendue par une courroie à son cou. L'orphica fut un instrument très apprécié dans la première moitié du XIXe siècle; de nos jours, elle ne fait plus qu'orner les collections des musées.

A l'instar du flageolet en Angleterre ou de l'ocarina en Italie, la **cithare** devint l'instrument favori des amateurs de musique allemands

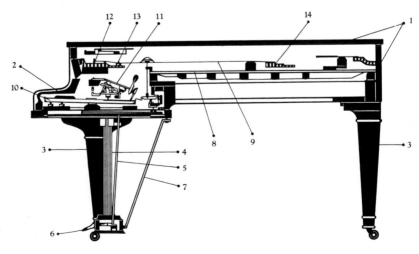

Piano. 1 Caisse et couvercle
2 Couvercle du clavier 3 Pieds
4 Lyre 5 Barre de la lyre
6 Pédales 7 Barre de soutien de
la lyre 8 Table d'harmonie
9 Cordes 10 Touches
11 Mécanisme à marteaux
12 Chevilles d'accord 13 Agrafes
14 Pointes de fixation.

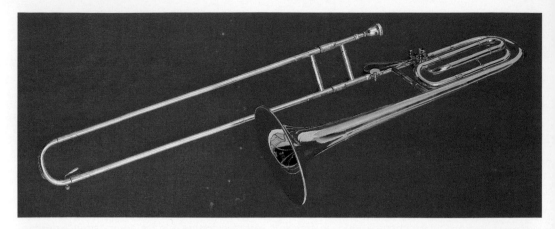

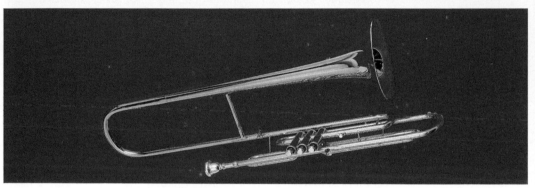

236 Trombone ténor.
Amati, Kraslice (Tchécoslovaquie).

237 Trombone à pistons.
Amati, Kraslice (Tchécoslovaquie).

et autrichiens du XIXᵉ siècle. La cithare possède une caisse plate et basse, généralement de forme rectangulaire, que l'on pose pour jouer sur une table ou sur ses genoux. La partie droite de l'instrument, tournée vers le joueur, présente une touche à sillets métalliques. Au-dessus de la touche sont tendues cinq cordes mélodiques, en dehors de la touche passent des cordes de bourdon (au nombre de vingt-quatre et plus). Les cordes mélodiques sont grattées à l'aide d'un plectre en anneau enfilé sur le pouce de la main droite et raccourcies avec les doigts de la main gauche; les doigts de la main droite pincent les accords d'accompagnement. La **cithare à archet** est une invention de Johann Petzmayer, virtuose à la cour de Maximilien II Joseph, roi de Bavière. C'est une sorte de cithare ordinaire sans cordes d'accompagnement, généralement en forme de cœur à touche rehaussée dotée de sillets métalliques, placée sur l'axe longitudinal médian de l'instrument doté de deux ouvertures de résonance. Les quatre cordes métalliques sont accordées comme celles du violon et frottées avec un archet ordinaire. La cithare à archet était également fabriquée en registre alto et ténor.

Bien avant l'apparition du piano, les facteurs essayèrent de remplacer la note brève et nette des cordophones à clavier par un son tenu. Un exemple typique de ces efforts est le **Geigenwerk** de Hans Haiden (1575). Cette entreprise aboutit au XIXe siècle à la fabrication des **pianos à archet** (*wheel-cymbals* en Angleterre), au nombre desquels compte le piano sostenente d'Isaac Mott, breveté en 1817. Le **piano éolien** d'Henri Herz était ébranlé par un flux d'air comprimé, tandis que Philippe de Girard résolvait le problème de la prolongation de la sonorité avec son **piano trémolophon** dont les cordes vibraient sous une impulsion répétée des maillets. La maison Caldera et Bossi de Turin fabriquait en 1873 un **melopiano,** appareil que l'on pouvait ajouter à tout piano et qui permettait de faire durer les notes grâce à des chocs répétés de petits maillets actionnés par de fins ressorts d'horloge.

238 Sousaphone.
Amati, Kraslice (Tchécoslovaquie).

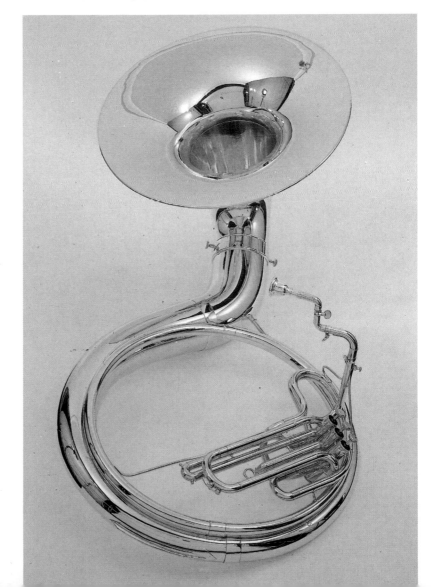

Saxhorn (baryton).

En 1892, Kühmeyer présenta à l'exposition de Vienne un piano à archet où l'archet était appliqué contre la corde voulue à l'aide d'un électro-aimant.

Mais impossible de réaliser un modèle de piano sostenente d'intérêt durable. On en resta donc à l'ancien **piano à queue** qui avait fait ses preuves, et dont on ne cessait de perfectionner le mécanisme. En 1823, Érard présente à Paris sa mécanique à double échappement, et à la même époque l'Autrichien Streicher invente un mécanisme à maillets frappant les cordes par-dessus et qui sera à l'origine de la mécanique du **piano droit.** La mécanique du piano moderne se trouve placée sous les cordes tendues sur un cadre renforcé de manière à pouvoir supporter l'immense effort de traction des cordes. Les cordes d'acier sont triples aux octaves supérieures, doubles aux octaves inférieures, à l'exception de quelques cordes filées, entourées d'un fil de cuivre. Elles sont accordées au moyen d'une rotation des chevilles métalliques, depuis lesquelles elles sont tendues, par des ouvertures dans des plaquettes métalliques nommées agrafes, par-dessus la table d'harmonie en sapin, jusqu'aux pointes d'acier auxquelles elles sont attachées. Le piano possède trois pédales dont celle de droite tient les étouffoirs relevés, celle de gauche raccourcit la course des marteaux dont la percussion produit ainsi un son plus doux, tandis que la pédale médiane permet d'allonger la durée d'un son donné, indépendamment de la suite du jeu.

Le retour du piano à l'orchestre, une instrumentation de musique de chambre soulignant l'importance des instruments à archet et des instruments à vent, pourraient faire croire à un changement d'orientation dans les tendances musicales du XXe siècle; il s'agit, en fait d'un prolon-

239 Harmonium.
Petrof, Hradec Králové (Tchécoslovaquie).

gement des efforts du XIXe siècle. Dans les instruments à archet, on voit se manifester le désir de retrouver la voix médiane manquante, qui était encore au XVIIe siècle représentée par la petite viole (alto) et la grande viole (ténor). Au XVIIIe siècle, c'est le violoncelle qui reprend la partie ténor, et la viole ténor disparaît à une telle vitesse que les classiques viennois ne la connaîtront même pas. Différents instruments devaient remplacer cette viole disparue, fabriqués par les luthiers souvent sur les conseils des musiciens. C'est ainsi qu'on vit apparaître au XIXe siècle, le **violon ténor** du contrebassiste de l'opéra de Paris Dubois, le **contralto** du luthier Vuillaume, le **baryton** du luthier Henry, la **violotta** de Stelzner etc. Aucun de ces instruments ne parvint toutefois à s'affir-

240 Tuba basse en *si* bémol.
Amati, Kraslice (Tchécoslovaquie).

Contralto de J. B. Vuillaume.

Violotta de A. Stelzner.

mer: les violonistes leur reprochaient leurs trop grandes dimensions, et les violoncellistes les refusaient à cause de l'inadéquation de leur petite taille aux mouvements naturels du bras. Un projet du violiste allemand Hermann Ritter servit à la fin du XIXᵉ siècle de modèle au luthier de Wurtzbourg Karl Adam Hörlein pour la fabrication de sa **viola alta** à laquelle il ajouta une cinquième corde *mi²*. Ritter défraya la chronique avec sa proposition révolutionnaire de former un quatuor à cordes uniquement composé d'instruments du type violon. Comme second violon, il utilisa sa viola alta, en troisième position il plaça la viole ténor et en quatrième une **viola bassa** en forme de violon, plus grande qu'un violoncelle et à l'octave grave de la viole alto. Ritter demandait avant tout la proportionnalité des instruments à archet, exigence qui s'avère juste au vu d'études acoustiques ultérieures qui ont mis en lumière une insuffisance de volume de la caisse des instruments à cordes en ce qui concerne la production de sons graves. Ritter a le mérite d'avoir cherché des voies à l'opposé de la réforme orchestrale wagnérienne, surtout centrée sur la transformation des instruments à vent. Pour le moment, c'est encore la viole du virtuose violoniste anglais Lionel Tertise, dont les dimensions furent établies en collaboration avec le luthier Arthur Richardson en 1937, qui connaît le meilleur succès en pratique. Le Bach-Quartett de Heidelberg s'efforce, de son côté, d'imposer le violon ténor construit dans les années trente de notre siècle par le luthier de Francfort Eugen Sprenger. La violoniste américaine Carleen Hutchinson a créé en 1969 une famille de violons comprenant huit instruments, depuis le violon sopranino jusqu'au violon contrebasse.

Parmi les membranophones, ce sont de nos jours comme par le passé, les **timbales** qui conservent la première place dans l'orchestre. Jadis, lorsque le timbalier voulait changer l'accord de son instrument, il devait serrer à la clé six à huit vis; le compositeur devait donc lui ménager les silences appropriés. A partir de 1800, on assista donc à de nombreuses tentatives de résoudre techniquement la question d'une modulation à la fois rapide et précise des timbales. La solution finale fut découverte par le facteur parisien Gautrot en 1855: il s'agit d'un mécanisme à pédale, qui sera perfectionné en 1881 par le musicien dresdois Pittrich, aidé du mécanicien Quiser. Les timbales à pédales ainsi obtenues pouvaient être manœuvrées si rapidement qu'elles permettaient l'exécution d'une mélodie simple de l'étendue d'une octave. A l'orchestre, on trouve généralement deux timbales. L'instrument se compose d'une caisse en fine tôle de cuivre martelé, en forme d'hémisphère allongé, dont le dessus est tendu d'une peau de veau ou de chèvre, enroulée, chez les instruments de fabrication récente, sur un cercle métallique. L'ensemble repose sur un support. Le timbalier a à sa gauche la grande timbale, à sa droite la petite. Le son est obtenu en frappant la peau tendue avec une baguette, ce qui a pour effet de faire vibrer la caisse de cuivre qui constitue le résonateur. A la base de l'instrument est percée une petite ouverture dont la fonction acoustique est d'empêcher la formation d'une onde en retour de l'air comprimé, onde qui viendrait perturber la vibration de la membrane. Le jeu de timbales utilise plusieurs sortes de baguettes de taille variée: elles sont en coton, en flanelle, en feutre mou ou dur. On réalise également des effets particuliers en frappant la peau à travers un morceau d'étoffe *(timpani coperti)* ou en appliquant l'étoffe à l'endroit opposé au choc *(timpani sordi)*. Pour obtenir un son bref, on étouffe la vibration soit avec le bout des doigts, soit avec la paume.

Caisse roulante.

L'effet de roulement est obtenu par une succession aussi rapide que possible de chocs simples alternés.

La première **grosse caisse** au cadre cylindrique fortement raccourci et aux peaux à tension par vis fut construite par l'Anglais John Ward en 1837. La grosse caisse actuelle se compose d'un fût métallique, de deux peaux enroulées sur d'étroits cercles de bois ou de métal, de deux cercles de serrage dotés de huit à douze vis de serrage unilatérales ou bilatérales. Pendant le jeu, la grosse caisse repose sur un trépied de manière à pouvoir être frappée par la main droite de l'instrumentiste. Les baguettes utilisées à cet effet ont une tête sphérique tendue de peau, celles utilisées dans l'orchestre symphonique présentant plusieurs dimensions. Le coup est porté sur la peau dans le sens des aiguilles d'une montre, du bas vers le haut. Plus le coup doit être fort, plus grand doit être l'angle formé par la direction du choc avec la surface de la peau. Pour un coup bref, on étouffe la vibration de la membrane sitôt le coup frappé. Dans la musique de jazz, des mailloches en feutre dur sont actionnées par le pied, et les chocs sont amortis en permanence au moyen d'une bande de flanelle tendue du haut en bas sur la peau, tandis

241 Caisse claire (militaire).
Amati, Kraslice (Tchécoslovaquie).

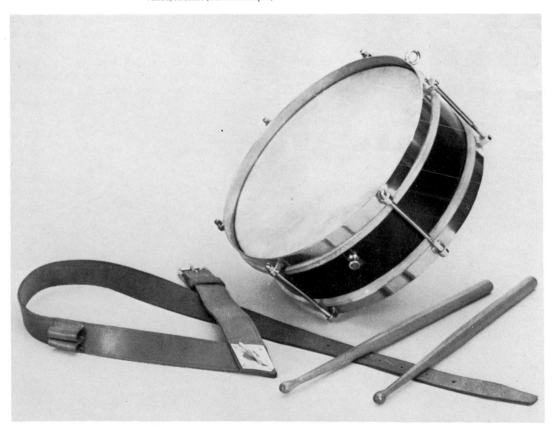

Congas.

Timbales.

que la seconde membrane est montée d'un étouffoir spécial en forme de disque. Les grosses caisses les plus modernes sont dotées d'étouffoirs montés directement à l'intérieur du fût.

La musique de jazz a influé sur l'évolution de la grosse caisse comme sur celle de la «batterie» tout entière. La grosse caisse actuelle mesure la moitié de sa taille passée, et la petite caisse qui en était jadis solidaire est de nos jours posée sur un support à côté de la grosse caisse. Le batteur possède des équipements nouveaux: balais métalliques en éventail permettant de produire un bruissement discret sur la petite caisse ou les cymbales, qui font, elles aussi partie de la batterie. Jadis utilisées par paires, elles sont de nos jours ou fixées sur un pied spécial et actionnées par des pédales, ou utilisées seules, soit suspendues, soit sur un pied et frappées avec des baguettes de tambour.

La **caisse claire** possède un très court fût en tôle de laiton, tendu de part et d'autre de peau de veau ou d'âne. Sur l'une au moins de ces membranes passent de deux à douze timbres filés, plaqués contre la peau et qui ajoutent une sonorité expressive et métallique à la vibration de la membrane. Les harmonies à vent utilisent une caisse claire à timbres fixes, tandis que celle de la musique de jazz est dotée d'un déclencheur qui permet de les enlever. La caisse claire se joue avec deux fines baguettes en bois dur, avec lesquelles on frappe au 1/3 du diamètre environ, là où la sonorité est la plus aiguë. Les deux baguettes doivent tomber l'une contre l'autre en attaquant la peau avec un angle d'environ 75°. La caisse claire peut être soit posée sur un support métallique, soit portée pendant une marche, accrochée à un baudrier de cuir de manière que les membranes soient dirigées obliquement vers le haut.

Dans les opéras de Wagner, on trouve souvent aussi des parties de **caisse roulante**: cette dernière possède un fût cylindrique en bois deux fois plus haut que celui de la caisse claire sur lequel les peaux sont

242 Timbales à pédale.
Musikinstrumente VEB, Dresde.

243 Batterie de jazz.
Amati, Kraslice (Tchécoslovaquie).

tendues avec des cordes. La caisse roulante utilise des baguettes rappelant celles des timbales. Dans la batterie de jazz, on trouve jusqu'à trois caisses roulantes de taille différente, que l'on peut accorder à peu près comme la timbale et qui reçoivent également le nom de **timbales.**

Le **tambour de basque** de l'orchestre symphonique possède un cadre métallique et peut être frappé contre le poing, le coude ou le genou. On peut exécuter un roulement grossier par un mouvement d'oscillation, un roulement fin en passant le pouce humide sur la membrane. Les passages difficiles du point de vue rythmique se réalisent le tambour de basque posé sur les genoux la peau vers le bas, en frappant, les coudes relevés, avec la pointe des doigts sur le cadre du tambour. On peut également réaliser dans cette position des roulements par coups rapides alternés. Les compositeurs modernes écrivent parfois pour d'autres types de membranophones, et surtout des tambours d'origine extra-européenne, comme les **bongos** ou les **congas** cubains, le **tambour chinois,** le **tambour d'aisselle** et un genre de tambour roulant appelé **tambourin provençal.**

Une formation aussi complexe que l'est l'orchestre a nécessité de longs millénaires d'efforts de l'intelligence humaine. L'orchestre nous procure des impressions auditives uniques, qui ont pour origine la conjonction dans le jeu d'instruments les plus divers. Leur formation et leur emploi dans l'orchestre moderne présente une allure tout à fait spécifique, déterminée par la nature propre de la composition. Mais les instruments ne cessent d'évoluer ou d'être perfectionnés même à l'époque actuelle pour répondre aux exigences sans cesse croissantes que la qualité et la haute technicité du jeu posent à leur facture.

Bongos.

II – LES INSTRUMENTS NATIONAUX ET POPULAIRES

L'ASIE

INDE ET PAKISTAN

Parmi le chant, la musique et la danse, les trois principes de la *sangita* indienne, c'est la musique instrumentale qui tient la première place. L'histoire de la musique instrumentale indienne est, en même temps, celle de toute la culture musicale de ce pays. Les sources archéologiques et historiques nous permettent de suivre son évolution depuis le troisième millénaire avant J.-C., époque à laquelle les Dravidiens, les plus anciens habitants de l'Inde, se distinguaient par d'actives relations commerciales avec l'Égypte et la Mésopotamie. Les plus anciens traités de l'Inde ancienne, le *Natya-Çastra* et le *Sangita-Ratnakara,* font déjà état de la musique instrumentale. Le traité *Raga-Vibhoda* comporte,

244 Hautbois surnaï,
Bombay.

245 Instruments indiens: tambour dhola, cymbales yhanya et hautbois nagasvaram.

outre la partie didactique sur les motifs mélodiques déterminés, les *raga*, une méthode pour instrument à cordes accompagnée de cinquante mélodies. L'évolution des instruments indiens apparaît fidèlement sur les représentations artistiques que sont les reliefs sur pierre du temple de Bharhat du IIe siècle avant J.-C., où se manifestent aussi des influences de la scultpure grecque. Un grand nombre d'autres reliefs, sur les murs du monumental temple de Borobudur, construit au VIIIe ou au IXe siècle à Java central, représentent également des scènes de la vie musicale des habitants de l'Inde ancienne. Au moment de l'expansion islamique, l'Inde fut également soumise à une influence persano-arabe. Les instruments musicaux de l'Islam pénétrèrent presque simultanément sur les continents asiatique et européen.

En comparaison avec les autres peuples asiatiques, les Indiens ont un

Clarinette indienne tubri.

nombre relativement restreint d'idiophones. L'accompagnement rythmique est exécuté avec des cymbales de bronze, dont certaines, les **yhanya,** rappellent, par leur forme et par leur sonorité, les cymbales turques: ce sont des cymbales plates, bombées en leur centre, réunies par une corde qui passe en leur milieu. Des cymbales à parois épaisses, rappelant de petites coupes, portent le nom de **tala** (ou **mandira**). Le **kurtar** ou **chittika** est un bouquet de grelots ou de cymbalettes accrochés dans deux cadres de bois, plans d'un côté, arrondis de l'autre. On les tient dans une main et on les entrechoque, en fermant et ouvrant rythmiquement les doigts.

Les aérophones sont restés pratiquement inchangés au cours des longs millénaires d'évolution musicale indienne et un certain nombre

246 Tambours et luth indiens.
Miniature de la fin du XVIIIᵉ siècle.

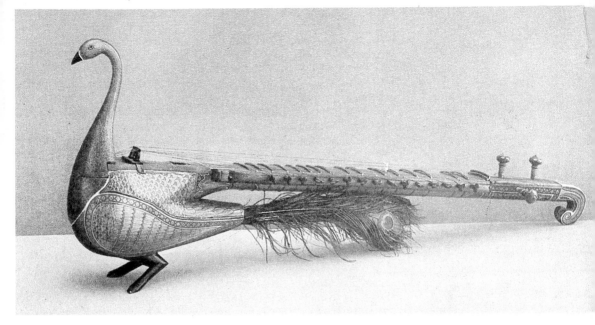

247 Instrument indien à archet tayouc.

Flûte nasale indienne bazaree.

d'entre eux sont communs à la culture musicale d'autres pays, tout en présentant ici des particularités nationales inimitables. C'est le cas tout spécialement de la flûte traversière en bambou **murali,** également nommée **pillagovi.** Les découvertes archéologiques attestent que l'Inde connaissait la flûte avant même l'arrivée des Aryens (1500 avant J.-C.). Ses accents magiques bercent les vers de la poésie de Rabindranath Tagore, comme les charmantes légendes entourant la personne du dieu Indra. Dans les mariages et les processions, on entendait les accents incisifs du double hautbois **surnaï** ou **sahnaï.** Dans les régions méridionales, l'équivalent du surnaï est le **nagasvaram,** à tuyau conique terminé par un pavillon métallique, et dont la double anche en roseau est munie d'une pièce circulaire servant d'appui aux lèvres. L'instrument possède douze trous, mais seuls les sept supérieurs sont destinés aux doigts, les autres sont bouchés à la cire et servent à régler la hauteur du son. L'instrument des charmeurs de serpents, **tubri** ou **yinagowi (tiktiri** ou **yingiwi)** est répandu dans toute l'Inde. Il se compose de deux flûtes de roseau à anche battante, insérées dans une réserve d'air commune, faite d'une calebasse. L'Inde est le berceau des cornemuses. Le **çruti upanga,** ou **bhazana çruti,** est la cornemuse de l'Inde méridionale: elle possède un tuyau en roseau et un soufflet en peau de chèvre, gonflé à la bouche par l'intermédiaire d'un court bec. Au Cachemire et en Inde septentrionale, il s'y ajoute un tuyau de basse et l'instrument reçoit le nom de **mochuk.** Le cor en laiton, long de 2 m environ, nommé **ranachringa,** se compose de deux parties en arc de cercle, assemblées soit pour former un seul grand arc, soit deux arcs accolés en forme de S. Le ranachringa sert dans les cérémonies religieuses ou en d'autres occasions solennelles.

Parmi les instruments à cordes, la première place revient à la **vina,** considérée comme l'un des plus anciens instruments indiens. Son nom dérive de celui d'une harpe de l'Égypte ancienne, **bin.** Il existe différentes variantes de vina, qui se distinguent par d'infimes différences techniques. Toutes les vina se caractérisent par un manche long et large, qui constitue l'axe de l'instrument, par un grand nombre de sillets et la présence de résonateurs. La vina est un instrument très décoratif: elle est souvent magnifiquement sculptée, décorée d'or, d'argent et d'ivoire. Elle possède sept cordes dont quatre de touche, et trois longeant le côté gauche du manche. La vina se tient soit sur l'épaule gauche de manière à y appuyer le résonateur supérieur, tandis que l'inférieur repose contre le genou droit, soit elle peut reposer dans le giron de l'instrumentiste, assis en tailleur par terre. Les cordes ne sont jamais pincées avec un plectre, mais avec les ongles, que l'instrumentiste laisse pousser à une longueur impressionnante. La variante de la vina nommée **taus** ou **esrar** présente une caisse en forme de paon et possède aussi, en plus de ses sillets mobiles, des cordes résonantes.

Il existe en Inde de nombreux cordophones à archet, celui-ci présentant une baguette simple, sans talon, recourbée en arc. La caisse de l'instrument **sarangi** a une forme de huit; elle est creusée dans un seul bloc de bois et recouverte de parchemin. Le manche est court et large, de manière à pouvoir recevoir, en plus de ses trois cordes de touche, quinze cordes résonantes accordées chromatiquement. En Inde septentrionale et au Pakistan, le sarangi reçoit une ligne plus décorative,

248 Vicitra-vina, Bombay.

249 Surbahar, Calcutta.

avec une tête souvent sculptée en forme de col de cygne. Un instrument répandu au Bengale, au Pakistan et en Afghanistan se nomme **sarinda.** Ses flancs sont plus étroits que ceux du sarangi et la partie supérieure de la caisse n'est pas recouverte de parchemin, mais reste ouverte.

Aucune culture évoluée n'a sans doute développé dans sa musique un système rythmique aussi parfait que la civilisation indienne. Les tambours, avec leur technique raffinée, apportent une bonne contre-partie rythmique au caractère moralisateur de la musique indienne. La technique du jeu de tambour a toujours été, et demeure, un domaine ardu, dans lequel les musiciens indiens atteignent une perfection pour le moins merveilleuse. Sur les reliefs du temple de Borobudur, on voit apparaître plusieurs types de **tambours cylindriques** datant de la période pré-islamique. L'Islam a introduit en Inde les **timbales.** Parmi les **tambours sur cadre,** on rencontre ici les deux types: le type pré-islamique, comme le type persano-arabe. L'Inde médiévale s'efforça de composer un ensemble de tambours différemment accordés; c'est en Birmanie que ces ensembles ont atteint leur plus haute perfection.

Parmi les tambours à deux peaux et à fût conique en bois, citons le **mridanga** (également **mathala**), inventé, selon la légende, par Brahma lui-même. En Inde septentrionale, la prédilection se porte sur une paire de tambours, d'accord et de taille inégaux, nommés **tabla.** Le plus grand, dont le fût se rétrécit en cône à sa partie supérieure, est frappé de la main droite, tandis que la gauche tambourine sur le petit tambour

203

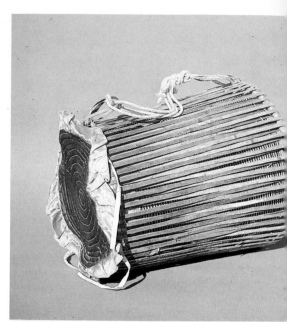

250—253 Tambours indiens.

Flûte indienne bansari.

en forme de tonnelet. La tabla présente une caisse monoxyle, et la peau est tendue en trois couches sur son ouverture. La membrane inférieure recouvre toute l'ouverture. La couche médiane, collée par-dessus, présente une échancrure circulaire en son centre, et est recouverte à son tour d'une troisième couche encore plus ouverte, si bien que seule la périphérie du tambour porte un large anneau de peau. Au centre de la membrane, se trouve une mince couche lissée de pâte noire, composée de poudre de manganèse, de riz bouilli et de jus de tamarin, qui donne au tambour sa fine sonorité un peu étouffée. Les ensembles populaires utilisent le tambour **dhola,** dont les membranes sont renforcées par des anneaux de chanvre, tendues à l'aide de courroies. Le dhola est frappé soit à la main, soit avec une baguette. Dans les cérémonies officielles, lors des processions ou dans les temples, on utilise la timbale **nagara** au bassin en fer ou en cuivre rivetés. La membrane est maintenue par un cerceau métallique; pour la tendre, on procède généralement de la manière suivante: on mouille la peau et on s'aide d'un filet de corde qui recouvre toute la surface de la caisse, pour la faire tendre d'elle-même pendant la dessication. L'ensemble du Palais joue également d'immenses timbales de 1,80 m de diamètre qui pèsent plus de deux quintaux et sont fixées sur le dos d'un éléphant et tendues d'étoffe.

La culture musicale du Pakistan s'est développée pendant des millénaires en étroite relation avec la culture musicale indienne: les instruments sont donc très voisins, voire identiques. Le **sitar** est une combinaison de la vina indienne et de la tamboura persane, et aurait été inventé par le célèbre musicien Amir Khusrau qui vécut au XIIIe siècle à la cour du sultan de Delhi, Allaudin Khildji. La caisse du sitar est soit en bois, soit faite d'une citrouille coupée dans le sens des pépins, et

254 Flûtes pakistanaises bansora.

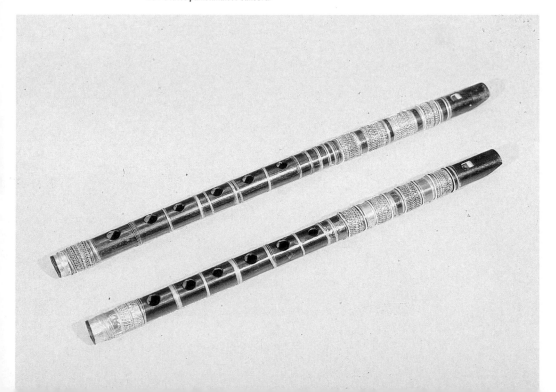

Cor indien sringa.

256 Tambour indien et monocorde pena. Assam (Inde).

257 Tambours indiens baya et tabla.

montée d'une fine lame de bois en fait de couvercle. Le sitar avait à l'origine trois cordes (*si* = trois, *tar* = corde), de nos jours, il en compte généralement sept, qui sont pincées à l'aide d'un médiator métallique enfilé sur l'index. L'esraj ou esrar, au son doux et délicat, réunit les caractères du sitar et du sarangi: c'est un instrument à archet léger, doté d'une touche et de seize sillets mobiles, apparu pendant la domination musulmane comme instrument destiné aux femmes.

Sarinda indienne.

MONGOLIE ET RÉPUBLIQUES SOVIÉTIQUES D'ASIE CENTRALE

Les instruments de musique représentés sur les peintures murales du temple d'Erdeni-dsu (Mongolie) et le petit tambour que tient le magicien indien Mahasiddha, ainsi que certains instruments actuels, révèlent la puissante influence de la musique chinoise et indienne sur la Mongolie. Lorsque Gengis khan fonda au XIIIe siècle l'empire mongol, les Mongols rencontrèrent, dans leur mouvement expansionniste, la culture de différents autres pays. L'*Histoire secrète des Mongols* du XIIIe siècle, comme les récits d'envoyés européens à la cour de Mongolie, mentionnent un art populaire spécifiquement mongol, et reposant sur la pratique d'un instrument national, encore utilisé de nos jours, le **morin-khour.** La caisse de cet instrument à archet a la forme d'un trapèze isocèle, avec des éclisses de bois peu profondes et une table en parchemin, tout comme le fond; l'ensemble rappelant le rébab arabe. Les deux

207

cordes de crin de l'instrument sont accordées à la quinte. Parmi les instruments populaires mongols, on peut également citer la guitare à trois cordes **chansa** et un tympanon, **iotchine,** dont on joue avec deux baguettes à la manière du tympanon européen. La **yatga,** un instrument monté de quatorze cordes pincées avec les doigts, rappelle la cithare chinoise kou-k'in. La flûte **limba** et le jeu de gongs **doudaram** sont des instruments solistes, ou accompagnateurs. Dans les cérémonies lamaïques on utilise aussi la guimbarde **temur-khour** et le petit tambourin à cymbalettes **damar** d'origine tibétaine.

Les bergers du Kazakhstan, pays situé entre le cours inférieur de la Volga et la Chine, ont pour instrument traditionnel la flûte droite **sybyzgui,** percée de quatre à six trous. Les chanteurs populaires s'accompagnent à la **dombra,** instrument à deux cordes, à caisse monoxyle terminée par un long manche. L'instrument à archet **kobyz,** a une caisse également monoxyle, creusée en forme de louche. La timbale **daulpaz** se fixait jadis à la selle et était utilisée par les chasseurs ou les militaires.

En Kirghizistan, les hommes utilisent deux types de flûtes: la flûte en bois **tchoor** et la flûte en laiton **sarbasnay;** l'instrument des femmes est la guimbarde **temir-komouz.** Tout comme jadis, les villages, perchés près des hauts sommets du T'ien-Chan, résonnent des sons de la **komouz,** instrument à trois cordes accordé de manière à ce que la corde centrale soit plus aiguë que les cordes latérales. Le **kiyak,** à caisse plate et allongée, rappelle le kobyz kazakh.

Les représentations de musiciens et d'instruments, sur les vases d'argent du Ve siècle avant J.-C., les statuettes de terre cuite représentant

258 Musiciennes jouant du luth, de la flûte, des tambours et des clochettes.
Détail d'une peinture sur le socle d'un coffre cérémoniel, monastère de Tchoïdjine lamyou sourou, Oulan-Bator, XVIIIe siècle.

Robob (rébab) afghan.

259 Instruments de musique turkmènes.

Guimbarde centre-asiatique.

des musiciens avec leurs instruments, découvertes près de la petite ville d'Aïrtam, les traités musicaux des érudits centre-asiatiques (Alfarabi, Avicenne, Djami), témoignent du riche héritage musical des peuples ouzbek et tadjik. Dans leur riche éventail instrumental, la première place revient au **doutar,** instrument à caisse piriforme faite de lamelles de bois de mûrier courbées et collées. Des œuvres vocales et instrumentales étendues, nommées *makoma,* sont accompagnées sur le **tanbour,** instrument à trois cordes pincées, analogue en ce qui est de la conception, de l'accord et du mode de jeu au tanbour tadjik. Les deux types de **rébab** joués en Ouzbékistan, c'est-à-dire le type afghan et le type kachgar, sont identiques aux rébabs du Tadjikistan. Il en va de même du **doumbrak,** instrument moins courant, identique à l'instrument tadjik du même nom. Le **tchang,** à caisse plate trapézoïdale, aux triples cordes métalliques accordées diatoniquement, est une sorte de tympănon. Les instruments à archet **ghidjak** et **kobouz** viennent compléter la famille des cordophones. Le ghidjak présente une structure identique au ghidjak tadjik et turkmène: la caisse est sphérique, la table en peau, il possède un éperon métallique, et est monté de trois à quatre cordes. Le kobouz est identique au kobyz kazakh, et n'apparaît que dans certaines régions de l'Ouzbékistan.

Après la flûte traversière **nay,** dont le seul nom trahit déjà l'origine arabe, l'instrument le plus répandu est le hautbois **sournay,** toujours joué en solo, ce qui le différencie de la voisine **zourna,** toujours utilisée par paires dans les pays limitrophes. Jadis, les événements exceptionnels étaient toujours annoncés aux sons de la trompe en laiton **karnay,** qui atteint jusqu'à trois mètres de longueur. La karnay reste, encore de nos jours, un instrument utilisé lors des cérémonies solennelles, revues, processions et festivités populaires.

Le tambourin **doïra** présente des anneaux métalliques faisant office de cymbalettes, suspendus à son cadre. Son usage est courant dans tout

Trompe ouzbek karnay.

l'Ouzbékistan, dans le Tadjikistan et dans d'autres républiques centre-asiatiques. Le soliste accentue encore l'effet des anneaux, à l'aide de pointes métalliques enfilées sur les doigts comme des dés à coudre. L'ensemble des deux petites timbales d'origine persane, nommé **naga-ra,** tient le même rôle que le doïra; jadis, les nagora servaient à annoncer l'arrivée solennelle des émirs et des khans.

Le Daghestan est la république autonome la plus méridionale de la fédération russe. Il présente une population très variée. Chez les Kou-myks et les Dargouas, on trouve couramment l'instrument à trois cordes pincées **agatch-komouz (tamour** chez les Avars), doté d'une caisse monoxyle, terminée dans le bas par une sorte de trident. Dans la partie

260 Violon mongol morin-khour.

Komouz kirghiz.

261 Kobyz kazakh.

262 Rébab du type kachgar de l'Ouzbékistan.

Agatch-komouz du Daghestan.

méridionale du Daghestan, on trouve le luth **tar,** nommé **tara** chez les Lesghiens, et **tchongour** chez les Koumyks et les Aktines. L'instrument à archet **tchagana** rappelle le **tchianouri** géorgien; il est répandu chez les Avars et les Lakys. Il s'agit d'une sorte de violon à pique, possédant une caisse plate recouverte d'une peau de bélier.

Tous les peuples du Daghestan connaissent et pratiquent le jeu sur l'instrument à anche **yasti-balaban,** similaire au **balaban** de l'Azerbaïdjan. C'est un instrument soliste, utilisé également dans les ensembles pour accompagner le chant ou la danse. La **zourna,** qui ne se distingue des instruments de même nom des autres pays centre-asiatiques que par ses dimensions et la disposition des trous, est également un instrument très répandu. C'est au Daghestan qu'on rencontre pour la première fois au XIXe siècle l'accordéon comme instrument de la musique populaire des républiques centre-asiatiques. Le **komouz** est un représentant typique de l'accordéon dit asiatique ou oriental, de conception analogue à l'accordéon de Viatka, dont il se distingue seulement par le fait que le son conserve la même hauteur, que l'on tire ou pousse le soufflet. A l'époque actuelle, le komouz est tellement répandu qu'on peut le considérer comme l'instrument national du Daghestan. Le **gaval** est un tambour à deux membranes, le **töp,** un tambour sur cadre à grelots. Les **tiplipitom** du Daghestan sont la réplique des timbales en céramique géorgiennes **diplipito;** on leur adjoint une clochette que l'instrumentiste frappe de temps en temps avec sa baguette.

Les chanteurs populaires de l'Azerbaïdjan, les achoughes, accompagnent leurs chants et leurs récits de l'instrument à cordes **saz,** à caisse piriforme fortement bombée et à long manche. La table plane du saz porte de petites ouïes que l'on trouve parfois aussi sur les flancs de l'instrument. Le nombre de cordes varie de quatre à huit: elles se divisent en trois groupes, cordes mélodiques, d'accord et d'accompagnement. L'accord en quarte-quinte est ici le plus courant, les cordes mélodiques étant accordées à la quarte supérieure, et les cordes d'accom-

211

263 Fabrication d'instruments populaires au Tadjikistan.

pagnement à la quinte supérieure des cordes d'accord. Le développement du style musical classique est en liaison avec l'instrument à cordes
pincées **tar,** qui se distingue du saz par sa forme et sa conception. La
caisse du tar est en forme de huit et la table d'harmonie est couverte
d'un péricarde de taureau. Il y a généralement onze cordes, divisées en
trois groupes, que distingue leur couleur, blanche, jaune ou noire; elles
sont accordées par paires à l'unisson. Avec le violon à pique **kemange**
et le tambourin **diaf,** le tar compose un ensemble instrumental susceptible d'exécuter des pièces du répertoire classique et populaire.

L'Arménie, qui s'étend au sud de la Transcaucasie, a connu, même
dans un passé lointain, des musiciens qui accompagnaient leurs chants
sur le cordophone pincé **pandouri.** Le violon à caisse étroite et longue
kyamani, dont la forme rappelle la sordina italienne, est l'instrument
favori des musiciens populaires goussanes. Les autres instruments ar-
méniens proviennent de l'arsenal musical de la région persano-arabe: il
s'agit du luth **'oud,** de la cithare **kanun,** du tympanon **santour,** des timbales en terre **nagara** et du tambour sur cadre **daff.**

Le principal instrument des Géorgiens, vivant dans la partie occidentale et centrale du Caucase, est le cordophone pincé **pandouri.** Sa popularité est attestée par le fait que d'autres instruments à cordes por-

Harpe géorgienne tchantsi.

Tchongouri géorgien.

tent souvent son nom. Le **pandouri** rappelle, par la forme de sa caisse monoxyle, l'**agatch-komouz** du Daghestan: ses trois cordes en boyau sont accordées soit à la seconde, soit à la tierce, ou encore, les deux cordes supérieures à l'unisson et la troisième à l'octave. Le **tchongouri** se distingue du pandouri par sa caisse moins allongée mais plus bombée et ses quatre cordes accordées en quarte-sixte avec une quinte doublée. Le tchongouri est un cordophone pincé typiquement féminin. Les femmes jouent également de la harpe **tchangui,** aux cordes tressées en crin de cheval.

CHINE, JAPON ET CORÉE

La musique est un art formé par des sons, de la parole et du mouvement, telle est la conception qui imprègne toute la philosophie chinoise, où les instruments de musique jouent un rôle essentiel. Pour la musique chinoise, la matière est bien plus qu'un moyen de production d'un son. Plus le son dure longtemps, mieux il se trouve isolé, plus profondément il permet de pénétrer dans le principe essentiel de la matière. Pour cette raison, les idiophones jouent ici, au contraire des civilisations européennes, un rôle d'importance déterminante.

Les découvertes d'instruments de pierre (lithophones), qui atteignent, malgré leurs plusieurs millénaires d'âge, une perfection considérable, attestent l'importance des idiophones dans l'éventail instrumental de la Chine ancienne. Parmi eux, citons le **che-k'ing** (le k'ing de pierre, *che* = pierre), que l'on fait remonter aux troisième et quatrième millénaires avant J.-C. La forme irrégulièrement arrondie de cet instrument archaïque fut plus tard transformée en une sorte d'équerre en forme de L. C'est sous cet aspect qu'il apparaît sur une coupe en laiton de l'époque des Royaumes combattants (481—221 avant J.-C.), et sur un relief de pierre de la dynastie des Chang (vers 1550—1028 avant J.-C.). Il

264 Tambours du Daghestan.

n'est pas exclu que les idiophones aient jadis servi de monnaie d'échange, comme il en va encore de nos jours dans certaines régions d'Asie orientale. Une série de lithophones accordés et suspendus forme le **pien-k'ing,** représenté sur les peintures rupestres des célèbres sanctuaires des Mille Bouddhas de Toen-hoang (époque Tcheou, 1028—221 avant J.-C.). Dans les collections du Temple du Ciel de Pékin, qui comportent de nos jours également une série d'instruments chinois anciens, se trouve un pien-k'ing du XVIIIe siècle comportant seize plaques accordées, en néphrite verte. Le **fang-hiang** était un lithophone ou parfois un métallophone: il se composait de huit lames rectangulaires suspendues dans un cadre de bois. On en trouve également une représentation à Toen-hoang, sur des peintures datant de la dynastie Souei (581—618). A cette époque, le fang-hiang était un instrument populaire fort apprécié. De nos jours, les lithophones ne sont plus employés que dans les monastères.

L'éventail d'instruments chinois anciens était également riche en instruments métalliques, cloches de toutes sortes, gongs et cymbales. Le jeu de gongs **yun-louo** (louo = gong), composé de dix à vingt-quatre coupelles de bronze, est d'origine mongole. Les idiophones pouvaient également être faits en bois. Le **tchou** est un xylophone particulier, en forme d'auge, doté d'un marteau fixé sur un pivot et qui vient frapper trois fois le fond de l'instrument avant chaque vers de l'hymne de Confucius. Un billot de bois dur frappé d'une baguette cylindrique, porte le

265 Tambour et guitare.
Peinture murale des temples rupestres des Mille Bouddhas, Toen-hoang (province Kan-sou), dynastie Souei (581—618).

214

Harmonica chinois à bouche
cheng et coupe des tuyaux.

266 Cloche chinoise po.

215

267 Instruments de musique chinois, en haut, de gauche à droite: claquette p'ai-pan, flûtes droites siao, hautbois kouan, harpe koung-hou, harmonica à bouche cheng, cymbales po, claquette p'ai-pan, tambourin bangou, flûte ti-tse, tambours ta-t'ang-kou et po-fou.
Peinture murale des temples rupestres Mille Bouddhas, Toen-hoang (province Kan-sou), dynastie T'ang (VIIIe siècle).

nom de **pang-tse.** Pour marquer les temps forts, les ensembles d'instruments populaires et l'opéra utilisent le **p'ai-pan,** formé de trois plaquettes plates, parfois plus. Chaque plaquette est percée de deux petits trous à sa partie supérieure, ce qui permet de les attacher avec une ficelle. Le **mou-yu** est une espèce de cloche en bois sans battant, ornée de sculpture de forme extraordinaire, faisant penser à des nageoires de poisson, d'où le nom de l'instrument: «poisson de bois». Le racleur **yu** (= tigre) est également un ancien instrument chinois, en bois sculpté en forme de tigre couché, placé sur un socle.

Parmi les aérophones chinois, un ancien instrument traditionnel est la flûte de Pan **p'ai-siao,** formée de douze à vingt-quatre tuyaux de bambou fermés, insérés dans un étui de bois plat, souvent peint de couleurs vives. La flûte traversière **ti-tse,** très appréciée des mandarins, devient un instrument très répandu dans la musique chinoise des IIe et Ier siècles avant J.-C. Elle a inspiré les artistes qui ont exécuté des peintures murales de Toen-hoang, ainsi que les sculpteurs antiques chinois auxquels nous devons les représentations de joueurs de flûte chinois, sculptées dans les rochers de la province de Se-tch'oan. La ti-tse actuelle mesure environ 61—63 cm de longueur, elle est percée de neuf trous, dont le premier est couvert d'une fine membrane de canne ou de roseau, les six suivants servent aux doigtés, tandis que les

268 Jeu de gongs chinois yun-louo.

Lithophone chinois pien-k'ing.

217

Flûte de Pan chinoise
p'ai-siao.

deux derniers sont des trous d'air qui servent aussi à passer la corde qui permet de suspendre l'instrument. Le tuyau est renforcé par des anneaux de fils enroulés passés à la laque noire.

Le livre des chants *Che-king* mentionne également un aérophone **cheng,** qui reçoit dans la littérature européenne spécialisée le nom d'«orgue à bouche», malgré le fait qu'il n'a pas grand-chose en commun avec l'orgue. Si le cheng comporte effectivement une série de tuyaux de différentes longueurs, ceux-ci ne jouent pas ici le même rôle que les tuyaux de l'orgue. L'instrument devrait plutôt s'appeler «harmonica», et a d'ailleurs contribué à l'invention de ce dernier en Europe. Généralement, le cheng se compose de 17 tuyaux de bambou, dont 13 présen-

269 Jeu de gongs japonais byantchin.

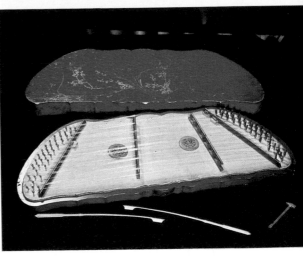

270 Harmonica à bouche lou-cheng et tympanon yang-k'in. Chine (minorité nationale Miao).

271 Tympanon chinois yang-k'in.

tent une extrémité biseautée à laquelle est fixée une anche libre. La longueur des tuyaux est calculée de manière à ce qu'ils renforcent la sonorité de l'anche vibrante correspondante.

Parmi les cordophones chinois, deux types de cithares particulièrement anciennes existent sous diverses variantes de forme chez tous les peuples d'Asie orientale et sud-orientale, le **se** et le **kou-k'in.** Ils présentent d'ailleurs un grand nombre de points communs. Les sources littéraires mentionnent l'existence du se dès la période des Tcheou (XIᵉ — IIIᵉ siècles avant J.-C.). De nos jours, on emploie soit le **ta-se** à 25 cordes, soit le **siao-se** à 16 cordes. Les artistes chinois représentent avec prédilection le thème du poète jouant ou enseignant un autre instrument du type cithare, le kou-k'in, de forme voisine du précédent, et qui apparaît dans un texte littéraire du VIᵉ siècle avant J.-C. Toutes les dimensions et les proportions de cet instrument sont en rapport symbolique avec les éléments du cosmos: sa longueur de trois pieds, six pouces et six lignes représente les trois cent soixante-six jours de l'année. Sa largeur de six pouces représente les points cardinaux: nord, sud, est, ouest, zénith et nadir. L'instrument mesure quatre pouces en son milieu pour rappeler les quatre saisons. Sa partie supérieure est plus large que sa base pour montrer que le sublime est supérieur au vulgaire; la table d'harmonie est convexe comme le ciel et le fond est plat comme la terre, etc. L'accord du kou-k'in dépend du mode dans lequel est écrite la composition à interpréter.

A partir du IIIᵉ siècle, la Chine et ses voisins occidentaux eurent des contacts plus actifs qui furent à l'origine de l'introduction en Chine de certains instruments indiens et centre-asiatiques. C'est sans doute à ce moment que le luth **p'i-p'a** pénétra en Chine depuis l'Asie centrale. Comme dans les pays voisins, Corée, Viêt-nam, Cambodge et Japon, le p'i-p'a devint, ici, le plus courant des instruments solistes. L'instrument présente une caisse de bois plate à fond bombé, se rétrécissant peu à peu en un manche terminé par un chevillier. Ses quatre cordes sont accordées selon le mode de la composition jouée. Une ancienne légen-

272 Hautbois chinois souo-na.

273 Harmonica à bouche chinois cheng.

274 Flûtes chinoises ti-tse et tch'e-ti.

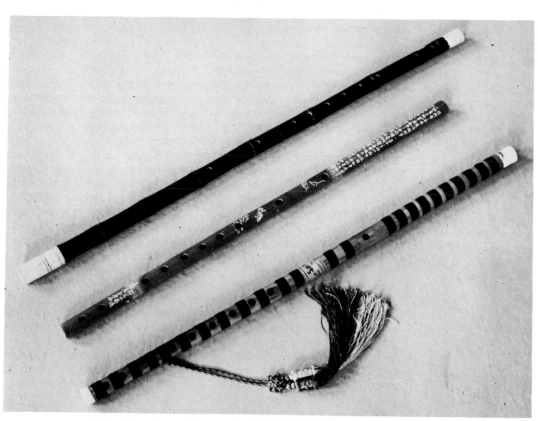

275 Cithare chinoise kou-k'in.

de chinoise raconte qu'un homme du temps de l'impératrice Wou (684—705) trouva dans un ancien tombeau un instrument rond comme la lune, qu'il nomma **yue-k'in** (instrument de la lune). La caisse de cet instrument est un cercle régulier bas d'éclisse, à manche court dont l'extrémité se recourbe en forme de croissant. Neuf sillets déterminent la gamme fixe de l'instrument: trois d'entre eux se trouvent sur la touche, les six autres sur la table d'harmonie. L'unique instrument chinois à archet est le **eul-hou** (*eul* = deux, *hou* est une abbréviation du mot hou-k'in, le violon). Sa caisse est petite, hexagonale, plus rarement octogonale, faite en bois dur; elle peut exceptionnellement avoir une forme cylindrique. La table est tendue de peau de serpent. Une tige de bambou, traversant la caisse, forme le manche. Les deux cordes de l'instrument sont accordées à la quinte. Le eul-hou se joue assis, l'instrumentiste appuyant le pied de l'instrument sur son genou. Les crins de l'archet sont passés entre les cordes et les doigts de la main gauche effleurent — sans appuyer, car l'instrument ne possède pas de touche — les deux cordes à la fois.

Parmi le riche éventail de membranophones chinois, la littérature de l'époque Yin (XVIIIe—XIIe siècles avant J.-C.) mentionne l'existence du tambour **kou**. Le tambour **po-fou** se porte suspendu au cou et on le frappe des deux mains. Les tambours étaient également utilisés par l'armée. Les scènes représentées sur les fresques de Toen-hoang nous apprennent que les tambours devaient à la fois servir d'instrument d'intimidation par la puissance de leur jeu et, surtout, régler le déroulement de la bataille. Les tambours jouaient également un rôle important dans

221

276 Guitare chinoise.

le théâtre chinois qui faisait appel à une sorte de «langage des tambours», comparable uniquement au langage des tambours africains. L'ensemble des instruments à percussion du théâtre chinois se compose du tambour **tan-p'i-kou,** des cymbales **po,** complétés par le grand tambour **ta-t'ang-kou** et le petit tambour **siao-t'ang-kou,** les clochettes et d'autres instruments. Les tambours chinois se caractérisent par leurs peaux tendues à l'aide de clous, système qui exclut tout accord de l'instrument, au contraire des tambours indiens, aux membranes tendues surtout à l'aide de courroies. C'est dans la croyance au pouvoir magique des tambours, pouvoir encore renforcé par la présence des clous, qu'il faut chercher l'explication de ce mode de fixation des membranes, comme celle de nombreux autres phénomènes, apparemment mystérieux, de la musique orientale. Dans les ensembles populaires et professionnels, on utilise le tambour **t'ang-kou** au fût en tonnelet bas, dont on joue avec deux baguettes. Le tambour **yao-kou,** voisin du précédent, est un peu plus haut; deux anneaux métalliques fixés à la caisse permettent de le suspendre à l'épaule de l'instrumentiste. Un petit tambour à fût bas, mais massif, porte le nom de **tien-kou:** sa membrane est caractéristiquement clouée sur le dessus du cadre. Le petit tambour **pan-kou** est également très répandu: son épais fût en bois a la forme d'une coupe retournée et présente un petit orifice sonore percé dans le fond. On le pose sur un trépied et c'est le chef de l'ensemble qui en joue avec deux baguettes.

A l'époque de la dynastie mandchoue (1664—1912), des éléments parfois assez peu en accord avec la tradition chinoise furent introduits dans la musique locale. Les souverains de l'époque ne s'intéressaient en effet qu'à la musique archaïque qu'ils soutenaient aux dépens des instruments de l'époque T'ang. Au XIXe siècle, les instruments de musique européens firent leur apparition en Chine et leur emploi dans les ensembles chinois donna lieu à de nombreuses polémiques. Certains refusaient catégoriquement tout ce qui venait d'Europe, d'autres considéraient les instruments chinois comme dépassés. De nos jours, de nombreux ensembles instrumentaux existent en Chine, utilisant aussi bien les instruments chinois qu'européens.

Comme de nombreux autres pays, le Japon pratique l'art musical depuis des temps immémoriaux. Les statuettes tombales en terre cuite, datant des IIe—IIIe siècles, et les premiers documents littéraires font

277 Luth chinois p'i-p'a.

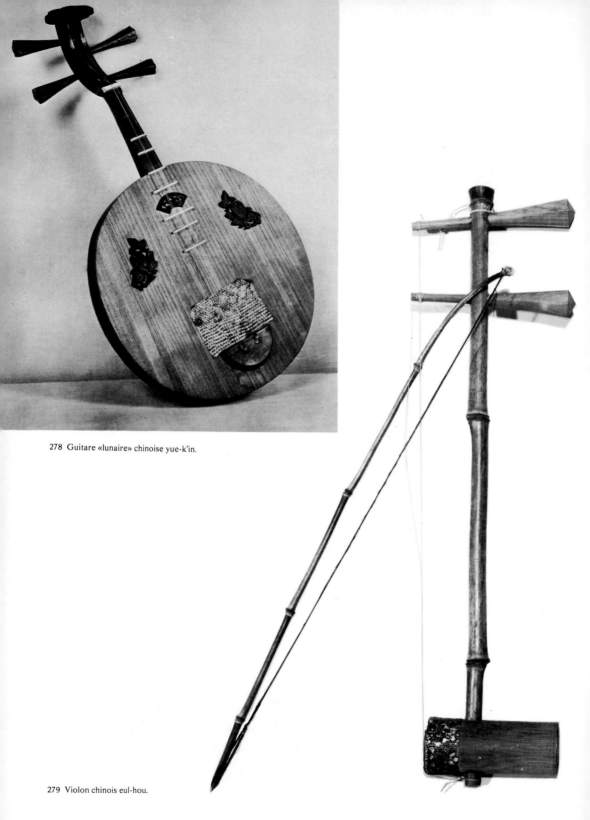

278 Guitare «lunaire» chinoise yue-k'in.

279 Violon chinois eul-hou.

280 Tambour chinois kou.

281 Tambours chinois yao-kou.

282 Ensemble de musiciens populaires chinois:
tambour t'ang-kou, gong lo, cymbales po,
hautbois souo-na et harmonica à bouche cheng.

Gong japonais shoko.

état de l'existence, depuis des temps très anciens, d'instruments de musique magiques ou chamaniques. Les instruments de cette époque comprennent la cithare à six cordes **yamato-goto (wagon)** à longue caisse convexe. Après l'adoption du bouddhisme au VIᵉ siècle, les danses masquées **gigaku** et les tambours du même nom qui les accompagnaient connurent une grande popularité. La musique japonaise était, à l'exemple de la musique chinoise, sous la tutelle de la cour impériale, d'où le nom *gagaku* (musique noble) de la musique classique impériale. Les membres de l'ensemble *gagaku* actuel doivent savoir jouer d'un instrument à vent, d'un instrument à cordes et d'un instrument de l'orchestre symphonique européen. Les aérophones jouent dans l'ensemble *gagaku* le même rôle que les instruments à archet dans l'orchestre symphonique européen. Le principal instrument mélodique est, ici, un court hautbois d'origine chinoise, le **hichiriki.** Fait d'une pièce de bambou spécialement traitée et consolidée avec de l'écorce de cerisier, son menu tuyau ne dépasse pas 18 cm de longueur. Le hichiriki est percé de sept trous sur l'endroit et de deux sur l'envers, l'ensemble permettant, grâce à l'emploi de doigtés spéciaux, de produire des sons de moins d'un quart de ton d'intervalle. L'instrument a une sonorité criarde, particulièrement bien évoquée dans le journal de dame Sei Shonagon (XIᵉ siècle), le *Livre de l'oreiller:* «La voix terrible du hichiriki me fait penser aux cigales stridentes à l'automne». Un autre instrument mélodique du *gagaku* est la flûte de bambou **fue,** dont les trois types se distinguent les uns des autres par la couleur d'un morceau de brocart collé à l'ex-

283 Tambour, hochet et flûte traversière tibétains.

Luth japonais gaku-biwa.

trémité fermée du tuayau et par la longueur de ce dernier. La plus courte est la **koma-fue** à six trous, la flûte moyenne **kagura-fue** en possédant sept et la flûte **ryuteki** (ou **yoko-fue**) étant la plus longue des trois. L'harmonica **sho** correspond au cheng chinois. Ses anches sont soigneusement accordées à l'aide de gouttes de cire et enduites d'un produit particulier qui empêche la condensation. C'est pour cette même raison que le sho est chauffé pendant les pauses au-dessus d'une coupelle en céramique qui contient des braises ardentes.

Les gongs **shoko** existent en trois tailles différentes. Ils sont suspendus dans un cadre circulaire, porté par un support. Leur rôle consiste à entrecouper la phrase musicale à l'aide de coups isolés, complétant le jeu des tambours. Le chef de l'ensemble, qui indique les changements de tempo, tient dans ses mains le petit tambour **kakko** dont les membranes sont tendues à l'aide de cordes. Un grand tambour nommé **tai-ko,** frappé seulement d'un côté avec des baguettes, est suspendu sur un support. Dans les danses *bugaku* on utilise le gigantesque tambour **da-daiko,** placé sur une plate-forme spéciale, entourée par une balustrade et ornée de tentures multicolores.

Le *gagaku* actuel n'utilise que trois instruments à cordes: deux cithares, **wagon** et **gaku-so** et le luth **gaku-biwa.** Les deux cithares sont des

284 Trompes tibétaines rag-doung.

285 Grand gong japonais de l'orchestre impérial gagaku.

Tambour japonais da-daïko.

variantes des cithares chinoises kou-k'in et kou-tcheng. Le luth **biwa,** qui apparaît au Japon au VIIIe siècle, est tout aussi manifestement d'origine chinoise. Il possède une caisse piriforme dont la table d'harmonie est tendue, au-dessus du chevalet, d'une bande de cuir large d'une quinzaine de centimètres, et percée en son milieu de deux ouïes en forme de croissants. Les quatre cordes du biwa sont accordées en la_1, mi_1, la_1 et do_2 et sont ébranlées à l'aide d'un plectre, employé selon une technique particulière.

Les tendances instrumentales de la musique *gagaku* trouvent leur perpétuation dans la musique *koto* qui, alliée à la musique *shamisen* et à la musique *shakuhachi,* forme les bases de l'art musical *edo.* La musique *koto* a pour instrument principal la cithare à treize cordes du même nom: comme elle est dépourvue de sillets, son jeu se limite, le plus souvent au pincement des cordes à vide, reposant sur deux traverses communes. Chaque corde possède son chevalet mobile et est ébranlée à l'aide d'un plectre, en forme d'onglet, enfilé sur les doigts. Le principal instrument des grandes formes dramatiques de l'époque Tokugawa (1600—1868) est la guitare **shamisen.** Originaire de Chine, elle est de nos jours fabriquée en différentes tailles, de manière à s'adapter plus facilement au registre vocal du chanteur. La caisse de résonance est formée par un cadre carré en bois, tendu sur les deux côtés de peaux de

229

chat. Il existe plusieurs façons d'accorder les trois cordes du shamisen, qui sont ébranlées par un plectre gigantesque en bois blanc, nommé *batsi*. Parmi les cordophones pincés du type guitare, la «guitare lunaire» **gogen,** d'origine chinoise, est relativement peu répandue.

La musique *shakuhachi* doit son nom à une flûte droite, d'origine chinoise comme beaucoup d'instruments japonais. La flûte **shakuhachi** est percée de cinq trous, qui donnent les sons $ré_2$, fa_2, sol_2, la_2, $ré_3$, mais qui permettent d'obtenir un nombre de sons beaucoup plus important grâce à la technique nommée *merikari,* qui repose dans la combinaison d'une couverture partielle des trous avec les doigts et d'attaques variables des lèvres.

Le théâtre *kabuki* possède également ses instruments typiques. Il s'agit surtout de différents types de cloches, de gongs, de grelots, de xylophones et de tambours, dont l'association permet d'obtenir un riche kaléidoscope de sonorités.

286 Flûte japonaise shakuhachi.

287 Tambour japonais san-no-tsuzumi.

288 Cithare japonaise koto.

Cithare coréenne kayakeum.

289 Guitare japonaise shamisen.

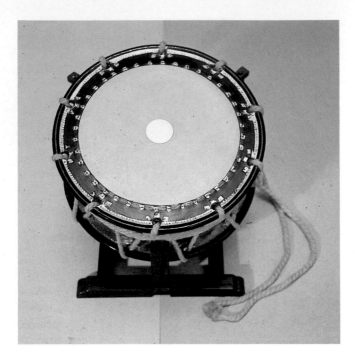

290 Tambour japonais sime-daiko.

291 Tambour japonais san-no-tsuzumi.

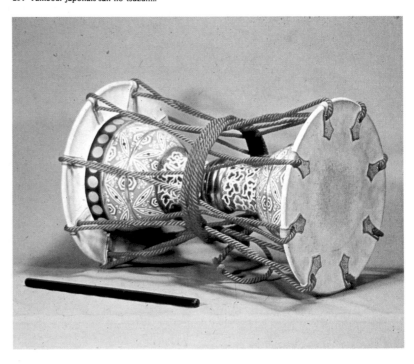

292 Trompette de bois coréenne mok kaval.

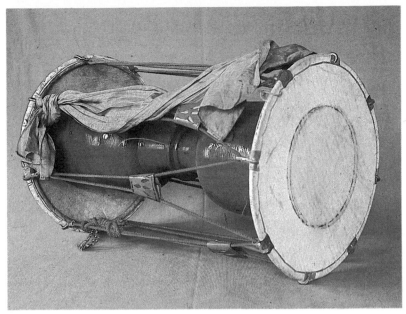
293 Tambour coréen tiango.

L'ancienne tradition musicale de la Corée est attestée par les découvertes archéologiques de vases-flûtes en terre cuite et par les représentations de musiciens, jouant de flûtes droites, sur des peintures murales de tombeaux remontant au début du premier millénaire de notre ère. De nombreux musiciens coréens se produisirent également jadis dans l'ensemble impérial japonais *gagaku,* influençant d'une manière certaine l'art musical japonais. Tout cela explique pourquoi les instruments coréens ressemblent aux instruments chinois et japonais. Ainsi, le racleur coréen **o** est identique au racleur chinois yu; le jeu de gongs coréen **ouna** correspond par sa construction et le nombre de gongs au jeu chinois yun-louo. L'harmonica chinois cheng a son correspondant en l'harmonica coréen **saing** etc...

Des peintures murales de l'époque Kokuryo (Ier siècle avant J.-C. — VIIe siècle de notre ère) représentent des musiciens jouant de la flûte droite **tong-so,** qui peut atteindre jusqu'à 1 m de longueur. Parmi les aérophones, une place importante revient à la très sonore flûte en bambou **phiri,** percée de huit trous.

Parmi les nombreux cordophones coréens, la cithare à treize cordes **kayakeum** continue à connaître une grande faveur; la cithare à archet et à dix cordes **djounadjan** a un aspect voisin. Le tympanon **yangoum** était jadis si petit qu'on le posait pendant le jeu sur la main gauche; ses dimensions devinrent progressivement plus importantes, jusqu'à l'instrument trapézoïdal, à caisse plate et aux cordes nombreuses, qui existe encore de nos jours.

Les Coréens considèrent comme leur instrument national le tambour **tiango** en forme de sablier, dont l'existence est signalée dès l'époque Kokuryo, où il faisait partie d'un ensemble monumental comportant

233

plus de deux cents musiciens. Pour les Coréens, cet ensemble représente le premier grand orchestre polyphonique de l'histoire musicale, imité par la suite dans d'autres pays extrême-orientaux. De nos jours, le tambour tiango présente une caisse laquée de couleurs vives, les membranes, maintenues par des cerceaux métalliques étant tendues à l'aide de cordes solides. L'instrumentiste frappe sur le tiango du côté gauche avec la main, du côté droit avec une baguette de bambou. Un mécanisme réglant la tension permet de moduler la hauteur des deux membranes (dont l'intervalle sonore est une quinte).

SUD-EST ASIATIQUE

La musique cambodgienne, laotienne, thaïlandaise, birmane et vietnamienne se distingue du reste de la musique orientale par son système d'alliances sonores. Elle est exécutée essentiellement à l'aide de divers métallophones, xylophones, tambours et aérophones. Les instruments à archet continuent, de nos jours, à ne pas trouver leur place dans les ensembles classiques instrumentaux de ces pays. Il semblerait qu'ils aient été introduits en Asie du Sud-Est après le moment de la naissance au Cambodge de la célèbre tradition khmère (XIIe siècle). Depuis le XVIe siècle, le Cambodge possède deux grands ensembles classiques, dont l'ensemble *peyphat* qui tire son nom de son aérophone conducteur, le hautbois **pey,** dont la sonorité passe pour être la plus douce de tous les instruments du Sud-Est asiatique. Les autres instruments de l'ensemble *peyphat* sont des xylophones, des gongs et des tambours. L'importance du jeu de gongs **khong,** représenté déjà sur les sculptures du temple d'Angkor Vat (construit en 1112—1152), dépasse de loin les

294 Ensemble impérial japonais gagaku, de gauche à droite: flûtes fue, hautbois hichiriki, harmonicas à bouche sho et tambour san-no-tsuzumi.

295 Tambour et jeu de gongs.
Bas-relief du temple d'Angkor Vat (Cambodge), IXe siècle.

Harmonica à bouche laotien
khène.

frontières du Cambodge. Le jeu se compose de seize gongs de bronze, disposés en demi-cercle sur une construction en bois. L'instrumentiste est assis au centre et frappe les gongs à l'aide de deux maillets dont l'extrémité est recouverte de peau d'éléphant. Le xylophone **ronéat** (parfois considéré, à tort, comme un instrument typiquement cambodgien) est d'origine indienne et a pénétré au Cambodge, depuis le Siam, au XIXe siècle. Il existe trois types de ronéat en forme de navire posé sur un socle. L'ensemble *peyphat* comporte également un groupe de deux grands tambours en forme de tonneaux, **skor-thom,** tendus de peau de buffle et placés sur un support, de manière à ce que leur axe s'incline vers le joueur.

Parmi les instruments à cordes, la première place revient, au Cambodge, à la guitare **chapeï,** identique aux instruments vietnamiens dàn dáy. Sa caisse de résonance, de forme trapézoïdale, est ouverte dans le bas pour compenser la forte disproportion entre la longueur des cordes et les dimensions du corps. Dans la province de Kompong-Cham, le manche de l'instrument atteint une telle longueur que l'instrumentiste a du mal à atteindre les touches proches de sa tête recourbée en croissant; les deux cordes doubles sont accordées à la quinte.

La musique du Laos est inspirée par les exemples cambodgien et vietnamien, son seul caractère vraiment autochtone étant le jeu d'accompagnement sur l'harmonica **khène.** Réplique simplifiée du cheng chinois, le khène se compose également de tuyaux de bambou assemblés en une sorte de radeau qui atteint jusqu'à trois mètres de longueur. A côté du khène, il existe un autre aérophone important: la flûte de bambou droite **kluy,** identique à la flûte vietnamienne klui et la flûte cambodgienne khloy. A d'infimes différences près l'ensemble instrumental laotien a la même distribution que les ensembles cambodgiens et thaïlandais.

Violon birman tourr.

En Thaïlande, c'est l'ensemble *piphat,* formé du hautbois **pi nai** et d'instruments de percussion, qui constitue la base de la musique instrumentale. Les instruments de percussion thaïlandais se répartissent en instruments mélodiques (xylophones, jeux de gongs) et en instruments rythmiques (tambours, métallophones sans hauteur tonale définie). L'instrument pi nai présente six trous, et son tuyau est légèrement évasé aux deux extrémités. Sa sonorité est très saisissante, surtout lorsqu'elle accompagne une mélodie confiée au xylophone **gong vong vaï.** Un autre xylophone, **ranad ek,** richement sculpté, décoré de nacre et d'ivoire, est analogue au xylophone cambodgien ronéat. Les autres instruments thaïlandais sont également identiques, ou du moins semblables, aux instruments chinois ou cambodgiens.

Sur le territoire de la Birmanie actuelle qui est une fédération de quatre états, s'étaient formés, bien avant le début de notre ère, plusieurs royaumes soumis à l'influence indienne. La musique birmane n'a cependant pas été inaffectée par cette réalité et a également résisté aux influences de son voisin chinois, malgré le fait que la musique birmane utilise également, à côté de la gamme heptatonique, la gamme pentatonique, appelée gamme chinoise. Les instruments de musique birmans trahissent une influence vietnamienne: le hautbois **hné** rappelle l'instrument vietnamien **cái-kèn;** les castagnettes de bambou **waleko** reçoivent au Viêt-nam le nom **cái-sinh.** Le roi de la musique birmane est le jeu de tambours **patvaing:** l'instrument fait penser à une immense couronne décorative, haute de plus d'un mètre, étincelante d'or et de pierres multicolores. Dans l'enceinte formée de liteaux de bois aux sculptures dentelées, l'instrumentiste, assis, donne le rythme en frappant de ses

296 Hautbois thaïlandais pi nai.

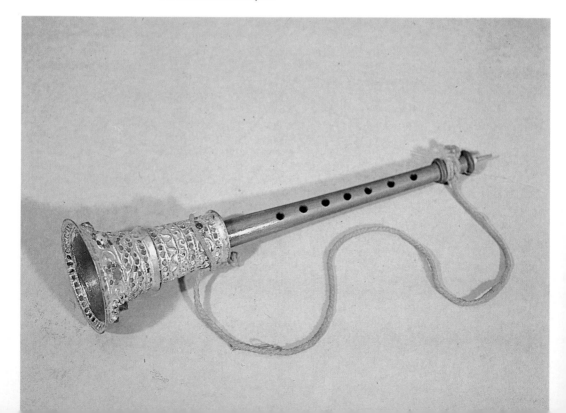

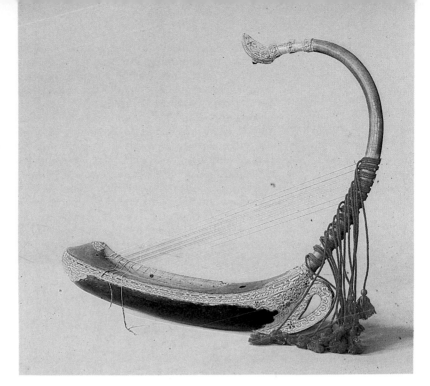

297 Harpe birmane paung.

baguettes sur les tambours, suspendus à l'intérieur de la construction par ordre de taille, et dont il peut y avoir jusqu'à vingt-et-un par jeu. L'emplacement à côté du patvaing est généralement réservé au jeu de gongs **tjivuaing,** disposé en cercle tout comme le patvaing. L'instrumentiste est ici assis sur un siège bas et frappe entre douze et dix-huit petits gongs, d'une étendue sonore totale de deux octaves. Parmi les instruments à cordes, la Birmanie se caractérise par la harpe arquée **paung** à treize cordes de soie, tendues à l'aide de liens de coton, et par l'instrument à archet **rabob.**

Les anciens documents graphiques et iconographiques font état du grand nombre d'instruments vietnamiens. Aux XVIe et XVIIe siècles, le Viêt-nam comptait de nombreux ensembles instrumentaux, tant religieux que profanes, parmi lesquels certains se composaient exclusivement d'aérophones et de tambours. L'instrument à une corde **dàn bâu** est aussi spécifique au Viêt-nam que l'est le jeu de tambours à la Birmanie. Le dàn bâu surprend par sa simplicité et l'ingéniosité de sa conception. La corde unique est tendue au-dessus d'une caisse de bois étroite, parfois longue d'un mètre. Elle aboutit à un pavillon en bois, suspendu à un levier de bambou élastique, qui permet au joueur de tendre et de détendre la corde en modulant ainsi la hauteur du son produit.

La guitare vietnamienne **dàn dáy,** au long manche et aux sillets élevés en os, est identique à la guitare cambodgienne chapeï. Les instruments à archet, de formes et de tailles variables, sont d'origine chinoise, tout comme les aérophones; nombreux d'entre eux ont même conservé des noms chinois.

Les tambours et les xylophones soulignent le rythme des ensembles

Tambour vietnamien sa ram.

instrumentaux; parmi les plus répandus, citons les claquettes **phách** et le tambour **trông bang.** Au Nord du Viêt-nam, on trouve couramment un jeu de tuyaux de bambou, nommé **dàn-to-roung.** Les tubes en sont attachés assez près les uns des autres et suspendus de manière à dessiner un demi-cercle à l'horizontale. Les gongs **thanh la, tin canh,** et **chiêng** rappellent les gongs du gamelan indonésien; l'alliage, dont ils sont faits, reste le secret des fondeurs d'Hanoï qui fournissent en gongs presque tout l'Extrême-Orient. Au Viêt-nam, les gongs ne se réunissent pas en jeux et se distinguent des gongs indonésiens par leur technique. Alors que le gamelan classique se compose d'un ensemble de gongs et de jeux de gongs, généralement confiés à un seul instrumentiste, au Viêt-nam, chaque instrumentiste tient à la main un gong unique et le frappe de sa baguette à son tour dans la mélodie. L'ensemble se compose de sept à quatorze joueurs; les instruments et le répertoire se transmettent de génération en génération.

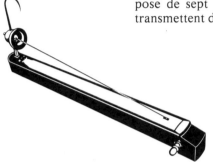

Monocorde vietnamien
dàn bầu.

298 Instruments de musique cambodgiens, de gauche à droite: tambours, hautbois pey, guitare chapeï, violon tro-khmer.

299 Instruments de musique laotiens, de gauche à droite: jeu de gongs khong vong, xylophones rang nat et paire de tambours skor-thom; à l'arrière, cordophones à archets so-ou et so-i.

300 Instruments de musique laotiens: flûte droite, petites cymbales et tambours caliciformes.

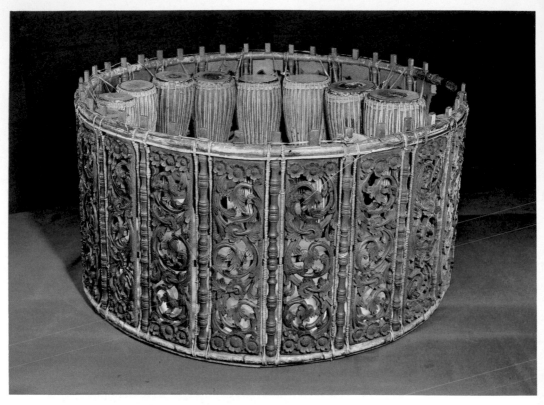

301 Jeu de tambours birman patvaing.

ARCHIPEL INDONÉSIEN ET OCÉANIE

A côté de sa richesse en éléments folkloriques actuels et traditionnels, l'Indonésie est célèbre pour ses formes spécifiques d'art musical, d'une haute valeur esthétique. La plupart de ces formes constituent un tout homogène avec un ensemble de manifestations dramatiques et poétiques, apparues dans le cadre de la culture dite indo-javanaise. Celle-ci atteignit son apogée à Java à la fin du premier et au début du second millénaire de notre ère et son influence s'étendit au sud de Sumatra, à une partie de Kalimantan, à Bali, Madura, Lombok et aux autres îles. Au commencement de son développement, la civilisation indo-javanaise se trouvait sous une puissante influence de l'Inde, du Siam, du Cambodge et de la Chine. Toutefois, dès que ces éléments étrangers se furent manifestés sur le sol indonésien, ils donnèrent naissance à un art d'une qualité toute nouvelle, dont les siècles suivants prouvèrent la vitalité et les aptitudes à une évolution autonome.

C'est en Indonésie que l'Européen ressent, avec le plus de puissance, l'effet de cette «magie» que tous les peuples orientaux ont imprimée à leur musique. Il tombera sous le charme de la musique du célèbre *gamelan* ou «ensemble d'instruments». Le *gamelan* se compose de quatorze à dix-sept instruments et d'un chanteur, les instruments étant classés d'une manière particulière et ayant leur rôle spécifique. Le thème

Métallophone indonésien
saron.

principal est confié aux métallophones sonores nommés **saron,** descendants lointains des xylophones, ayant derrière eux plus de mille ans d'évolution. Six lames de bronze, légèrement courbées en gamme *salendro,* et sept en gamme *pelog* reposent sur un résonateur en bois, souvent en forme de dragon couché. L'instrument est très soigneusement accordé: si on veut hausser le son, on lime les extrémités des lames, si on veut l'abaisser, on lime au contraire leur partie médiane. Les sons les plus aigus sont ceux du **saron panerus** ou **peking,** les plus graves ceux du **saron barung.**

Les variations sur le thème principal incombent au jeu de gongs **bonang,** composé d'une série de petits gongs en forme de coupelles qui reposent sur des cordes entrecroisées dans un cadre bas en bois, posé à l'horizontale; quatorze coupelles sont accordées en gamme *pelog,* dix en *salendro.* Face à la mélodie principale se produit en solo la flûte droite **suling** et le violon à pique **rebab,** d'origine persano-arabe; ces deux instruments donnent à la musique du *gamelan* un caractère hétérophone. Les sons principaux sont amplifiés par le **slentem gantung** ou **gender panembung,** plateaux de bronze d'un ambitus d'une octave, suspendus au-dessus de résonateurs tubulaires. Des coups frappés sur les grands gongs **gong gedé** indiquent la fin des grandes périodes de la composition. Le métallophone **gong kemondong** termine quant à lui les différentes phrases musicales. Il se compose de deux plaques rectangulaires pendues sur des cordes croisées au-dessus d'une petite caisse de résonance en bois. L'instrumentiste dessert également à côté

302 Jeu de gongs.
Indonésie (Kalimantan).

303 Tambours,
Iles Salomon.

de cet instrument une cymbale de bronze à la sonorité sourde, nommée **gong ketug.**

La douce sonorité des métallophones **gender barung** et **gender panerus** vient diversifier la musique des gongs, qui comptent parmi les plus importants instruments du Sud-Est asiatique. Il s'agit de lames librement suspendues, accordées à l'unisson de résonateurs qui sont des tuyaux de bambou. Gender panerus a une sonorité de clochettes dans l'aigu dont le son de bronze clair est complété à merveille par le xylophone en auge **genbong kayu** au son mat. L'instrument se compose de seize à vingt barres de bois légèrement arquées, reposant sur un résonateur en bois rectangulaire en forme d'auge ou de berceau, rappelant le mokkin japonais. Ce degré d'évolution des xylophones est déjà représenté sur les reliefs du temple javanais Panataron du XIVe siècle.

L'ensemble *gamelan* est complété par la cithare **tjempelung,** voisine de la cithare chinoise se et jouée avec deux baguettes, et par le tambour **bedug,** suspendu à des chaînes. La musique du *gamelan* repose sur une hétérophonie dont l'originalité ne résulte pas d'un jeu harmonique ou polyphonique, mais d'une alliance particulière de la voix soliste, avec les voix instrumentales de l'ensemble. L'art du *gamelan* attire encore à nos jours un large auditoire et sa popularité ne cesse de s'accroître, même en dehors des frontières indonésiennes. Pour le moment, l'emploi des gammes *pelog* et *salendro* continue encore à constituer un obstacle majeur entre les harmonies européennes et les harmonies indonésiennes traditionnelles. De nombreux musiciens d'Europe occidentale considèrent cependant la musique du *gamelan* comme un

Violon à pique javanais rebab.

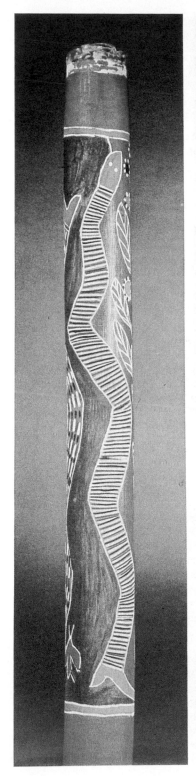

304 Didjeridou,
Australie.

305 Angklung,
Indonésie (Java).

riche trésor d'images mélodiques capable d'ajouter des possibilités nouvelles à la musique symphonique de notre temps.

Un instrument populaire, l'**angklung,** s'est répandu depuis quelque temps dans toute l'Indonésie: il se compose de plusieurs tuyaux de bambou accordés en accords et glissés sur des tiges dans un cadre de bois fermé. Lorsqu'on secoue le cadre, les tuyaux heurtent les tiges et produisent un son creux, un peu mat, rappelant celui des cloches à vaches. Un ensemble d'angklungs peut avoir une étendue de deux octaves et être à même de reproduire différentes mélodies.

Le nom géographique d'Océanie comprend à la fois les archipels et les îles isolées de la partie centrale et occidentale de l'océan Pacifique (Mélanésie, Micronésie et Polynésie) mais aussi les territoires habités par les aborigènes d'Australie et de Nouvelle-Zélande. Cependant, ces notions géographiques ne recouvrent pas des territoires de même culture musicale, dont beaucoup doivent encore être étudiés d'une manière plus détaillée.

C'est dans les civilisations où les sons sont considérés comme les voix des esprits, que les instruments présentent les formes les plus simples d'expression musicale. L'instrument autochtone des aborigènes d'Australie est le tronc creux **ubar,** frappé avec les extrémités frangées de courtes branches de palmier. A Tahiti et aux Iles sous le Vent, on utilise le tambour à une membrane **pahu,** creusé dans un tronc d'arbre. Chez les Maoris, pahu désigne un tambour à fente, suspendu sur une charpente gigantesque et servant d'instrument de signalisation. Un tambour à fente, frotté avec les mains, reçoit le nom de **nunut** en Nouvelle-Irlande. Les éclats de bois creux, frappés avec une baguette, reçoivent également à Tahiti le nom de **tohéré.** Un instrument répandu dans les îles Hawaii est le **ipu,** fait d'une grande calebasse à laquelle est fixée une calebasse plus petite: le joueur les frappe contre le sol, tout en tambourinant dessus avec les doigts. A côté des idiophones primitifs comme le **pulai** de Hawaii ou le **tetere** des Maoris, ou encore les éclats de bois chantants **niau kani** en Nouvelle-Zélande, l'Océanie connaît des sistres faits de calebasses ou de bois, des lanières à nœuds claquantes et d'autres instruments à bruits qui dominent le monde sonore de cette partie du monde.

Parmi les instruments à vent, le territoire australien se caractérise surtout par les instruments **didjeridou** faits d'une branche creuse ou d'un stipe de bambou, long de 120 à 140 cm et émettant un bruit rauque et sourd. L'instrumentiste l'insuffle à intervalles réguliers, en marmonnant «didjeridou, didjeridou...». A côté de la flûte de Pan, presque toute l'Océanie connaît des sortes d'ocarinas faits avec des calebasses, des flûtes à lumière et des flûtes nasales. Une guimbarde de bambou s'appelle **niau kani** à Hawaii, et **roria** en Nouvelle-Zélande. Les cordophones se limitent pratiquement à l'arc musical **ukeke** utilisé à Hawaii pour s'entretenir avec les esprits. Des **cithares en roseau** ne furent découvertes qu'en Mélanésie. La petite guitare, connue en Europe sous le nom de **ukulele,** fut importée à Hawaii par des ouvriers portugais.

306 Tambour à fente,
Nouvelle-Guinée.

L'AMÉRIQUE:

AMÉRIQUE CENTRALE ET AMÉRIQUE DU SUD

En 1964, les archéologues ont exhumé près de Paracas, au Pérou, un site qui était déjà habité il y a neuf mille ans. Des vases de pierre, des coraux polis, des colliers et des miroirs de pierre témoignent d'un niveau culturel déjà relativement élevé. Parmi les découvertes, il se trouve une flûte en bois parfaitement conservée grâce aux qualités exceptionnellement favorables du sable sec où elle était enfouie. La musique péruvienne connaissait, entre 2000 et 700 avant J.-C. environ, un haut degré d'évolution. Des flûtes de Pan montées de nombreux tuyaux et des flûtes simples à trous permettaient d'obtenir des mélodies d'une grande complexité.

Des instruments de musique précolombiens furent également découverts au Mexique: racleurs, hochets, grelots, clochettes, flûtes et ocarinas, trompettes en conques marines. Les statuettes, les figurines en terre cuite représentant des musiciens, des danseurs ou des sorciers masqués ou portant des faisceaux de grelots aux chevilles, sont tout

307 Hochets mayas.
Détail d'une fresque, entre 662—830, Bonampak (Mexique).

246

Tambour à fente aztèque
teponaxtli.

aussi nombreuses. C'est dans cette tenue que les anciens habitants du Mexique, les Aztèques, les Zapotèques et les Chorotegas assistaient à leurs cérémonies solennelles. Des peintures murales, découvertes à Bonampak, et qui représentent des cortèges de silhouettes portant de nombreux instruments, surtout des tambours, attestent le rôle indispensable de la musique dans toutes les cérémonies. Les Indiens avaient même leur dieu de la musique, nommé Cinq-Fleurs (Macuilxochitl) ou Prince des Fleurs (Xochipilli).

Le tambour monoxyle à fente **teponaxtli** était un instrument sacré, utilisé seulement dans des circonstances solennelles. Il était sculpté de façon artistique, en forme d'alligator, de puma ou d'ocelot. Le fond de l'instrument était percé d'une ouverture, le dessus incisé en forme de H, de manière à délimiter deux languettes qui, taillées par la base de manière à avoir une épaisseur différente, donnaient des sons distincts lorsqu'elles étaient frappées avec des tiges de bois. Le teponaxtli était soit suspendu, soit posé sur un support. Le tambour à une membrane **hue-**

309 Pot sifflant silbador.
Époque précortezienne, Colombie.

huetl, creusé dans un tronc d'arbre, était tendu de peau de jaguar ou de cerf, soit maintenue avec une corde, soit fixée avec des clous. Le racleur en carapace de tortue **ayotl** est représenté sur les peintures murales de Bonampak et dans le codex de Becker.

La musique latino-américaine actuelle, l'une des plus «jeunes» musiques qui soient, doit son caractère à une circonstance particulièrement significative: certains éléments de la musique indienne sont très proches des éléments musicaux de l'art populaire hispanique. Des analogies existent aussi entre les instruments de musique, et surtout à percussion (castagnettes — **maracas;** tambour de basque — **pandareta** etc.). La tradition africaine eut une signification non moins importante dans le développement de la musique latino-américaine. Leur aptitude à reprendre, avec une exceptionnelle facilité, le folklore du peuple auprès duquel ils vivaient, a permis à des millions d'esclaves noirs déportés dans les plantations de s'approprier des cultures musicales qui leur étaient étrangères. Ils y intégraient cependant des éléments spécifiques de leur propre tradition artistique.

La musique populaire du Mexique continue d'utiliser de nombreux instruments indiens comme le racleur **raspador,** les sonnailles **sonajas,** la flûte traversière en terre cuite **chililihtli** et un hautbois **chirimia** en forme de fusil, à air aspiré et non insufflé. Le cœur de la musique populaire, tant au Mexique que dans toute l'Amérique latine, est la guitare espagnole. Chaque pays d'Amérique latine utilise son type pro-

Flûte mexicaine.

pre de guitare. La guitare populaire simple porte la nom de **charango;** à Cuba, on joue de la guitare à trois cordes **tres;** le **cuatro** est une guitare à quatre cordes; le **tiple** est une guitare aiguë et le **violão** est la guitare brésilienne. La harpe fut importée en Amérique latine comme la guitare, et comme elle, elle ne tarda pas à s'y implanter. De nos jours, les Indiens ruraux, dont de nombreux maîtrisent parfaitement la technique du jeu, sont les principaux créateurs de harpes. Au contraire des harpes européennes, les harpes d'Amérique latine ont des caisses de résonance particulièrement larges, percées d'ouïes circulaires, et sont jouées debout et non en position assise.

La musique originelle indienne fut, à Cuba, la plus grande des îles centre-américaines, rapidement supplantée par la musique nègre dans laquelle dominent des instruments importés d'Afrique. Les Cubains ont un tel sens du rythme que tout objet devient instrument de musique entre leurs mains: plats ou plateaux, cuillers ou boîtes de conserve, pioche démontée ou soc de charrue. Toute l'Amérique centrale et méridionale utilise l'ensemble de deux bâtons de bois d'environ 18 cm de longueur, qui reçoit le nom de **claves.** Pour jouer, on tient un des bâtons de la main gauche, de manière à ce que les doigts courbés et la paume lui fassent une espèce de résonateur et on frappe avec le second bâton, tenu dans la main droite, différents points du premier. On obtient ainsi une série de sons métalliques dont la hauteur dépend de l'endroit où est porté le coup.

Les instruments afro-cubains font une place importante aux instruments du type hochet. Le **güiro** est une calebasse desséchée, recouverte

310 Flûte et petit tambour mexicains.

311 Flûte de Pan péruvienne.

d'un filet de cordelettes et remplie de noix ou de billes de verre. Les **maracas** sont également en fruits secs de calebassiers: ils reçoivent souvent en Europe le nom des «boules de rumba». Dans les orchestres de danse actuels, on utilise des maracas en matière plastique garnis de plombs.

En dehors d'une sorte d'ocarina primitif, **botija,** la musique populaire cubaine n'utilise pas d'aérophones. Le botija se présente sous la forme d'un récipient en argile à col étroit, percé d'une ouverture latérale qui lui tient lieu d'embouchure. Les sons émis peuvent être, dans une certaine mesure, modulés par des mouvements de la paume droite près du col de l'instrument.

Les tambours, d'une importance primordiale à Cuba, sont en nombre incalculable: il existe même des ensembles exclusivement composés de tambours. Les danses populaires sont accompagnées de la **joca,** tambour monoxyle à une membrane, d'origine congolaise. Dans les orchestres, on trouve fréquemment le tambour à une membrane, au fût en tonnelet, nommé **conga** et fait de planches réunies par des cercles de métal. Les **bongos** sont de petits tambours coniques de dimension différente, reliés par une traverse, que l'instrumentiste tient pour jouer entre les genoux. Les bongos comme le conga permettent d'atteindre, grâce à une technique particulière des doigts et des paumes, une haute virtuosité dont n'est pas exclu même le *glissando.*

Bien que le **marimba** soit d'origine africaine, son nom est plus souvent associé à celui de l'Amérique centrale, et tout particulièrement au Guatémala, dont c'est l'instrument populaire depuis plusieurs siècles déjà. Le plus grand type de marimba se compose de 137 lames de bois accordées chromatiquement sur une étendue de onze octaves; chaque lame repose sur un résonateur acoustiquement accordé, percé à l'extrémité d'une petite ouverture, qui est couverte d'une fine pellicule mem-

312 Corne et tambour,
Argentine.

313 Tambour,
Chili.

Harpe mexicaine.

braneuse servant à prolonger la durée du son. Les lames sont ébranlées par des baguettes de poids ou de dureté variables dont les extrémités sphériques sont en caoutchouc. Ces différences ont une grande importance pour la production de divers effets sonores.

La flûte découverte sur le territoire péruvien date d'il y a plus de neuf mille ans, mais elle n'en reste pas moins, jusqu'à nos jours, l'instrument le plus typique des Indiens du Pérou. Il s'agit de la flûte droite en roseau **quena,** identique à la flûte bolivienne du même nom qui s'est adaptée, sous l'influence de la musique espagnole, à la gamme diatonique. La trompette primitive **aylliquepa,** en bois ou en terre cuite, descend des courtes trompettes en terre que nous laissèrent les premiers temps de la civilisation péruvienne. Dans la musique contemporaine du Pérou, deux types de tambours prédominent: le **tynia** en tonnelet et à deux peaux et le **huancar** à une peau.

Les Indiens boliviens ont pour aérophone typique la syrinx, qu'ils construisent en toutes sortes de tailles. Les immenses **bajon** atteignent jusqu'à deux mètres de longueur. La guitare **charango,** faite avec une carapace de tatou, est l'instrument typique des métis.

251

314 Tambours, flûtes de Pan et cors,
Bolivie.

315 Tambours et flûte,
Panama.

Conduit d'air d'un silbador.

L'éventail instrumental du plus étendu des états sud-américains, le Brésil, est marqué par la prédominance d'instruments rythmiques qui reçoivent le nom évocateur de *ritmadores,* instruments créateurs du rythme. Le rythme de la musique populaire brésilienne est comparable aux battements d'un cœur, sans lequel il n'y a point de vie: de même, la musique brésilienne ne saurait exister sans rythme.

La nomenclature des instruments brésiliens est assez malaisée: les mêmes types d'instruments portent des noms différents selon les régions et le même nom désigne plus d'une fois des instruments tout à fait distincts. Lorsqu'on ajoute à cela les noms des variantes et improvisations, infinies dans tous les groupes d'instruments, on aboutit à un chaos intégral. Le hochet **chocalho** en tôle de zinc en forme de cône de pin reçoit à Pernambouc le nom de **xere** et à Bahia celui d'**adja**. Un type de maracas, dont les galets sont remplacés par des graines enfilées sur une grille, porte le nom de **afoxe** ou **caboca**. Le nom du hochet **ganza** sert à désigner à Bahia le racleur **reco-reco,** un simple tube de bambou, marqué d'entailles transversales, sur lesquelles on frotte une planchette pectinée.

Certaines tribus indiennes, très éloignées des centres culturels, utilisent encore des instruments tout à fait primitifs comme la trompette non métallique **ika** (tribu Bororo) ou les **flûtes nasales** du bassin amazonien. Presque toutes les tribus indiennes connaissent le rhombe nommé **yelo,** également parvenu en Colombie et au Venezuela sous le nom de **palo roncador.** Il s'agit d'une mince plaquette de bois, attachée à une extrémité d'une ficelle que le joueur fait tourner au-dessus de sa tête. La plaquette tourne simultanément autour de son axe et ce double mouvement est à l'origine d'un son rappelant le sifflement ou le hurlement du vent. Plus la plaquette est petite et plus vite elle tourne, plus le son est haut.

Les Noirs brésiliens emploient des instruments à peu près similaires à ceux des Noirs de Cuba ou de Haïti, seuls les noms en diffèrent

316 Instruments populaires mexicains, de gauche à droite: hochets et tambours, marimba, contrebasse et guitare.

Rhombe des Indiens Bororo
du Brésil.

317 Flûte à une main, tambour et claquettes,
Amérique du Nord.

parfois. Par exemple, les doubles cloches en tôle de fer, en forme de
clarine, s'appellent ici **agogo.** A Pernambouc, on utilise les grands tambours **ingome;** les tambours à peaux **bata** et **carimba** apparaissent
sous de nombreuses formes, le tambour sur cadre se nomme **pandeiro.**

La guitare d'origine portugaise **violão** est vraiment l'instrument national du Brésil; montée de cinq à six doubles cordes, elle est accordée
différemment selon les régions et le type de la musique à jouer.

La guitare est également l'instrument le plus répandu au Chili, pays
où l'éventail instrumental a été fortement influencé par la musique espagnole. Les cent mille Indiens Araucans vivant sur le territoire chilien
connaissent un instrument unique en son genre, le double arc musical
kunkulkawe dont les cordes sont ébranlées avec un archet.

En Argentine, les joueurs vêtus de leurs ponchos bariolés ont également élu pour reine des instruments la guitare: elle accompagne les
danses des pampas, sur un tempo particulièrement violent et saccadé.
Les Indiens de Patagonie font un arc musical **kohlo,** avec une côte et
des crins de cheval. Les cordes sont pincées à l'aide d'une plume de
condor et produisent un son à peine audible.

Le processus d'influences réciproques, entre les différentes cultures
musicales d'Amérique latine, continue à être bien vivant de nos jours.
C'est la raison pour laquelle la nomenclature des instruments de musi-

Arc musical des Indiens de Patagonie.

que de cette région du monde est loin encore d'être unifiée. Les instruments latino-américains connaissent un grand intérêt, même en Europe. Les compositeurs européens, comme les compositeurs américains, enrichissent souvent leurs partitions d'instruments typiquement sud-américains qui leur permettent d'obtenir des effets pittoresques particuliers.

AMÉRIQUE DU NORD

Il est impossible de se faire une idée exacte de l'éventail instrumental des aborigènes nord-américains, en partant des instruments que l'on trouve de nos jours aux mains des Indiens de cette partie du continent. Néanmoins, il n'est pas interdit de supposer que ni la musique, ni les instruments ne se distinguaient, ici, de ceux des Indiens d'Amérique centrale et d'Amérique du Sud. La danse est accompagnée au son des hochets faits d'un sachet de cuir rempli de graines ou de cailloux. Plus rarement apparaît un fifre dépourvu de trous, tel qu'on peut le voir représenté dans les anciennes chroniques des Mayas et dont un porte-vent spécial conduit le flux d'air jusqu'au bord de l'ouverture. Le chant est souvent accompagné sur un tambour à une peau rappelant le tambour sur cadre: on le tient de la main gauche et on le frappe avec une

318 Tambour et instruments à vent.
Tribu indienne Baniva (Venezuela).

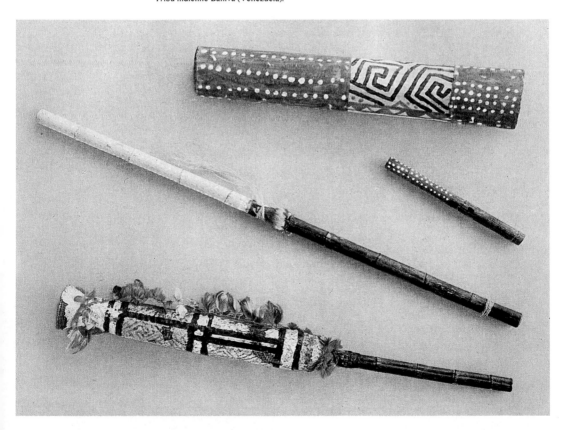

baguette tenue de la main droite. Un autre type de tambour est fait d'un tronc creux tendu de peau à une extrémité.

Certains instruments à cordes européens sont parvenus ici depuis les autres continents: **banjo, guitare, dulcimer** des Appalaches, rappelant la cithare française nommée bûche. Cette variante américaine est montée de trois cordes métalliques, dont une mélodique et deux bourdons. On trouve également différents types d'arcs musicaux-bâtons de rythme et des cordophones de basse primitifs à une ou deux cordes qui reflètent l'inventivité musicale des Blancs et des Noirs. En effet, partant de leurs cultures nationales propres, ceux-ci surent les refondre dans le creuset bouillonnant de la vie américaine et enrichir ainsi le folklore nord-américain de formes musicales d'un caractère tant nouveau qu'original.

320 Sanzas,
Cameroun et Afrique du Sud.

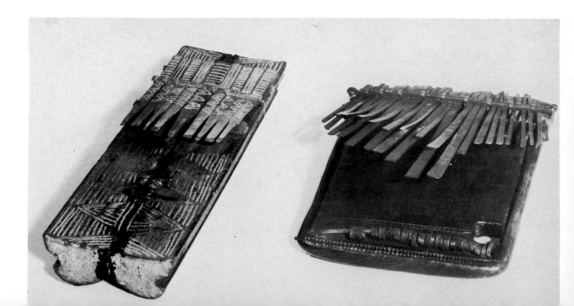

L'AFRIQUE NOIRE

Hochet en calebasse du Nigeria.

L'Afrique noire nous offre un riche kaléidoscope instrumental, depuis les plus primitifs racleurs, hochets, fosses résonnantes, sifflets de paille etc., jusqu'aux harpes et xylophones d'une grande complexité. Bien évidemment, toutes les tribus ne sont pas également riches en instruments. Ainsi, les Kindigs d'Afrique australe n'ont pour tout instrument qu'une sorte de hochet en calebasse; ils savent par contre et siffler et frapper dans leurs mains. Un instrument primitif répandu dans toute l'Afrique noire, comme chez les tribus indiennes, est le rhombe que les Hottentots appellent **burubush,** les membres de la tribu Chwana **seburburu,** ceux de la tribu Ibo au Nigeria **adya-oro** etc.

Certains instruments africains se prêtent à l'interprétation d'une musique soliste harmonique, bien que l'harmonie ne reste dans la musique africaine qu'un moyen d'orner et de varier le thème. Le plus parfait de ces instruments se nomme **sanza** (également **mbira** chez les tribus parlant certaines des langues bantoues, **ompochawa** chez les Achantis, **usimbi** sur les rives du Zambèze, **kankobele** en Rhodésie du Nord, **dimba, ekende, ibeka, pokido** au Congo, **ambira** au Mozambique etc.). L'instrument se compose d'une série de lamelles élastiques en bois ou en acier, accordées et fixées par une extrémité à un résonateur généralement en bois. Les lamelles reposent sur un chevalet de manière à se trouver soulevées, ce qui permet au joueur de les pincer avec les pou-

321 Marimbas (balafons),
Zaïre.

Corne apunga de la
Guinée-Bissau.

ces des deux mains. Les compositions lyriques destinées à la sanza comportent généralement une partie vocale et comptent parmi les productions les plus raffinées de la musique noire.

Le **xylophone** (ou **marimba**) porte des centaines de noms chez les tribus noires: c'est l'**akadinda** ou **entaala** de l'Ouganda, l'**ambira** de l'Éthiopie, le **bala** du Mali ou de la Guinée, le **balafon** du Soudan, le **kalanba**, l'**ilimba**, le **baza**, le **dimba** du Congo etc.) D'origine malaisienne, il se compose d'une série de lames de bois accordées dont chacune est soutenue à l'endroit de deux nœuds de vibration: elles sont frappées avec baguettes. Chez certaines tribus bantoues que l'on trouve pratiquement dans tous les coins de l'Afrique depuis l'équateur jusqu'au sud du continent, chaque lame du xylophone repose sur un résonateur, fait d'une calebasse soigneusement choisie et recoupée de manière que son volume d'air amplifie au maximum la vibration de la lame. La calebasse est percée d'une ouverture que l'on tend avec de la toile, qui

322 Lyre,
Kenya.

Arc musical de Namibie.

323 Harpe angulaire.

forme le cocon protecteur de certains œufs d'araignée, dont la vibration ajoute une certaine stridence à la sonorité.

Les aérophones sont assez peu nombreux en Afrique noire, à l'exception de flûtes traversières que l'on trouve de-ci de-là sur les territoires des anciennes colonies portugaises. Les bergers éthiopiens des rives du lac Tana jouent d'une longue flûte droite en bambou à six trous. Une longue trompette droite en métal, que l'on trouve aux abords de certaines villes éthiopiennes, est d'importation persano-arabe. Un aérophone autochtone est la corne **apunga** que les Noirs congolais insufflent par une embouchure latérale.

Les éléments mélodiques de la musique africaine présentent souvent des analogies avec la musique des Indiens d'Amérique. Ceci est particulièrement net par exemple dans l'imitation des chants d'oiseaux, des cris d'animaux, du sifflement et du froissement du vent et dans l'expression

Racleur d'Afrique orientale.

259

324 Tambours sénégalais.

immédiate d'émotions humaines: soupirs, pleurs, rire etc. Ces analogies apparaissent parfois également dans la structure des instruments de musique et notamment dans celle de l'arc musical appelé **amzad, to** etc. en Afrique équatoriale septentrionale, **gegilava** à Madagascar, **hunga, mtangala, ndimba, gubo, hade** etc. en Afrique équatoriale méridionale. La corde de l'arc de chasse du Bochiman d'Afrique australe émet, lorsqu'elle est pleinement tendue puis pincée, des sons amplifiés par la cavité buccale. Ce fait confirme la naissance des instruments de musique à partir d'objets quotidiens; il atteste d'autre part que l'homme connaissait et savait utiliser les harmoniques dès les premiers temps de son évolution. L'arc musical **gora** des Hottentots ne pouvait servir ni à la chasse ni aux entreprises guerrières: il se compose d'un arc dont la corde est reliée à une extrémité à une sorte de pelle plate en tuyau de plume, et dont la pointe est fixée au bois de l'arc. La deuxième extrémité de la corde est solidement attachée au bois. L'instrumentiste prend dans sa bouche l'extrémité en plume qu'il glisse entre ses lèvres ouvertes sans la toucher de ses dents. La plume est mise en vibration par une

forte respiration. Sa vibration se transmet à la corde qui émet certains sons harmoniques.

Au Soudan, en Ouganda et dans certaines parties d'Afrique australe, on trouve une lyre en coquille à cordes pincées **kissoumba,** appelée **gezarke** en Nubie, et rappelant la lyre antique. Elle se compose d'une caisse de résonance hémisphérique en calebasse ou en bois couvert de peau, dont sortent deux tiges de bambou dont l'extrémité est réunie par une traverse. L'instrument du type guitare **wambi (ndöna** au Congo, **angra okwena** en Afrique orientale, **ubo** au Nigeria) présente une caisse de résonance en bois d'où partent six lames élastiques qui donnent une tension constante à des cordes en lianes.

Aucun instrument de musique n'a sans doute joué un rôle plus important dans l'histoire de l'humanité que le tambour, dont l'existence peut être retracée jusqu'à l'âge de pierre. De nos jours, le monde connaît plusieurs centaines de noms de tambours différents et il en existe à peu près autant de types et de variantes. Dans la musique noire africaine, les tambours idiophones comme les tambours à membranes atteignent

Harpe-luth angolaise.

325 Flûte droite, Éthiopie.

un niveau d'expression mélodique, traduisent toute une échelle de nuances sonores, susceptible d'exprimer finement l'état d'âme de l'instrumentiste. En effet, la hauteur de certains tambours nègres peut être modulée dans l'étendue d'une octave, selon la manière de les frapper et l'endroit où tombe le coup. Un ensemble composé de tels tambours dispose d'une série sonore voisine de plus de deux octaves. En d'autres termes, les tambours africains «chantent» effectivement. Mais ils savent également «parler», ce qui implique que le terme d'instrument de musique est insuffisant pour les décrire.

L'aptitude des tambours à «parler» repose sur le fait que le ton a une valeur sémantique dans la langue de certains peuples et tribus africains.

Les mots auxiliaires, les préfixes, les suffixes sont ici presque totalement absents et seule la tonalité empêche de confondre des mots de même racine monosyllabique, mais de signification totalement différente. Les langues à tonalité sémantique utilisent plusieurs tons, parmi lesquels se distinguent fondamentalement un ton haut, un ton moyen et un ton grave. D'où les rapports réciproques entre la musique et le langage. Les peuples du Ghana, du Nigeria, du Cameroun etc. s'entretiennent par la langue des tambours qui abolit pratiquement les distances. Selon leur conception, les tambours-parleurs se répartissent en tambours à fente (xylophones), tambours à membranes et tambours à friction. La fabrication de tambours est, en Afrique, un secret qui se passe de génération en génération. On distingue des tambours masculins à sons graves et des tambours féminins, accordés une tierce ou une quarte plus haut. La «langue des tambours» comprend certaines formules fixes qui s'appliquent à des circonstances courantes dans la vie d'un peuple, naissances, mariages, morts... Les chefs et les dignitaires ont leur propre «nom de tambour» qui est héréditaire. Parmi les nombreux tambours de l'Ouganda, citons **ombutu** et **öngalabi,** tambours-parleurs qui servent à transmettre les invitations, à appeler à la récolte, à saluer les chefs ou les invités. Les Yoroubas nigériens perpétuent un culte religieux archaïque consistant dans l'adoration d'ancêtres mythiques; il en existe environ quatre cents et chacun est évoqué par son propre motif de tambour. Les tambours-parleurs tiennent une place importan-

326 Timbales, Congo.

Tambour du Dahomey.

327 Grande lyre bagana, petite lyre kerar et tambour nagarit.
Peinture sur toile éthiopienne.

te dans les ensembles populaires de musique de danse. La danse des membres de la famille royale s'accompagne en Ouganda du tambour **miagaro,** celle des chefs de tribu du Ghana est accompagnée du **bombaa** et **mpintsim;** en Afrique occidentale on joue du **ompe, boadze, osevenji** et **moses.** Chaque ensemble doit absolument comporter un tambour «propriétaire» ou «maître» qui donne le ton aux autres instruments. Il «discute» avec le danseur et avec les chanteurs, il «explique» comment danser et chanter. Dans les écoles du Ghana, du Nigeria, de la Guinée, de la Tanzanie on dispense l'enseignement de l'art traditionnel de la «langue des tambours».

Le jeu sur les tambours à friction est en liaison avec les rites magiques de la fertilité. Ces tambours comportent une corde ou un bâton qui passe par un trou de la membrane. Le bâton peut être enfoncé dans la membrane, sans la perforer, et fixé de l'intérieur dans cette position. La peau est le plus souvent amenée à vibrer par l'intermédiaire de la friction de la corde, ou du bâton, avec les mains enduites de résine.

L'Éthiopie forme un pays à part parmi les régions du sud du Sahara: son éventail instrumental s'est en effet développé sous l'influence de la culture arabo-musulmane. La musique éthiopienne, que la légende fait remonter aux rois Salomon et David, accompagne les chants liturgiques de différents instruments, dont le sistre, **tsnasin** en éthiopien, rappelle son prédécesseur égyptien. Les lyres antiques et égyptiennes se reflètent dans l'immense **bagana.** L'instrument atteint jusqu'à un mètre de longueur et passe en Éthiopie pour la copie de la harpe de David. La timbale **nagarit** et le gros tambour à deux peaux, en forme de tonneau tendu d'étoffes précieuses, **kabaro** jouent un grand rôle dans la vie profane et religieuse.

LES PAYS ARABES

Les débuts de la musique arabe remontent aux temps où la reine du pays arabe Saba vint rendre visite au roi Salomon. Pour connaître la nature de cette musique et les instruments qu'elle utilise, rappelons-nous le conte des *Mille et Une Nuits* où la princesse envoie son esclave chercher quelques instruments de musique. L'esclave revint aussitôt avec un luth de Damas, une harpe persane, une flûte tatare et un tym-

328 Clarinette arabe arghoul al kebir, Égypte.

Violon à pique égyptien.

329 Hautbois syrien zamr.

panon égyptien. C'est la culture musicale persane qui a laissé l'empreinte la plus profonde dans la musique arabe, en influençant à la fois le
développement de la théorie musicale arabe et la conception des instruments de musique.

Les Arabes n'ont que quelques rares idiophones, le plus souvent métalliques. Parmi eux, citons les trois petites cymbales **snug**: l'instrumentiste en tient deux dans la main droite et les choque avec le troisième
plateau, tenu dans la main gauche. Les **qaragit** sont des castagnettes
métalliques en forme d'assiettes.

La flûte **nay** (= instrument à vent) est un instrument commun aux
musiciens professionnels arabes et turcs. Son jeu est exceptionnellement difficile, car son tuyau est ouvert aux deux extrémités et son
embouchure ne présente donc ni bec ni biseau. Elle est fabriqué en sept
accords différents. Un des principaux instruments d'Afrique du Nord-
Ouest est la flûte en roseau **kashbah;** chez les Bédouins, détenteurs de
la tradition arabe originelle, elle possède trois trous. Dans les villes du
nord du Maroc on entend souvent la courte flûte à bec **nira,** voisine de
l'instrument algérien **gawaq.**

Le hautbois arabe **zamr** présente un tuyau de perce conique, terminé
par un pavillon campanulé. Il est percé de 7—8 trous. L'anche double
en roseau est entièrement enfoncée dans la bouche qui forme ainsi une
sorte de réservoir d'air, permettant à l'instrumentiste un jeu plus lié. En

Rébab algérien.

Algérie et en Tunisie, le zamr est une double clarinette en tous points identique au **zummarah** égyptien, doté de deux tuyaux de longueur égale et percés de six trous. L'instrumentiste obture à chaque fois simultanément les deux trous correspondants. Au Maroc, un instrument voisin présente des anches en feuille de roseau fendue: c'est l'**aghanin.** La double clarinette des fellahs, l'**arghoul,** remonte aux temps de l'Égypte ancienne. Elle peut avoir trois tailles, de 40 à 140 cm de longueur. Les deux tuyaux en roseau sont solidement réunis et l'embouchure forme deux tubes courts à anche simple taillée directement dans leur bois. Seul le tuyau court présente des trous pour les doigtés, le second servant simplement de bourdon. La cornemuse arabe n'est qu'un arghoul doté d'un soufflet, couvert de fourrure chez la cornemuse **zukra** d'Arabie Saoudite, lisse chez la cornemuse tunisienne **mezud.**

C'est dans les processions solennelles et durant le mois de la

330 Double hautbois mézoued, Tunisie.

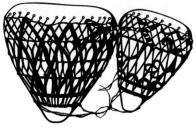

331 Cornemuse arabe mezud,
Tunisie.

Tambours nakkarat-tbilat
d'Égypte.

332 Cithare arabe kanun,
Égypte.

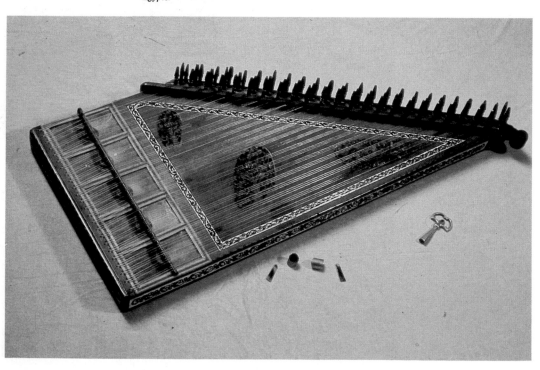

Tambour tunisien.

fête du *ramadan* que l'on entend, rythmiquement répété, l'unique son de la **nefir,** la trompette droite en laiton. Une corne perse enroulée porte le nom de **shah nefir;** la longue trompette métallique **karna** est utilisée en Irak pour sonner les fanfares, lors de grandes occasions.

Tout musicien arabe, praticien ou théoricien, connaît à fond le luth **'oud.** A l'ouest de l'Égypte, cet instrument reçoit plutôt le nom de **kwitrah** qui dérive de l'ancien grec *kithara.* L'évolution du luth arabe doit beaucoup aux transformations de Abdoul Hassan Ibn Nafi, dit Ziryab, qui en modifia la forme, y ajouta la cinquième corde, la plus grave, et en consacra l'accord: *ré$_2$, mi$_2$, la$_2$, ré$_3$, la$_3$.* Une sixième corde fut ajoutée sous l'influence turque qui se mêle depuis le XVIe siècle en Irak à la tradition arabe à proprement parler. Le 'oud actuel présente une caisse en amande à rosace décorative circulaire sculptée, ornementée d'incrustations de nacre et marquée par un manche nettement détaché du corps. Les cordes, pincées avec un plectre, ne jouent jamais que la mélodie, sans accords.

A côté du luth 'oud apparut jadis, au Proche-Orient islamique, un court luth monoxyle couvert de peau, caractérisé par une courte tête arquée. L'instrument se répandit depuis la Perse d'une part vers l'Est

333 Hautbois arabe rajta et tambour sur cadre bendir, Alger.

334 Flûte turque dilli-duduk.

Tambour turc deblek.

jusqu'à Sulawesi et vers le Sud jusqu'à Madagascar, d'autre part vers l'Ouest, en Europe où il traversa l'Espagne mauresque avant de parvenir, sous le nom de koboz, jusqu'en Europe centrale. Sur son sol natal, la technique du jeu remplaça le pincement par l'archet et deux nouveaux types d'instrument apparurent, sous le nom de **rébab.** En Afrique du Nord-Ouest, un instrument à caisse étroite, bombée, aux flancs incurvés et à table en parchemin; en Égypte, un instrument à caisse trapézoïdale. Les deux types sont montés de deux cordes accordées dans le grave. C'est dans cette même catégorie qu'il faut classer l'instrument marocain à trois cordes et à caisse en carapace de tortue, **genbri.** L'instrument du type cithare **kanun** (du grec *kanon* = règle) à caisse trapézoïdale passa, comme d'autres instruments arabes, en Europe en traversant l'Espagne, où il joua un rôle important dans la musique médiévale européenne sous le nom de canon. Le kanun actuel présente une caisse rectangulaire plate. La table est faite d'une plaque de bois mince allant du cordier presque jusqu'au chevalet et percée de trois roses ornementales, et d'une peau qui recouvre toute la partie droite de l'instrument, y compris le chevalet. Les vingt-six cordes métalliques triples sont tendues parallèlement sur le cordier, depuis l'extrémité orthogonale gauche par-dessus le chevalet à droite et jusqu'aux chevilles plantées sur le bord du côté oblique de l'instrument. Les cordes sont grattées avec des plectres enfilés sur les deux index. Un instrument voisin est le **santour** iranien (du grec *psalterion*) dont la caisse est en forme de trapèze isocèle monté de dix-huit cordes quadruples en laiton, frappées avec deux baguettes légères. Au Moyen Age, le santour passa en Europe centrale et sud-orientale en traversant l'Espagne; il continue à subsister en Europe sous le nom de cymbalum ou tympanon.

La musique arabo-islamique connaît les trois sortes de tambours: les tambours sur cadre, les tambours coniques et les timbales. Le petit tambour sur cadre **tar** à cymbalettes métalliques est tenu dans la main gauche de telle manière que la peau soit présentée aux coups de la main droite. Celle-ci frappe tantôt le bord, tantôt le milieu de la peau, tandis que sonnent les cymbalettes. La main gauche frappe le rythme secondaire tandis que la droite bat le rythme principal. Le **darbouka** a la forme d'un vase en terre cuite, dont le col est tenu sous le bras

335 Violon tunisien rébab.

336 Tympanon santour,
Iran.

gauche. Le fût ventru présente une membrane en guise de fond. On distingue deux sortes de coups: un léger coup assourdi porté de la main gauche et un coup fort porté de la main droite. Le **darbouka** est l'instrument de prédilection des musiciens populaires, sans être toutefois dédaigné par la musique classique. Deux petites timbales reliées l'une à l'autre se nomment **nakkarat-tbilat.** Elles sont frappées avec des baguettes légères.

337 Hautbois zourna,
Iran.

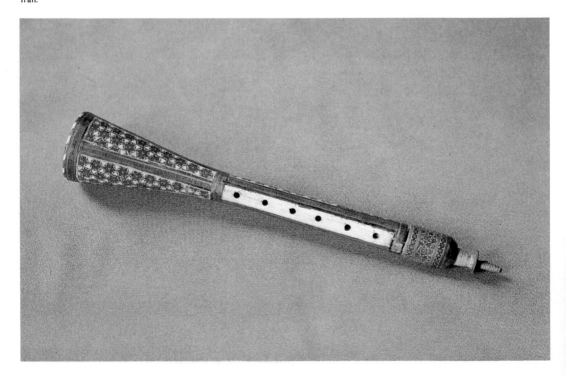

338 Femme targuia et son tambour,
Alger.

La musique turque constitue un rejeton important de la culture musicale persano-arabe. Dès le XVIᵉ siècle, la Turquie devint à la fois la
détentrice de la musique arabe traditionnelle et dans une certaine mesure l'instigatrice de son nouvel enrichissement. Le berceau de la musique turque se trouve en Asie centrale où certaines tribus mongoles
continuent d'utiliser dans leurs cérémonies le même type de tambour,
nommé **bar,** que les Turcs d'Erzeroum ou d'Asie Mineure. A Trébizon-
de, on joue encore de nos jours d'un instrument nommé **lyra** qui représente en fait le type turc du violon kemange. Les autres instruments
sont ceux des pays arabes: le hautbois cylindrique **duduk,** le hautbois
conique **zourna,** la cornemuse **touloumi,** le luth **'oud,** la cithare **kanun,**
les tambours **def, dumbelek** etc.

339 Violon ey-tchek,
Iran.

340 Hautbois mismar,
Égypte.

L'EUROPE:

SCANDINAVIE

Tandis que chez les peuples extra-européens la musique instrumentale populaire constitue la base de la culture nationale musicale, celle des peuples européens se trouve totalement repoussée à l'arrière-plan. L'influence de la musique savante lui a permis de former secondairement des expressions folkloriques qui, tout en étant issues d'une musique populaire autochtone, n'en sont pas moins diversement transcrites et arrangées. Ces œuvres ne peuvent donner qu'une image biaisée de la musique instrumentale populaire, dépouillée de son essence artistique et du contenu affectif élémentaire de son fonds. Il est donc très rare de

341 Violon norvégien hardangerfelen.

342 Cithare finnoise kantele.

trouver en Europe une musique instrumentale authentiquement populaire.

La sobriété de l'expression musicale des Scandinaves place au premier plan les cordophones. En Finlande, la **kantele,** descendante du psaltérion médiéval, accompagne depuis toujours les chants traditionnels *(runos).* Sa caisse de résonance en forme d'aile porte jusqu'à trente cordes. Un instrument à archet et à quatre cordes, **jouhikko,** venu de la région culturelle celtique, est arrivé en Finlande en traversant la Suède. Sa caisse présente un dos évidé fortement bombé et une table plate; la touche est remplacée à gauche par une ouverture qui permet à l'instru-

Trompe polonaise.

Vielle tchèque ninĕra et détail du mécanisme à sautereaux.

343 Nyckelharpa suédoise.

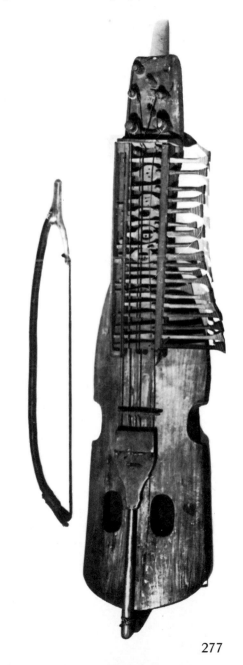

277

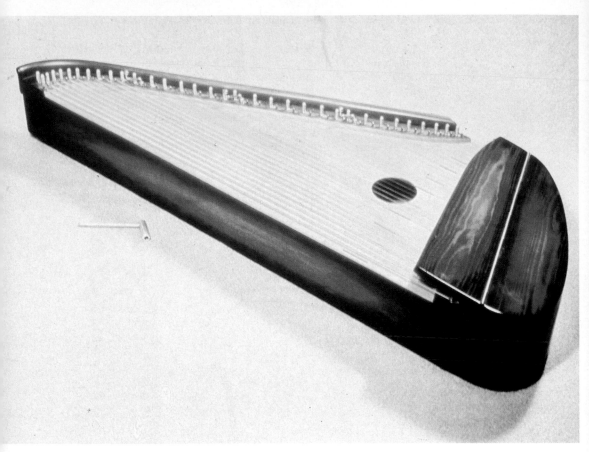

344 Cithare finnoise kantele.

mentiste de passer le bout des doigts pour raccourcir les cordes. Pendant le jeu, l'instrument repose sur la jambe gauche, son extrémité inférieure s'appuyant sur le genou droit. Parmi les instruments des bergers, on peut citer les sifflets à anches **lirou** et **louddou** et les trompes de bois **tjurju** et **torvi.**

La **stråkharpa** suédoise est proche du jouhikko. Sa forme rappelle la chrotta médiévale, la **fidla** islandaise et la **tallharpa** estonienne. La **nyckelharpa** est également un legs du passé, jadis répandu même en Allemagne sous le nom *Schlüsselfiedel*. La nyckelharpa descend de la vielle médiévale dont elle n'a conservé que le mécanisme à sautereaux, les cordes étant ébranlées avec un archet. Le **hummel** suédois, à caisse en forme de casque et à touches métalliques près du bord gauche de la table est identique à la cithare norvégienne **langleik,** au **humle** danois et au **hommel** hollandais. Ses cordes bourdons sont accordées à la tonique et à la dominante. Dans les années trente du siècle dernier, on vit apparaître une cithare à archet **psalmodikon,** dans les églises et particulièrement utile pout l'enseignement du chant dans les écoles.

Les scaldes norvégiens s'accompagnaient du «violon de Hardanger» **fele** (hardangerfelen), si répandue de nos jours qu'elle a supplanté la plupart des instruments norvégiens populaires. C'est un instrument

345 Cithare norvégienne langleik.

Stråkharpa suédoise.

très décoratif, à tête sculptée, à quatre cordes de touche et quatre cordes consonantes. Le **langleik** est un ancien cordophone norvégien à caisse soit rectangulaire, soit également en casque. Ses quatre à quatorze cordes accordées diatoniquement sont grattées avec un médiator. Parmi les aérophones, nous connaissons encore de nos jours le long cor de berger **lur** en bois ou en écorce de bouleau et le petit cor **prillar** en corne de bovin ou de caprin.

RUSSIE D'EUROPE

Les inter-relations entre les cultures musicales des peuples d'Union soviétique ont eu un effet favorable sur le développement de l'art populaire. L'éventail instrumental populaire fut jadis très riche en Russie.

346 Jeu lituanien de clochettes de bois skrabalas.

347 Gousli russes.

De nos jours, on trouve encore des idiophones telles les **lojki** de simples cuillers en bois ou en métal à long manche portant des grelots. L'instrumentiste prend deux cuillers entre les doigts de la main droite et entrechoque leurs dessus bombés. Des artistes chevronnés utilisent quatre à cinq cuillers à la fois. Dans la région de Toula on trouve par endroits la crécelle **trechtchotka** dont les femmes jouent lors des mariages.

L'instrument le plus répandu dans toute l'Union soviétique est l'**accordéon,** qui pénétra en Russie dans les années quarante du siècle dernier. Le souci d'adapter l'accordéon aux besoins de la musique populaire russe a poussé les fabricants à créer un grand nombre de variantes de cet instrument. Parmi les accordéons diatoniques à une seule rangée, citons la **saratovskaïa** du nom de sa ville d'origine, Saratov. A la différence de l'accordéon nommé **livienka,** construit dans la ville de Livny, la saratovskaïa émet des sons différents lorsqu'on tire et pousse le soufflet. Les accordéons à deux rangées sont plus nombreux: la **tcherepovka** était fabriquée en plusieurs tailles. Le passage des demi-tons sur le clavier de droite permit la naissance de l'accordéon chromatique et au début de notre siècle celle de son type le plus perfectionné, nommé d'après le barde russe légendaire Baïan. L'accordéon **baïan** présente le plus souvent à droite cinquante-deux boutons distri-

348 Cithare estonienne kannel.

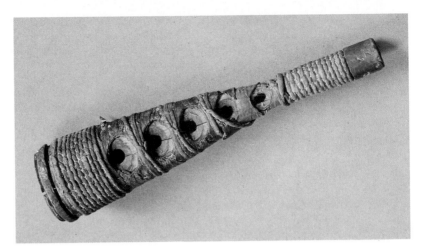

349 Cor pastoral russe rojok, XVIIIe siècle.

bués sur trois rangs, avec une étendue allant de *si* bémol, à *do*. Le clavier des basses présente cent boutons en cinq rangées. La première et la seconde rangées contiennent les basses fondamentales et auxiliaires, la troisième, quatrième et cinquième rangée les accords parfaits majeurs et mineurs et l'accord de septième de dominante, pour chacun des tons de la gamme chromatique. Après la seconde guerre mondiale on vit se répandre également un **akordeon** qui ne se distingue du baïan que par le clavier de droite, calqué sur celui du piano.

Parmi les aérophones, la Russie centrale fait une grande place à la flûte de Pan **kouvikli** à cinq tuyaux de longueur différente libres entre eux, si bien qu'on tient chaque tuyau librement dans la main pendant le

350 Flûte russe sopel et son étui

jeu. L'instrumentiste compense par sa propre voix la faible étendue tonale de cette flûte. Parmi les plus anciennes flûtes des Slaves orientaux se trouve le **sopel,** correspondant à la **sopilka** ukrainienne et la **doudka** biélorusse. La double flûte **svirel** n'est pas moins archaïque; appelée **podvoïnaïa svirel** (sifflet double) en Biélorussie, elle se compose de deux tuyaux libres que l'on tient à angle aigu l'un de l'autre pendant le jeu. La double flûte ukrainienne **dvodentsivka** est taillée dans un seul morceau de bois et les tuyaux possèdent un unique bec commun. En Ukraine occidentale sont courantes la flûte **tielenka** sans trous et une flûte à lumière percée de six trous, **floïara.** En Russie septentrionale et en Biélorussie on trouve fréquemment la **jaleika** à anche battante, celle-ci étant soit introduite dans l'embouchure, soit taillée à même le tuyau. Dans les régions méridionales russes on rencontre même des jaleika doubles à pavillon commun. La **cornemuse** ne se trouve pour le moment qu'en Ukraine, et cela sous deux formes: à un tuyau, ou à deux tuyaux parallèles, dont l'un fait office de bourdon. Le **rojok** est un instrument à embouchure de trompe et à trous; l'instru-

Bandoura ukrainienne.

351 Bandoura ukrainienne.

284

352 Violon polonais zlobezaki.

353 Cornemuse polonaise koza.

354 Fifres russes en terre cuite, nommées svistilki.

ment acquit une réputation mondiale dans les années quatre-vingt du siècle dernier, grâce à l'action de Nicolaï Kondratiev et de son ensemble de rojoks. Les membres de cet ensemble ne jouaient qu'à l'oreille, et leur chef avait pour seule fonction de veiller à une répartition correcte des voix.

Les documents écrits et les témoignages iconographiques laissent à penser que ce sont les **gousli** qui représentent en Russie les cordopho-

355 Jaleikas russes.

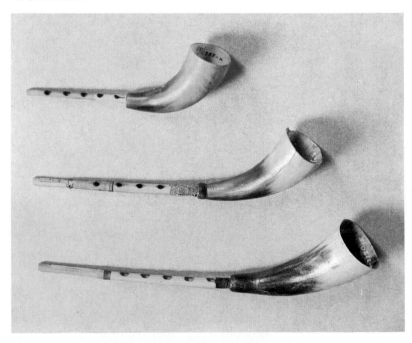

nes les plus populaires. Les gousli descendent du psaltérion médiéval par adjonction de cordes nouvelles et par l'extension de la caisse de résonance. Les gousli ailées ont effectivement une forme d'aile et sont montées de douze à quatorze cordes accordées diatoniquement. Les gousli rectangulaires présentent une structure plus complexe et comportent jusqu'à soixante cordes chromatiques. En 1914, on vit apparaître des gousli à clavier, celui-ci ne servant pas au jeu mais simplement au déclenchement des étouffoirs. Tandis qu'une main libère les accords en manipulant le clavier, un plectre de cuir rigide tenu de l'autre main vient gratter les cordes. Parmi les cordophones pincés de la Grande Russie, citons encore la **domra,** la **bandoura** et la **balalaïka.** Tous ces instruments peuvent être construits en différentes tailles, depuis le sur-soprano jusqu'à la contrebasse. La bandoura est le plus répandu des instruments populaires ukrainiens. La domra fut supplantée par la balalaïka à caisse triangulaire caractéristique. Ses deux cordes sont accordées à la quarte; lorsqu'elle possède trois cordes, la deuxième et la troisième sont accordées à l'unisson etc. Dans la région de Smolensk, on trouve encore une vielle portant le nom de **lira, relia** en Ukraine, et montée d'une corde mélodique et de deux bourdons. Après la première guerre mondiale, la vielle reçut plusieurs perfectionnements structuraux. La relia à neuf cordes est d'une conception ingénieuse: les cordes sont accordées en tierces mineures et dotées d'un mécanisme rappelant celui de l'accordéon. La roue est ici remplacée par un archet en ruban sans fin, fait en matière plastique, dont la pression sur les cordes est réglable.

L'ancienne culture musicale des peuples vivant sur le territoire de la Lituanie, de la Lettonie et de l'Estonie remonte aux temps de l'ère

356 Accordéon russe saratovskaïa.

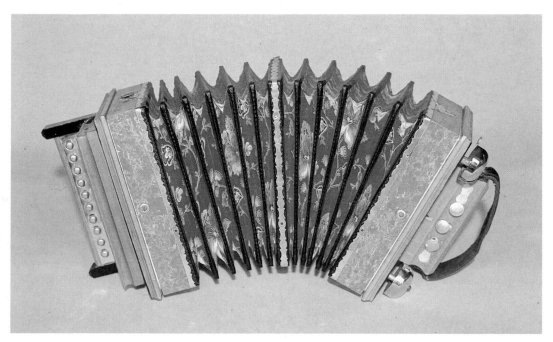

357 Flauta slovaque.

pré-chrétienne et s'épanouit surtout au début du XVe siècle, lorsque l'état lituanien s'étendait de la Baltique jusqu'à la mer Noire.

Parmi les rares idiophones des états baltes, le plus caractéristique est le jeu de cloches en bois nommé **skrabalas** en Lituanie, **koka zvans** en Lettonie. Les cloches, accordées diatoniquement ou chromatiquement, sont fixées à un cadre commun et frappées avec des baguettes de bois. En Estonie, on ne trouve que le racleur **kraatspill,** une canne en bois avec laquelle on frappe ou on gratte le sol au moment où, dans un bal, la fête est à son comble.

La flûte lituanienne **skoudoutchiaï** est voisine du kouvikli russe. Elle se produit dans un ensemble de cinq à sept instrumentistes, dont chacun tient dans ses mains de deux à trois flûtes de diverses longueurs. Lorsque vient son tour d'intervenir, le joueur porte alternativement ses flûtes à la bouche. Le cor à trois à cinq trous mélodiques **ochgaris** utilisé en Lituanie est identique au cor **ajarags** lettonien et au cor estonien **sarvou.** La trompe en bois **trimitas,** jadis répandue chez tous

358 Accordéon russe novorjevskaïa.

359 Cornemuse tchèque, XIXᵉ siècle.

les peuples de Scandinavie, ne subsiste de nos jours qu'en Lituanie. La cornemuse **toroupill,** dont le soufflet est fait en estomac de bovin et qui comporte un tuyau mélodique et deux bourdons, jouit d'une grande popularité en Estonie.

Dans tous les états baltes, le plus important des instruments populaires est un cordophone pincé du type psaltérion, nommé **kankles** en Lituanie, **kokle** en Lettonie et **kannel** en Estonie. Il se compose d'une caisse de résonance plate, de forme trapézoïdale, tendue de neuf cordes ou plus. Celles-ci sont fixées au cordier situé sur le côté étroit de la caisse et aux chevilles du côté opposé, qui est plus large. Pendant le jeu, l'instrument repose sur les genoux du musicien et les cordes sont grattées avec les doigts de la main droite, parfois aussi avec un plectre, tandis que la main gauche fait office d'étouffoir.

EUROPE CENTRALE

L'Europe centrale connaît un assez grand nombre d'idiophones, ce qui la distingue et des pays nordiques et, en partie, des pays orientaux. On rencontre ici nombre de hochets, crécelles, claquettes, cloches etc. Les cordophones à archet se caractérisent par une grande diversité typologique; parmi les aérophones, ce sont les flûtes et les instruments à

360 Cymbalum à pédales morave.

embouchure de cor qui prédominent. Les instruments à anche sont ici moins représentés, tandis que les cornemuses foisònnent. Comme dans tous les autres pays, l'accordéon et l'harmonica marquent de plus en plus la musique populaire.

La Pologne est la patrie de la **cornemuse.** Les jeunes bouviers s'entraînent en jouant sur le **siesenki,** sorte de cornemuse à bouche à tuyau simple pourvu d'un soufflet insufflé à l'aide d'un court tube. Bien que la Pologne connaisse différents types de cornemuses, il s'agit toujours d'instruments construits sur le même principe: un soufflet en peau de chèvre que l'instrumentiste insuffle à l'aide d'un sac tenu sous l'aisselle droite. Le bras gauche comprime le soufflet gonflé d'où l'air est envoyé dans le tuyau mélodique percé de trous et le tuyau de bourdon sans trous. Les deux tuyaux se terminent par une corne de bovin portant un pavillon de laiton martelé. La grande cornemuse se nomme **kozioł:** le **kozioł ślubny** (cornemuse nuptiale) est joué lors des mariages, en même temps que le petit violon **mazanki** dont les trois cordes sont accordées par quintes, mais d'une quinte plus haut que sur le violon ordinaire. Parmi les aérophones, la musique populaire polonaise conserve certains types de flûtes nommées **fujarka** et des cornes en bois.

361 Gousli ukrainiennes.

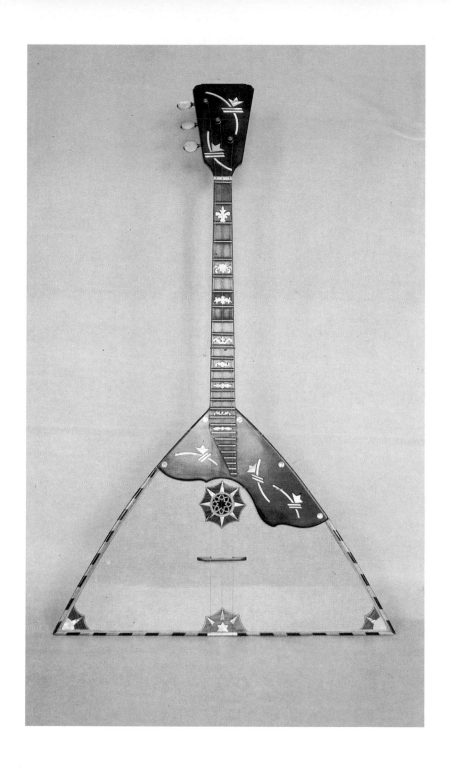

362 Balalaïka russe.

363 Trompes pastorales roumaines bucium.

Double flûte slovaque.

La musique populaire tchécoslovaque reste d'un caractère traditionnel encore très vivant, surtout en Slovaquie. La musique de signalisation, jointe aux manifestations artistiques intimes des bergers, a donné naissance en Slovaquie à une musique instrumentale sans équivalent dans toute l'Europe centrale. Il s'agit soit d'une musique soliste, ce qui caractérise les instruments à vent, soit d'une musique d'ensemble, et dans ce cas il s'agit d'instruments à archet.

Dans toute la Slovaquie on rencontre couramment une flûte à lumière nommée **pastierska píšťala** (flûte de bergers) taillée, ou, plus souvent, tournée, en différentes sortes de bois et ornée de motifs pyrogravés. La **koncovka** est une flûte droite à tuyau oblique légèrement évasé et sans trous mélodiques. En couvrant et en découvrant l'orifice terminal avec l'index de la main gauche, on obtient deux séries de sons harmoniques dont on utilise le plus souvent les 3e à 7e ou les 7e à 13e sons partiels. Un instrument qui occupe une place tout à fait à part dans la musique populaire européenne est la **fujara,** une flûte droite de basse dont le tuyau mesure 140 à 200 cm. A la partie supérieure fermée est fixé à l'aide d'une courroie un deuxième tuyau plus étroit, à courte embouchure, mesurant 40—80 cm. A la partie inférieure du tuyau principal se trouvent, assez loin les uns des autres, trois trous mélodiques.

La fujara a un ambitus de trois octaves environ, dont la moitié seulement est utilisable: les sons les plus graves ne sont pas assez forts et plus aigus manquent de justesse. Un effet sonore tout à fait particulier est ici la «mise en jeu» *(rozfuk),* signal par lequel l'instrumentiste commence son jeu. D'abord, c'est un son nasillard qui se fait entendre; puis, la mélodie descend progressivement du ton aigu jusqu'à sa tonique, en s'ornementant de petits motifs, de figures enjouées.

364 Flûtes bulgares kaval.

365 Crécelle et claquette moraves.

La cornemuse slovaque nommée **gajdy** existe sous deux formes: à un tuyau mélodique, **gajdy goralské,** et à deux tuyaux mélodiques. Le soufflet est en peau d'agneau ou de chevreau retournée. Le tuyau mélodique comme le bourdon est ornée d'incrustations de métal et se termine par un barillet qui associe la tôle de laiton et la corne de bovin. La cornemuse est le plus expressif des instruments tchécoslovaques qui, allié au violon, se trouve à la base de toute la musique populaire du pays.

366 Cornemuse morave.

En Hongrie, on connaît jusqu'à nos jours la vielle à quatre cordes **forgólant** et la **cithare** à caisse rectangulaire, tendue de doubles cordes de touche et de huit cordes de bourdon. L'instrument national hongrois est le tympanon **cimbalom,** qui apparaît également dans la musique populaire d'autres pays européens. La moitié des cordes du cimbalom sont divisées par des chevalets dans un rapport 2/3 ce qui a pour effet de les accorder en quintes. Le cimbalom à pédales moderne fut inventé à Budapest en 1874 par le facteur hongrois József Schunda. Les Hongrois considèrent aussi comme leur instrument national le **tárogató,** aérophone à large tuyau conique, à embouchure de clarinette et mécanisme de clefs moderne.

Les *lautari,* musiciens populaires roumains, s'accompagnent sur la **cobza.** Il s'agit d'un luth dont la caisse est faite de larges bandes collées

367 Hautbois yougoslave zurla.

Violon bulgare goudoulka.

368 Goudoulkas et tamboura bulgares.

de bois d'érable et la table en sapin, droite, est percée de plusieurs
ouïes. La partie supérieure de la caisse se rétrécit progressivement en
un chevillier court, cassé en arrière. Les quatre cordes doubles et triples
accordées par quartes sont disposées dans l'ordre inverse de l'ordre
habituel: les cordes les plus graves se trouvent du côté droit de l'instrument. La **naï** (de l'arabe *nay*) est une flûte de Pan comportant de huit à
vingt-quatre tuyaux de bois de différente longueur mais de diamètre
constant, rattachés par une monture recourbée. L'instrumentiste produit des trilles cristallins en passant la naï devant ses lèvres dans un
mouvement de va-et-vient. Dans la musique pastorale, on trouve encore
de nos jours des flûtes à lumière en roseau et la flûte de bois **fluier** à six
trous mélodiques. Dans le nom de la longue trompe de bois **bucium,** à
l'extrémité en fourneau de pipe, on retrouve comme un écho de l'ancien
nom romain buccina.

Chaque région bulgare possède ses propres instruments de musique,
d'origine essentiellement persano-arabe, introduits en Bulgarie par l'intermédiaire des Turcs. L'instrument typique du Sud-Ouest bulgare est
la **tamboura,** cordophone pincé à caisse fortement bombée et à long

369 Fujaras slovaques.

370 Cornemuse slovaque.

manche portant des touches métalliques. En Bulgarie occidentale on donne la préférence à la **goudoulka,** instrument à archet, à caisse piriforme qui se transforme doucement en un court manche sans touche. Pour jouer, on appuie la goudoulka verticalement sur le genou et on effleure légèrement les cordes avec les ongles de la main gauche, de manière à obtenir les harmoniques. La flûte **kaval** répandue en Thrace permet d'exécuter même des mélodies techniquement difficiles. Le grand tambour **toupan** est identique au tambour du même nom utilisé en Albanie, en Macédoine et en Serbie méridionale.

371 Guzla yougoslave.

Dvojnica yougoslave.

EUROPE DU SUD-EST ET DU SUD

L'éventail des instruments populaires des régions sud-est et sud de l'Europe reflète l'influence des civilisations de toutes les anciennes puissances méditerranéennes. Différents xylophones et métallophones fonctionnant soit par raclement, soit par entrechoc, représentent ici les idiophones. Le cadre de certains tambours trahit leur origine arabe. Parmi les aérophones, on rencontre surtout des instruments à anche simple du type clarinette. C'est sans doute chez ces instruments qu'apparaissent de la façon la plus nette les traits principaux de la musique instrumentale méditerranéenne.

L'instrument populaire yougoslave, connu dans le monde entier, est la **guzla** à caisse monoxyle couverte de peau de mouton, d'âne ou de lièvre. Son court manche à puissant chevillier se termine par une tête aux sculptures stylisées. La cheville tend une corde unique en crin de

302

Lira grecque

cheval qui passe sur un haut chevalet. Le musicien tient la guzla entre ses genoux et effleure latéralement la corde avec les doigts, sans la comprimer. Un mouvement particulier permet d'obtenir un effet de *glissando*. A notre époque, de nombreuses régions serbes voient la guzla supplantée par la tamboura et l'accordéon. La **lirica** est le plus ancien des instruments méditerranéens distribués sur la côte dalmate; elle possède trois cordes. Une fois déterminé le diapason de la première, les deux autres sont accordées à la seconde majeure et à la quinte.

Le désir de conserver la tradition musicale populaire a permis de maintenir en Grèce l'usage de toutes sortes d'instruments folkloriques. Une particularité nationale est une claquette en forme de pince de fer, **massa**, qui sert à l'accompagnement rythmique. Parmi les luths, citons l'**uti** à cinq cordes et la **laghuto** à quatre cordes. Les instruments à archet sont représentés par diverses **lira,** dont la plupart sont montées de trois cordes accordées par quintes. Lorsque l'instrumentiste joue assis, il tient la lira verticale ou légèrement penchée; debout, ou pendant la marche, il la tient appuyée contre sa taille.

De l'éventail instrumental jadis si riche, seules les cornemuses, les chalumeaux et les flûtes se sont conservés en Italie. C'est la Sicile qui est la plus riche en aérophones. Un instrument inhabituel a ici la forme d'un vase en terre cuite que l'instrumentiste tient par son anse, tandis qu'il souffle rythmiquement dans son col, produisant ainsi une sorte de hululement. Le tambour à friction **caccarella** produit des sons voisins. Mais l'instrument le plus typique est le **launeddas** des bergers des Abruzzes, formé de trois tuyaux de roseau de longueur inégale. Le tuyau, de longueur moyenne, est percé de cinq trous mélodiques carrés, le second, un peu plus long, fait office de bourdon et peut être allongé par l'adjonction d'un tuyau de résonance. L'anche, taillée dans la fine em-

372 Luth grec uti et violon liraki.

373 Vielle hongroise forgólant.

374 Tambour grec (mytilénien) tarabuka.

375 Flûte à une main basque txistu et tambour tamboril.

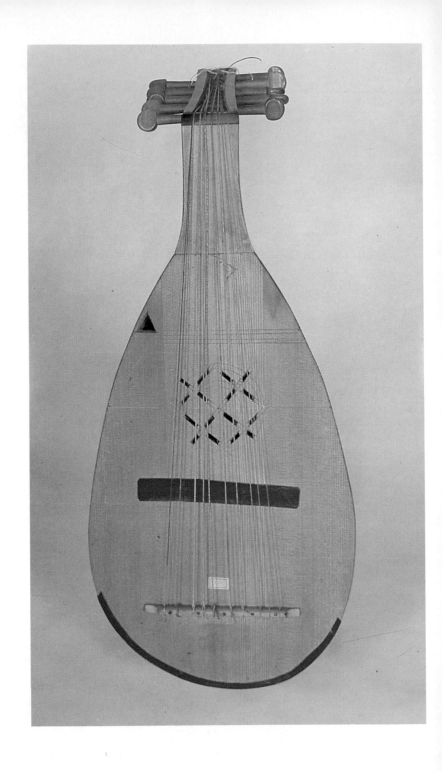

376 Cobza roumaine.

377 Cithare hongroise.

bouchure, a une forme de queue d'hirondelle. Le troisième tuyau est le plus court: il n'est pas solidaire des deux autres, mais libre, et il possède cinq à six trous mélodiques. Le **tricballac** (ou tricca-ballacca) est un xylophone composé par trois maillets dont les poignées concurrentes forment une sorte d'éventail. Un cadre maintient fixe le maillet central que l'instrumentiste frappe à l'aide des autres maillets qui portent des anneaux métalliques sonores. Le racleur **sceta vajasse** se compose de deux bâtons, l'un lisse, l'autre denté. Une des extrémités du bâton lisse est maintenue sous le menton comme un violon et l'autre retenue de la main gauche. Le second bâton, denté et chargé de cymbalettes, vient

378 Hackbrett allemand.

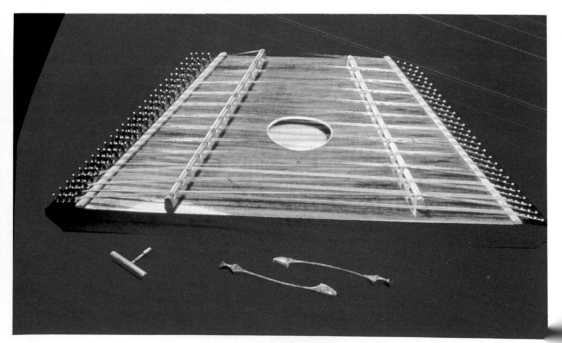

glisser dessus. Parmi les idiophones en bois, citons aussi les castagnettes napolitaines **nacchere,** formées de deux planchettes en forme de battes.

EUROPE OCCIDENTALE

Dans certains pays d'Europe occidentale, l'industrialisation et l'urbanisation ont eu pour conséquence la disparition quasi totale du folklore. En Allemagne ce fut la Réforme qui, **par** l'introduction du chant choral, vint troubler les bases de la musique instrumentale populaire. A l'occa-

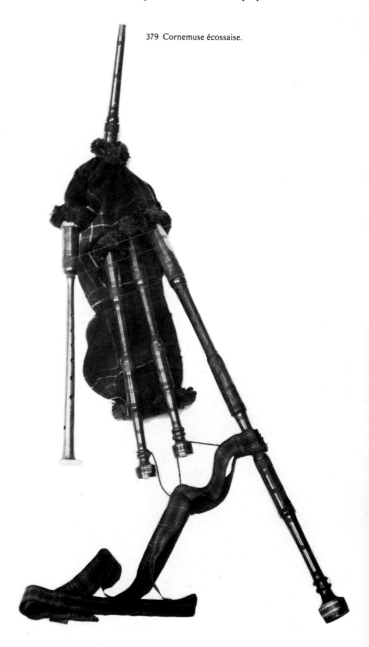

379 Cornemuse écossaise.

Pifferi italiens.

380 Harpe irlandaise.

sion de fêtes liturgiques seulement, on voit resurgir par endroits certaines coutumes traditionnelles qu'accompagnent des bruiteurs simples: crécelles, tambour à friction **(Rommelpot),** idiophone à friction nommé **Waldteufel (ronker** en Flandre, **bourdon** en France, **hoo'r** en Angleterre etc.).

La richesse du folklore musical français atteint par contre un niveau comparable à celle des pays balkaniques. Dans le Midi, il existe deux types de tambours à deux membranes dont on joue en même temps que d'une flûte à lumière et à trois trous: le musicien tient d'une main la flûte et tambourine de l'autre main. Le **tambourin provençal** possède un long fût cylindrique et la flûte qui l'accompagne se nomme **galou-**

bet. Le tambour catalan est petit et sa flûte porte le nom de **flaviol.** Cette flûte à une main qui se nomme **chiroula** à Soule et **llauto** à Ossau, accompagne en Gascogne un instrument du type cithare nommé **tambourin du Béarn.** Ses cordes sont frappées avec une baguette. En Provence, il existe deux types de tambours à friction: un vase en terre tendu d'une membrane et monté d'une baguette, qui se nomme **pignate,** et un tambour rotatif nommé **cigale.** Dans le Roussillon, dans les Landes et en Vendée on trouve un aérophone pastoral à anche double nommé **gralla** et en Bretagne deux types de cornemuses: le petit **biniou koz** avec un tuyau mélodique et un bourdon, à anches simple et double associées; et la grande cornemuse **biniou bras** comportant trois tuyaux bourdons.

La plupart des cordophones ont conservé une forme archaïque. L'**épinette des Vosges** descend du psaltérion médiéval; elle rappelle l'instrument allemand **Scheitholt,** ou le **noordsche balk** hollandais ou encore le **humle** danois. L'épinette comporte quatre cordes raccourcies avec un billot de bois comme les guitares hawaïennes et ébranlées par pincement. Dans le Massif central, en Haute-Bretagne et dans les Landes, on trouvera encore une **vielle** à caisse bombée rappelant un luth et au chevillier sculpté en forme de tête de jeune fille.

La cornemuse, jadis si répandue en Flandre comme en témoignent les célèbres tableaux de Brueghel, a complètement disparu de cette région. Elle est par contre devenue l'instrument national des Anglais et des Irlandais. En Irlande, on trouve deux types de cornemuses: **piob mor,** identique à la cornemuse écossaise **highland-pipe** et **piob uillean,** identique à la cornemuse anglaise **uillean-pipe.** Un instrument plus significatif en Irlande est la **harpe** diatonique de conception simple, qui

381 Vielles et cornemuse françaises.
Groupe folklorique «La Bourrée Bourbonnaise».

382 L'alboka, l'instrument national basque.

Guimbarde espagnole
verimbao.

descend de la petite harpe d'origine nordique. Son jeu demande une dextérité certaine car chaque corde doit être étouffée dès qu'elle commence à vibrer et avant que soit attaquée la corde suivante.

La musique basque représente un art folklorique réputé entre tous les folklores d'Europe occidentale. Les Basques possèdent un instrument pastoral très particulier nommé **alboka.** Il s'agit de deux tuyaux de bambou ou de bois réunis par une partie en demi-cercle; un des tuyaux a cinq trous, l'autre trois. Les anches battantes sont mises en vibration dans le réservoir d'air formé par une corne de bovin; une autre corne constitue le pavillon. Les Basques sont également les spécialistes de la flûte pour une main **txistu** qui accompagne le tambour **tamboril.** Cette paire d'instrument constitue en Espagne une composante importante de l'ensemble *cobla* qui est également constitué des chalumeaux **tiple** et **tenora** et de la cornemuse **gaita.** De nos jours, la cornemuse de l'ensemble *cobla* est remplacée par des instruments modernes et par une **contrebasse.** Au Portugal, on trouve encore plusieurs instruments de musique dont le nom témoigne de l'ancienne domination arabe sur ce territoire. Le luth porte ici le nom d'**alaud,** le tambour sur cadre de forme carrée se nomme **aduf** et un cordophone à archet primitif **rebeca.** Comme dans le reste du monde, les instruments populaires traditionnels d'Europe occidentale sont de plus en plus évincés par l'**accordéon.** Instrument national des Français, il s'appelle **concertina** en Angleterre et y possède une caisse hexagonale. Les Basques sont des amateurs de l'accordéon **trikitixa** qui se joint au tambour sur cadre **panderoyotzale** pour accompagner le chant.

311

III — LES INSTRUMENTS DE MUSIQUE MÉCANIQUES

Tout en s'efforçant de mécaniser la technique du jeu musical, l'homme cherchait également à inventer des instruments de musique susceptibles d'un jeu automatique. De cet effort sont nés les instruments de musique mécaniques (automatophones) dont le jeu est réglé par un

383 Carillon.
Coupole du palais royal, Amsterdam, 1664.

384 Orgue de Barbarie.
J. Riemer fils, Chrástava (Bohême), fin du XIXe siècle.

Carillon. 1 Cloches 2 Marteau
3 Traction 4 Cylindre
mélodique.

cylindre ou une bande de papier perforé. Voici le principe de fonctionnement du cylindre: des aspérités disposées à sa surface produisent,
lors d'une rotation lente, certains mouvements mécaniques transmis par
des biellettes simples à la partie sonore de l'instrument. La bande perforée constitue, quant à elle, une sorte de «notation chiffrée» de la
composition qui, jointe à un mécanisme pneumatique, permet une re-
production presque exacte de la musique (pianola).

Les premiers automatophones apparaissent au XIIIe siècle sous
forme de carillons solidaires d'horloges de clochers. Il n'y a prati-
ment aucune ville de Hollande dont l'hôtel de ville ou le cloch
possède son propre carillon. Du point de vue musical, les carillo
sans grand intérêt jusqu'au XVIe siècle où on commence à
également de manière non automatique à l'aide d'un clavi
l'invention des horloges à ressort, celles-ci reçoivent souve

385--386 Boîte à musique.
František Řebíček, Prague, première moitié du XIXᵉ siècle.

carillons miniatures. La Forêt Noire allemande se fit une spécialité de la
fabrication d'horloges de bois bon marché à carillon de verre. Consti-
tuées de huit à seize clochettes de verre, de telles horloges exécutaient
de courtes mélodies de chansons populaires. Les montres de poche
reçoivent également des carillons miniatures dès le XVIᵉ siècle.

Les instruments à lames vibrantes furent, avant l'invention du phonographe d'Edison et encore pendant longtemps après celle-ci, les seuls
appareils de musique automatique à usage privé. On ne sait encore au
juste qui construisit le premier de ces instruments, ni où. On les voit
apparaître, fabriqués par les horlogers suisses, dès le début du XIXᵉ
siècle. Leur partie sonore est constituée par une sorte de peigne d'acier
qui présente au moins autant de dents qu'il y a de notes utilisées dans la
composition musicale. Ces dents sont ébranlées par un cylindre mélodique porteur de pointes que l'on fait tourner soit manuellement à l'aide
d'une manivelle, soit grâce à un mécanisme à ressort. Le boîtier en bois
qui renferme la mécanique sert également de caisse de résonance. Le
mécanisme de ces instruments à lames, comparable en de nombreux
points à un mécanisme d'horlogerie, se prêtait bien à une fabrication en

série. Les horlogers suisses se lancèrent donc dès le milieu du XIXᵉ siècle dans une production de masse; pendant plus de cent ans, la Suisse resta un producteur presque exclusif de ce type d'instruments. Un rouleau perforé remédia à leur inconvénient de ne pouvoir jouer, de la composition, que ce que le cylindre pouvait en contenir: ce fut la naissance des **polyphones** dont les peignes d'acier étaient actionnés par des

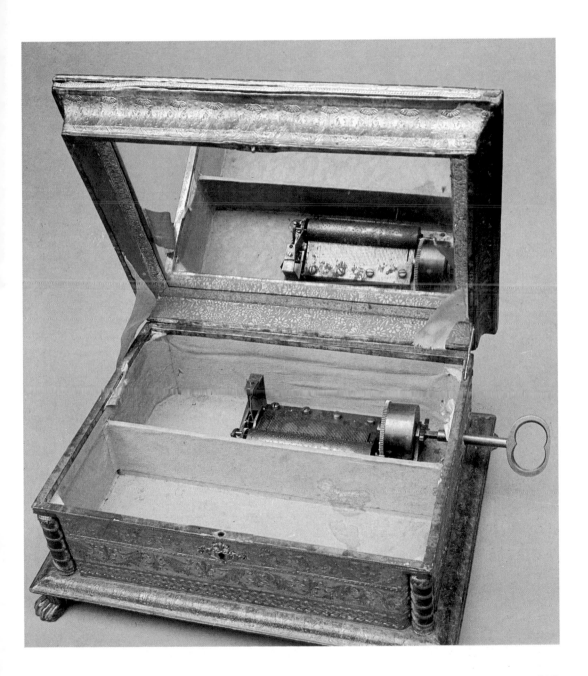

mécanismes spéciaux. La fabrication d'automatophones à lames se maintient partiellement en Suisse encore de nos jours, tandis que celle des polyphones se fait essentiellement aux États-Unis.

Comme il était impossible de reproduire mécaniquement la sonorité des instruments à embouchure, il fallut attendre l'invention de l'anche libre pour arriver à imiter la voix des cuivres. Un automatophone à anches libres, nommé **melodika,** fut breveté en 1822 par l'Allemand Wilhelm Vollner. Les instruments à anches libres les plus répandus furent ceux dont les anches n'étaient pas ébranlées par un cylindre mélodique mais par un carton perforé interchangeable ou un disque de tôle, ou encore par une bande de carton perforé collée en cercle. La forme et la taille de ces instruments fait penser à un phonographe sans pavillon. Il en existait différentes variantes portant des noms comme **intona, ariston, manopan, mignon** etc.

Le berceau des automatophones à principe d'orgue fut l'Italie médiévale; le principe de leur construction se répandit au XVIᵉ siècle en Allemagne et en Angleterre. Des mécanismes à tuyaux de petites dimensions, fonctionnant par l'intermédiaire d'une horloge, étaient particulièrement appréciés à l'époque baroque **(horloges à flûtes).** L'horloge, qui les faisait fonctionner à intervalles réguliers, était généralement

387 Orgue de Barbarie à figurines mobiles,
fin du XIXᵉ siècle.

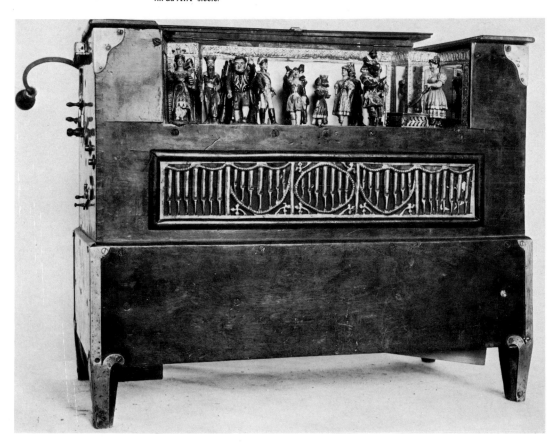

388 Orchestrion.
Gossling, Hilversum, début du XXᵉ siècle.

Instrument à anches libres.
1 Anche libre 2 Soupape 3 Air
4 Ressort 5 Griffe 6 Carton
perforé.

389 Orgue de Barbarie à cylindre mélodique.
Bacigalupo, début du XXe siècle.

placée dans un boîtier luxueux. Haydn, Mozart, Beethoven et d'autres compositeurs célèbres écrivirent des pièces pour les cylindres mélodiques de ce type d'horloges. Les **orgues de Barbarie,** dont l'existence n'est attestée qu'au début du XVIIIe siècle, possédaient également un mécanisme à tuyaux. Les premiers documents nous les montrent déjà si parfaits de conception et d'allure que les époques postérieures les reprendront pratiquement sans rien y changer. Le petit orgue dit **orgue d'oiseau** donnera par la suite naissance à des instruments de plus grande dimension, dont le coffre sera divisé en deux parties: dans la partie supérieure viendront se loger le cylindre mélodique, le mécanisme de traction et le soufflet, dans la partie inférieure les tuyaux. Il faut une bonne dose d'ingéniosité pour arriver à loger tous les tuyaux dans l'espace limité de la caisse, c'est la raison pour laquelle on verra apparaître autour de 1860 des orgues de Barbarie dont les tuyaux, au lieu d'être couchés, seront placés debout. Le jeu comporte alors des tuyaux à bouche et des tuyaux à anche. Ce type d'orgue de Barbarie reçoit le nom de *Wiener Werkl* car il n'est fabriqué qu'à Vienne. C'est le plus souvent aux facteurs d'orgue qu'incombe la construction des orgues de Barbarie qui remplacent souvent les grandes orgues dans les églises des villages, surtout en France et en Angleterre.

Le passage de la manufacture à l'industrie mécanisée éveillera l'intérêt général pour la mécanisation dans toutes les branches de l'activité humaine. C'est aussi le moment où se dessinent un certain nombre d'efforts pour perfectionner la sonorité et enrichir les performances,

390 Ariston à anches libres.
Leipzig, début du XXe siècle.

Instrument à languettes.
1 Peigne 2 Cylindre mélodique.

391 Polyphone.
Leipzig, début du XXᵉ siècle.

jusqu'alors assez pauvres et monotones des automatophones, notamment par l'imitation des voix de différents instruments de musique, voire de tout un orchestre. Ce type d'instruments porte le nom d'**orchestrions.** C'est pour l'orchestrion de Johann Nepomuk Mälzel, le **panharmonicon,** que Beethoven composera sa pièce sur la victoire de Wellington à Vitoria. La fabrication des orchestrions visait à imiter le plus fidèlement possible le jeu de l'orchestre. Malgré l'extraordinaire perfection de leur mécanisme, ces instruments restèrent cependant très inférieurs au degré d'évolution du pianola. Seul le rythme reçoit ici une solution satisfaisante. Pour ce qui est de la dynamique, on jouait soit piano avec un registre, soit forte avec tous. On s'efforçait surtout d'obtenir un son suffisamment puissant, au détriment de la qualité sonore et

392 Organette.
A. Martin, Madrid, vers 1910

393 Manopan à système pneumatique et anches libres,
début du XXᵉ siècle.

Instrument du type orgue.
1 Tuyaux 2 Traction 3 Ressort
4 Soupape 5 Air 6 Cylindre
mélodique.

les orchestrions ne parvinrent donc pas à s'élever au-dessus du niveau des orgues de Barbarie.

Les automatophones à cordes ont un passé moins riche que les carillons et les orgues de Barbarie, car il était beaucoup plus complexe d'ébranler les cordes par la voie mécanique. Mersenne décrit, comme une invention allemande, des épinettes dont les chevilles du cylindre mélodique entraînaient l'abaissement des touches. Au XVIᵉ siècle et au début du XVIIᵉ siècle, c'est Samuel Bidermann à Augsbourg qui se spécialise dans la fabrication d'épinettes mécaniques incorporées à des coffrets, des armoires ou des secrétaires artistiquement ouvragés. Après une interruption de deux siècles, c'est l'Américain Charles Kendall qui invente à la fin du XIXᵉ siècle un **banjo** automatique, dont les cordes sont pincées par de menus «doigts» mécaniques. A la même époque est déposé en Allemagne un brevet de cithare, nommée **chordephon,** dont les quarante-quatre cordes sont grattées par le même genre de disque métallique qu'utilisent les polyphones.

La production de sons est également malaisée chez les instruments à archet qui résistèrent donc longtemps à la mécanisation. Il était clair

394—395 Épinette automatique et vue de son mécanisme mélodique.
S. Bidermann, Augsbourg, vers 1620.

dès le début que l'archet se prêtait assez mal à ce genre de traitement, et les constructeurs portèrent leurs efforts sur l'invention d'un archet sans fin grâce à un mouvement rotatif. Ils y parvinrent en 1908, année où on vit créer aux États-Unis le premier violon automatique nommé **virtuosa.** Il s'agissait d'un violon normal placé au cœur d'un appareil muni d'une série de leviers actionnés par des électro-aimants et qui remplaçaient les doigts de la main gauche de l'instrumentiste. L'instrument était commandé par une bande perforée, et comme l'archet était remplacé par un disque, l'effet obtenu était celui de plusieurs violons jouant à la fois. De tous les automatophones du type violon seuls deux survécurent, tous deux en liaison avec un pianola. Le meilleur de ces

396 Intérieur d'un orchestrion.
Popper, Leipzig, 1929.

397 Orchestrion. Bruder frères, Hanovre, années 1920.

instruments, le plus populaire et le plus acceptable du point de vue sonore fut la **Phonoliszt-Violina** de la maison Hupfeld à Leipzig, comportant trois violons et un pianola.

Bien avant l'invention du piano à maillets au début du XVIIIᵉ siècle, il existait déjà des automatophones à cordes frappées. Toutes les **horloges à harpes** étaient dotées de ce mode d'ébranlement particulièrement simple des cordes et les célèbres **pianos mécaniques à manivelles** (organettes) que l'on entendait dans les rues au début de notre siècle fonctionnaient à l'aide d'un cylindre mélodique. Mais aucune tentative de perfectionnement de ce cylindre n'aboutit à une amélioration très nette de la qualité sonore de ces pianos mécaniques. Le revirement ne survint qu'avec l'introduction du système pneumatique et des bandes perforées. Le premier instrument de ce type, le **pianola,** fut construit en France en 1863, mais ne fut perfectionné qu'au vingtième siècle à tel point qu'il représentait, dans les années trente, l'instrument de musique mécanique le plus perfectionné.

A la place des dix doigts de l'instrumentiste, le pianola disposait de 88 doigts mécaniques qu'une bande perforée lui permettait d'utiliser à

398 Phonoliszt-Violina.
Hupfeld, Leipzig, années 1920.

loisir: aucun problème pour tenir les graves sans utiliser la pédale, pour exécuter les arpèges ou les trilles d'une parfaite précision. Le pianola était capable d'extravagances rythmiques que ne se serait permis aucun musicien et permettait de concevoir une harmonisation sans aucun souci des doigtés. De plus, on pouvait moduler son jeu grâce à une série de boutons et de leviers qui permettaient de régler le tempo, le dynamisme et d'actionner les étouffoirs.

Pendant longtemps, on a considéré le pianola comme un automatophone fait pour reproduire les compositions écrites pour le piano. L'effort de ne pas le voir uniquement comme une sorte de piano automatisé, mais comme un nouvel instrument qui nécessitait une recherche dans les arrangements, voire des modes de composition nouveaux, tenant compte de ses caractères spécifiques, ne commença à se manifester qu'au moment où l'existence du pianola se trouvait déjà mise en danger par la montée des appareils musicaux. L'avènement triomphal de ces appareils marque donc la disparition, regrettable, du pianola comme des autres automatophones.

Instrument à cordes. 1 Corde 2 Marteau 3 Ressort 4 Cylindre mélodique.

IV — LES INSTRUMENTS DE MUSIQUE ÉLECTRIQUES

Les tentatives d'utiliser le courant électrique pour la production de sons musicaux remontent au XVIIIᵉ siècle. A cette époque déjà l'inventeur tchèque du paratonnerre Prokop Diviš avait mis au point un étonnant orchestrion électrique à mutation, nommé **Denis d'or,** mais dont nous n'avons aucune indication ni sur la structure, ni sur sa conception. Trente ans plus tard, c'est Jean-Baptiste Laborde qui décrit son invention, le **clavecin électrique.** Il s'agissait là de timides expériences de mise en vibration d'une matière élastique, par la voie du courant électrique. Il

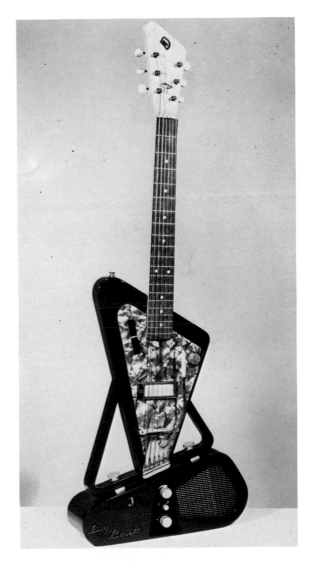

399—400 Guitares électriques, années 1950.

401 – 402 Guitares électriques modernes.

Kurbelsphärophon de Jörg Mager.

faudra encore attendre longtemps avant de voir remplacer les phénomènes acoustiques complexes et peu maniables, par des processus électriques. Le premier instrument, dont le principe repose sur la création électrique des sons, fut construit en 1895 par l'Américain Thaddeus Cahill. Il avait pour hauts-parleurs de simples écouteurs téléphoniques. L'instrument de Cahill eut beau susciter un grand intérêt auprès du public, il ne déboucha sur aucune application pratique.

Ce n'est que dans les années 1921—27 qu'apparaissent des instruments électriques présentant de nouvelles colorations sonores et de nouvelles prétentions artistiques. Ces instruments se répartissent en deux groupes selon leur conception. Le premier groupe comprend les instruments qui mettent à profit le phénomène de l'interférence entre deux vibrations de haute fréquence (non audibles) du courant alternatif, produisant des sifflements. Ce déplaisant phénomène qui accompagnait jadis le fonctionnement des radio-récepteurs est ici engendré par un générateur, qui le canalise en lui donnant une certaine hauteur, un certain timbre, une certaine intensité et une certaine durée. Ce groupe est réprésenté par le **terminvox** du physicien soviétique Lev Sergueievitch Termen. Un des signaux à haute fréquence du terminvox présente une fréquence constante, celle de l'autre étant modulable par l'intermédiaire de la capacité de la main que l'on approche plus ou moins d'une tige métallique dépassant de l'instrument. En déplaçant sa main dans l'air, le musicien semblait produire des sons du vide. C'est à cela que font référence les anciens noms de toutes les musiques électriques: «musique éthérée», «musique de l'air», voire «musique des sphères». Le second groupe d'instruments électriques se fondait sur les propriétés du courant alternatif de 16 à 20 000 hertz. Ce groupe est représenté par le **dinaphone** de Bertrand fonctionnant avec deux tubes électroniques et un condensateur rotatif.

Après ces premiers résultats positifs, on vit apparaître, dans les années trente, toute une série d'instruments de musique électriques. Maurice Martenot construisit un instrument monophonique à clavier, nommé **ondes Martenot** (ou ondes musicales) pour lequel composèrent Darius Milhaud, André Jolivet, Jacques Ibert etc. Honegger utilise les ondes Martenot dans sa *Jeanne au bûcher.* Le **sphérophone** et l'**orgue électrique** de Jörg Mager permirent la réalisation de sons glissants et la production de timbres à l'infini. Mager fut également à l'origine d'autres instruments: **kaléidophone, électrophone** et **partiturophone.** Rimski-Korsakov (le petit-fils du compositeur), Kreitser et Ivanov construisirent l'**emeriton,** Friedrich Trautwein créa le **trautonium,** pour lequel composèrent Paul Hindemith, Richard Strauss et d'autres compositeurs de grande classe.

Entre les deux guerres mondiales apparurent d'autres instruments, qui utilisaient le **sélénophone (superpiano de Spielmann)** ou un compromis entre la production de son mécanique et électrique **(piano de Nernst).** Juste avant la deuxième guerre mondiale la maison Telefunken réalisa un instrument monophone en unissant le système de deux différents instruments électriques.—

Tous ces instruments présentaient un grave inconvénient: ils étaient difficilement maniables, et exigeaient de la part de l'instrumentiste de grandes aptitudes auditives et musicales. Un développement inattendu se fait jour après la deuxième guerre mondiale où apparaissent de

nouveaux types d'instruments plus perfectionnés: instruments électro-
phoniques dont la vibration des cordes ou des anches libres est enregis-
trée par voie électromagnétique et transformée en vibration électrique
(guitare, contrebasse, accordéon) et instruments électroniques dont la
sonorité résulte d'un processus électrique. La hauteur, la force et le
timbre de la sonorité trouvent ici leur équivalent électrique sous forme
de fréquence, amplitude et spectre harmonique de l'onde électrique. Le
son est transformé en musique audible par l'adjonction d'un transfor-
mateur électro-acoustique. De tels instruments peuvent être monophones ou polyphones. Parmi les monophones, citons le **melodika,** le **bassophone,** l'**électronium,** la **klaviolina** etc. Les instruments polyphones
soit utilisent des générateurs rotatifs qui remplacent la vibration d'un
corps élastique par une roue dentée (phonique): **orgues de Hammond,**
orgues du type **pipeless...,** soit produisent une fréquence sonore sans
l'entremise d'une vibration acoustico-mécanique: **orgue de Baldwin,
orgue Consonata, orgue Minshall, pianorgan, jonika** etc.

L'avantage des instruments électroniques est de ne posséder aucune

403 Emeriton. Rimski-Korsakov, Kreitser, Ivanov, années 1920.

404 Trombone à cristal.
Baschet frères, Paris.

405 Batterie.
Baschet frères, Paris.

partie mobile. Les constructeurs d'orgues électroniques ont pris pour but de créer un instrument qui remplacerait entièrement les véritables orgues à tuyaux. Ils ont utilisé pour reproduire le timbre sonore des différents registres de l'orgue le principe des formants. A l'aide de générateurs électroniques de courants en dent-de-scie, qui produisent des sons riches en harmoniques supérieurs, ils ont réussi à imiter parfaitement le son des tuyaux d'orgue. La plupart des constructeurs s'efforcèrent tout d'abord d'inventer des instruments électriques susceptibles de remplacer, par leur sonorité et par la technique du jeu, les instruments classiques. Ce fut également le cas pour l'orgue électronique. Les plus récentes évolutions tendent cependant à prouver que l'avenir, et la véritable vocation des instruments électroniques, n'est pas dans l'imitation des instruments classiques, mais bien dans leurs nouvelles possibilités musicales.

S'il existe un domaine de la technique moderne qui soit en relation

406 Orgue électronique.
Marque Eminent.

407 Clavecin électrique de Baldwin.

étroite avec les miracles de l'ère cosmique actuelle, c'est bien l'électronique. Grâce à ses possibilités infinies apparaissent depuis quelques années des instruments de musique électronique d'une nouvelle génération, beaucoup plus fiables que les instruments antérieurs et d'une taille dont le faible encombrement est absolument révolutionnaire. Les **synthétiseurs** modernes, fabriqués même avec un programme incorporé (filtres électriques; caractéristiques des attaques et des amortissements programmés d'avance de manière à imiter le timbre sonore d'un violon ou d'un autre instrument) doivent leur existence à l'apparition de

Ondes Martenot.

circuits intégrés denses LSI *(Large Scale Integrated Circuit)*. Ce genre de synthétiseurs sont également dotés d'une mémoire d'ordinateur. Un synthétiseur susceptible de programmation peut être utilisé pour la production de sons de différentes caractéristiques déterminées par une série de filtres, de générateurs de sons et de générateurs d'enveloppe. Lorsqu'on lui demande d'atteindre la qualité sonore d'un instrument de musique donné, il est indispensable de le régler et de l'accorder en conséquence.

Les premiers types d'instruments électroniques à synthétiseurs sont apparus en 1972. L'orgue de Hammond de marque **Phoenix** comprend un diviseur à dérivation multiple MDD *(Multiple Derivative Divider)* qui

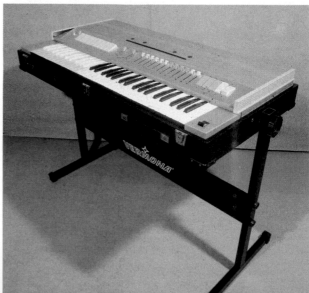

408—409 Orgues électroniques.
Marque Vermona, RDA.

336

410 Instrument de musique électronique.
Système Bell Telephone, États-Unis.

remplace plus de 2000 transistors, c'est-à-dire douze bobines d'accord.
L'appareil possède également une vaste unité centralisée rythmique,
capable de réaliser sur le phoenix n'importe quel élément de rythme.
Un groupe de spécialistes d'ordinateurs automatiques, travaillant sur un
programme de recherche musicale à l'université d'Utah aux États-Unis,
a réalisé un appareil qui, relié à un ordinateur, joue mécaniquement de
complexes concertos, fugues, sonates etc. tels qu'ils sont programmés à
partir du matériau noté. On peut également inverser le processus: l'ordinateur réalise la transcription notée d'une composition que l'on joue
sur l'instrument. L'appareil a reçu le nom d'**orgue musical** *(musicational organ)* et promet de jouer un rôle important dans l'enseignement
de la musique car il peut être facilement adapté aux besoins de l'ap-
prentissage des principes musicaux. Sa partie centrale est constituée
par un orgue radio-électrique relié à un petit calculateur numérique, et
par un dispositif ordinaire de notation graphique ou un écran de télévision. Pour que la composition puisse être introduite dans l'ordinateur,
on a transformé la notation musicale en un système de chiffres, de
lettres et de symboles qui peuvent être reproduits par une simple ma-

411 Synthétiseur.
Marque Mark II, États-Unis, compositeur américain Milton Babitt.

chine à écrire. Dès qu'une œuvre quelconque est ainsi mise en mémoire, il suffit de presser quelques boutons et l'appareil exécute la composition. Des partitions entières d'orchestres peuvent ainsi être enregistrées et l'appareil est à même de jouer selon le besoin soit une seule partie isolée, soit l'ensemble des parties à la fois.

Une certaine logique historique apparaît toujours dans l'évolution des instruments de musique. Généralement, une nouvelle invention se trouve précédée par la création des conditions nécessaires à son application pratique. Ainsi, lorsque les constructeurs se mirent dans l'idée de reproduire la sonorité de l'orgue par des moyens électroniques et de remplacer les orgues d'église par des instruments radio-électriques, ils allaient à l'encontre du goût général. Ce ne fut que par la suite, lorsque ces instruments se furent imposés dans la musique légère, qu'ils arrivèrent également à pénétrer dans les autres domaines de l'art musical et à se frayer un passage jusqu'à la musique sérieuse.

Jusqu'à une date récente, le son musical continuait à se manifester sous les formes que lui imprima au cours des siècles la force de l'esprit humain avec l'aide des instruments traditionnels. Les instruments de l'orchestre actuel ne ressemblent que de très loin à leurs lointains an-

Terminvox de L. S. Termen.

cêtres, et le gouffre est encore plus grand entre les instruments traditionnels et les instruments électroniques. Les instruments de musique radio-électriques font naître les conditions d'un nouveau domaine de l'art musical, qui ne trouve pour le moment son application que dans le cadre du cinéma, de la télévision ou de la radio, n'est qu'au commencement de son essor créateur. Une brèche d'importance a été percée dans l'univers des sons, brèche qui pousse à oublier les éléments premiers dont fut construit l'édifice sonore musical et la structure interne et externe de leurs instruments. Il faudra encore de grands efforts avant de voir les instruments de musique électroniques parvenir au niveau d'une véritable manifestation artistique. Il est pour le moment impossible de mesurer la portée de cette transformation radicale. Les instruments de musique radio-électriques ne permettent pas seulement de créer une infinité de colorations sonores, mais, dans leur coopération avec les ordinateurs, ouvrent les portes d'un monde nouveau et pour le moment inconnu, celui des appareils de musique électroniques. Il semble donc que la relation «musique-machine» s'intègre à une problématique plus vaste qui pose la question de la destinée de l'art en général; en musique, les instruments cybernétiques n'ont pas encore dit leur dernier mot.

412 Synthétiseur.
Marque Moog 55, États-Unis.

413 Composition de musique électronique
(Leo Kirchner: Quartet #3).

NOTATION ET ACCORD DES INSTRUMENTS EUROPÉENS LES PLUS USUELS

Les notes blanches indiquent l'étendue réelle (entendue), les notes pleines l'étendue notée. Lorsque les notes blanches figurent seules, l'étendue notée est identique à l'étendue réelle. Les notes entre crochets indiquent l'étendue élargie, que seuls certains instruments de la catégorie sont à même de couvrir.

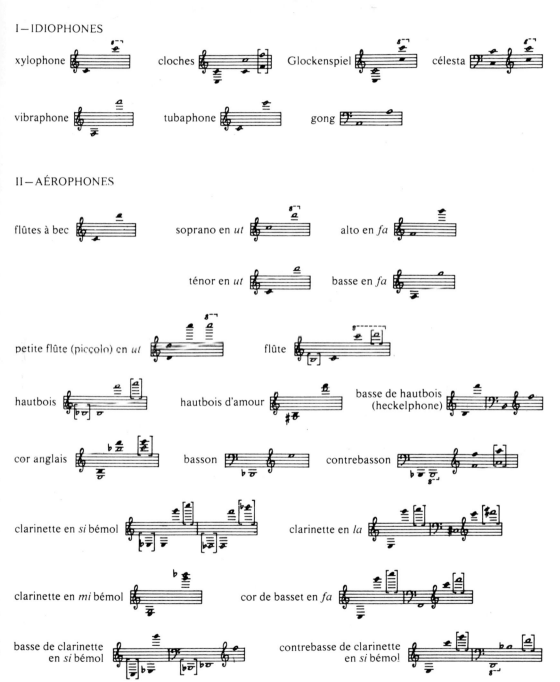

I—IDIOPHONES

xylophone   cloches   Glockenspiel   célesta

vibraphone   tubaphone   gong

II—AÉROPHONES

flûtes à bec   soprano en *ut*   alto en *fa*

ténor en *ut*   basse en *fa*

petite flûte (piccolo) en *ut*   flûte

hautbois   hautbois d'amour   basse de hautbois (heckelphone)

cor anglais   basson   contrebasson

clarinette en *si* bémol   clarinette en *la*

clarinette en *mi* bémol   cor de basset en *fa*

basse de clarinette en *si* bémol   contrebasse de clarinette en *si* bémol

341

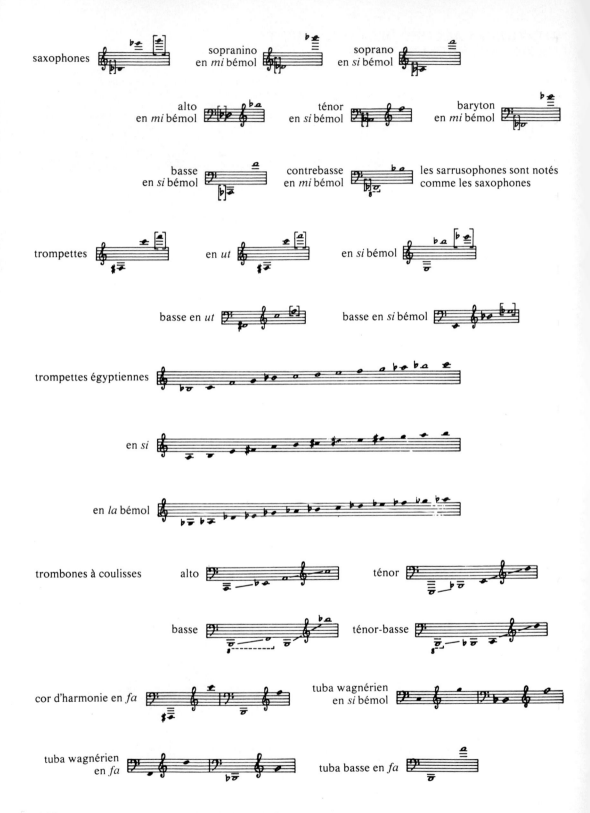

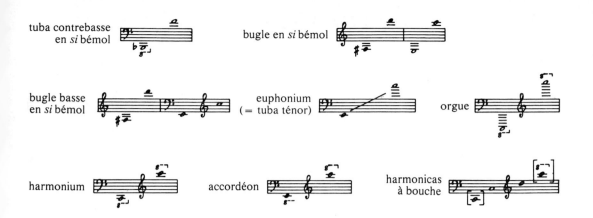

tuba contrebasse en *si* bémol

bugle en *si* bémol

bugle basse en *si* bémol

euphonium (= tuba ténor)

orgue

harmonium

accordéon

harmonicas à bouche

III — CORDOPHONES

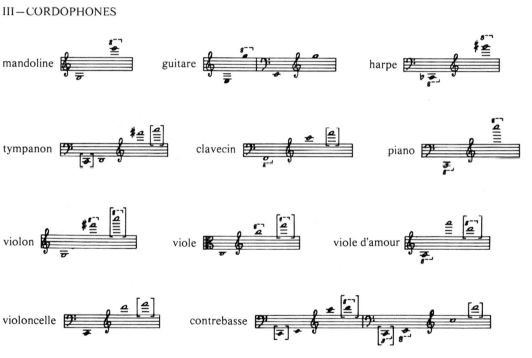

mandoline

guitare

harpe

tympanon

clavecin

piano

violon

viole

viole d'amour

violoncelle

contrebasse

IV — MEMBRANOPHONES

petites timbales

grandes timbales

343

LEXIQUE DES TERMES TECHNIQUES

aérophones — instruments à vent

amplitude — écartement extrême de l'onde sonore par rapport à la position d'équilibre: creux et crêtes de l'onde

anche battante — l'anche est un peu plus grande que la fente qu'elle recouvre. Vibrant sous l'effet du flux d'air elle permet ou empêche alternativement son passage

anche libre — fixée à une extrémité, elle ferme complètement une ouverture du cadre métallique. Elle vibre périodiquement sous l'effet du flux d'air: à chaque vibration vers l'extérieur, l'air pénètre dans la fente, à chaque vibration vers l'intérieur, il est arrêté. La vibration de l'anche produit ainsi dans l'air des impulsions d'égale fréquence

appareils musicaux — électrophone, magnétophone etc. Au contraire des instruments musicaux, ne font que reproduire la musique sans la créer

archéo-organologie — étude des instruments de musique préhistoriques

arpège — accord dont les notes sont égrenées progressivement et non jouées simultanément

ars nova — tendance artistique apparue au Moyen Age à Florence et faisant appel, au contraire de l'*ars antiqua*, à de nouveaux éléments profanes et populaires

autophone — *voir* idiophone

baril(let) — extrémité en entonnoir des aérophones en bois

barre (capotasto) — dans les cordophones pincés, dispositif permettant de raccourcir toutes les cordes de touche à la fois

bourdon — voix de basse fixe jouée par une corde ou un tuyau

chromatique (gamme) — série de 12 demitons dans les limites d'une octave d'accord tempéré

continuo (basso continuo) — basse continue, type de musique instrumentale baroque dont les accords d'accompagnement sont indiqués par des chiffres au-dessus de la voix de basse; à son origine se trouve la pratique des organistes italiens de la fin du XVIᵉ siècle.

contrepoint — réunion de deux ou plusieurs lignes mélodiques autonomes (parties) en un ensemble unique

cordes consonantes (géminées) — cordes multiples accordées à l'unisson

cordes sympathiques (résonantes) — dans certains cordophones, cordes apparaissant à côté des cordes de touche par lesquelles elles vibrent par résonance en donnant un timbre particulier à la voix de l'instrument

cordophone — instrument à cordes

diatonique (gamme) — série de notes progressant par tons et demi-tons

diminution — raccourcissement des valeurs des notes dans la notation mesurée dans le sens *alla breve*

doigté de fourche — dans les anciens aérophones à trous, pratique nécessaire à l'obtention de certains demi-tons en marge de la gamme tempérée. Pour obtenir un tel demi-ton (le *sol* dièze par exemple), on découvrait le trou supérieur le plus proche (*la*) et gardant fermé le trou de la note principale (*sol*). Sur les instruments modernes, le doigté de fourche n'est utilisé qu'exceptionnellement

embouchure (attaque du son) — affinement de la sensibilité et de la force des muscles labiaux de manière à obtenir sur un instrument à embouchure de cor la note désirée. Dans les cordophones à anche, la performance de l'appareil labial se limite essentiellement à diriger le dispositif sonore et dans les flûtes, à conduire le flux d'air sur le biseau de manière appropriée

embouchure (élément) — partie la plus importante des instruments à embouchure. Elle se compose de deux parties, l'entonnoir caliciforme sur lequel s'appuient les lèvres et le canal fixé dans le tuyau de l'instrument. Ces deux parties sont réunies par une «vanne» qui représente la portion la plus étroite du tuyau

ethno-musicologie — étude des musiques populaires

ethno-organologie — étude des instruments de musique populaires

formes musicales — nom des différents types de compositions

formants — sons ou bruissements produits par le jeu sur un instrument (par exemple choc du maillet sur le xylophone) et influençant le caractère global du timbre instrumental

fréquence — nombre de vibrations par seconde; détermine la hauteur du son

générateur — partie excitante d'un instrument de musique, entraînant la vibration du vibreur

glissando — série de notes jouée d'un mouvement glissant

harmoniques (également partiels) — sons apparaissant en même temps que le son fondamental et dont les fréquences sont en rapports de 1:2:3:4 etc. C'est-à-dire qu'on entend, en plus du son fondamental, également son octave, sa douzième etc.

harmoniques (par effleurement) — technique de jeu sur les cordophones à archet consistant à effleurer la corde en certains points précis («flageolet technique»)

harmoniques (par renforcement du souffle) — obtention de certains harmoniques à la place du son fondamental sur un instrument à vent; extension de l'ambitus de la gamme fondamentale vers l'aigu (le plus souvent à l'octave ou à la douzième) à l'aide d'une clef spéciale chez les instruments à anches

hétérophonie — à sonorités distinctes; l'hétérophonie apparaît lorsque les instruments exécutent la même mélodie, chacun avec ses propres variations, tandis que le thème principal leur est commun

idiophone — instrument dont toute la matière est mise en vibration

improvisation — jeu impromptu dépendant des aptitudes personnelles de l'instrumentiste. A l'époque de la basse continue, complément indispensable dans l'exécution d'une œuvre écrite

intervalle — écart de hauteur entre deux sons

linguaphone — instrument ayant pour vibreur une fine lamelle élastique

lithophone — instrument de musique en pierre

membranophone — instrument de musique à membrane

métallophone — instrument de musique dont le vibreur est en métal

mode — 1) série ordonnée de notes dont est formée une mélodie; 2) caractère majeur ou mineur d'une composition

modulation — rapport de l'harmonie d'une phrase musicale au mode principal de la composition; elle permet de déterminer l'époque de la composition, la nationalité, voire l'identité du compositeur

monoxyle — instrument de musique fait d'une seule pièce de bois

motif — la plus petite figure musicale qui donne naissance à une composition

nœuds — points du vibreur qui ne peuvent s'écarter de leur position car ils sont fixés: extrémités des cordes, pourtour de la membrane, point de fixation des idiophones, extrémités fermées du tuyau

obligée (partie) — partie indispensable, à la différence de la partie facultative dont l'ensemble peut se dispenser

organographie — description des instruments de musique

organologie — étude des instruments de musique

partie vocale — partie de chant

pavillon — extrémité en entonnoir d'un instrument de cuivre

pédale continue — note tenue à la basse, tandis que les autres voix progressent en séries harmoniques logiques sans tenir compte de cette note

pédales (notes) — noms que l'on donne aux sons graves naturels des instruments à embouchure

plectre (médiator) — onglet servant à pincer les cordes de certains cordophones

polyphonie — à plusieurs voix; composition polyphonique: composée de plusieurs voix autonomes simultanées

résonateur — partie d'un instrument de musique qui en renforce la puissance sonore

sautereaux — dans le clavicorde, languettes métalliques fixées à l'arrière des leviers de touches, servant à ébranler les cordes et à les raccourcir chez le clavicorde lié. Dans les vielles, les sautereaux servent uniquement à raccourcir les cordes

sourdine — dispositif servant à étouffer le son des instruments

système tonal — ensemble de toutes les notes utilisées dans la pratique musicale et organisées selon certaines règles

tuyaux à anches — comportent une languette dont la vibration produit le son

tuyaux à bouche — présentent une ouverture à biseau aigu (lèvre) sur laquelle vient buter le flux d'air, produisant ainsi le son tuyaux fermés — se distinguent des tuyaux ouverts à leur extrémité par leur son d'une octave plus grave

tuyaux ouverts — sonnent à l'octave supérieure des tuyaux fermés

unisson — son unique produit par deux ou plusieurs voix de même hauteur

vibration — tremblement, mouvement rapide et régulier de va-et-vient entre deux positions extrêmes; une oscillation représente

un mouvement d'allée et venue

vibreur — partie vibrante d'un instrument de musique qui a pour rôle de susciter des ondes sonores dans le milieu entourant l'instrument

PRINCIPALES COLLECTIONS MONDIALES D'INSTRUMENTS DE MUSIQUE

AUTRICHE

Vienne: Kunsthistorisches Museum — Sammlung alter Musikinstrumente
Schlosser, J.: *Die Sammlung alter Musikinstrumente,* Vienne, 1920
Luithlen, Victor: *Katalog der Sammlung alter Musikinstrumente,* Vienne, 1968

BELGIQUE

Bruxelles: Musée des Instruments Musicaux
Musée Instrumental du Conservatoire Royal de Musique
Mahillon, V. Ch.; *Catalogue descriptif et analytique du Musée Instrumental...,* Gand, 1893—1933

DANEMARK

Copenhague: Musikhistorisk Museum
Hammerich, A.: *Musikhistorisk Museum zu Kopenhagen. Beschreibender Katalog,* Copenhague, 1911
Collection privée de Carl Claudius
Claudius, C.: *Samling af Gamle Musikinstrumenter,* Copenhague, 1931

ESPAGNE

Barcelone: Museo de Música

ÉTATS-UNIS D'AMÉRIQUE

Boston: Museum of Fine Arts
Bessaraboff, N.: *Musikhistorisk European Musical Instruments,* Boston, 1941
Los Angeles: University of Southern California, School of Music
Norvell, Ph. J.: *A History and a Catalogue of the Albert Gale Collection of Musical Instruments,* 1952
Morristown: Yesteryear Museum
(Musée d'instruments de musique mécaniques)
New York: Metropolitan Museum of Art — Crosby Brown Collection
Catalogue of the Crosby Brown Collection of Musical Instruments of All Nations, New York, 1904—1905
Scarsdale: Musof of Music
(Musée d'instruments de musique mécaniques)
Graham, L.: *A Pictorial Outline of the History of Mechanical Music,* New York, 1967

FRANCE

Paris: Musée du Conservatoire National de Musique

Chouquet, G.: *Le Musée du Conservatoire National de Musique: Catalogue raisonné des instruments de cette collection,* Paris, 1875
Pillaut, L.: *Le Musée du Conservatoire National de Musique.* Suppléments au Catalogue, Paris, 1884—1903
Musée National du Louvre
(Instruments de musique de l'ancien Orient)
Musée Guimet
(Instruments d'Asie Orientale)

GRANDE-BRETAGNE

Londres: Victoria and Albert Museum
Catalogue of Musical Instruments: Vol I. Russell R.: *Keyboard Instruments,* Londres, 1968; Vol. II. Baines, A.: *Non-Keyboard Instruments,* Londres 1968
British Museum
(Contient de précieux legs de collectionneurs privés; des instruments de musique antiques et orientaux)
Horniman Museum
Jenkins, J.: *Musical Instruments,* Londres, 1958

HONGRIE

Budapest: Magyar Nemzeti Múzeum
Gábry, G.: *Alte Musikinstrumente,* Budapest, 1969

INDE

Calcutta: Indian Museum
Meerwarth, A. M.: *A Guide to the Collection of Musical Instruments Exhibited in the Ethnographical Gallery of the Indian Museum in Calcutta,* Calcutta, 1917

ITALIE

Crémone: Museo Civico
(Renferme des souvenirs des célèbres luthiers de Crémone de la collection Cozio di Salabue)
Milan: Museo degli Strumenti musicali, Castello Sforzesco
Gallini, N.: *Museo civico di antichi strumenti musicali,* Milan, 1958
Naples: Museo Nazionale
(Instruments de musique antiques)
Rome: Museo dell'Accademia di Santa Cecilia

PAYS-BAS

La Haye: Haags Gemeentemuseum
Ligtvoet, A. W.: *Exotische en oude europese muziekinstr. in de muziekafdeling van*

het haagse gemeentemuseum, La Haye, 1955
Leiden: Rijksmuseum van Oudheden
Utrecht: Museum van Speeldoos tot Pierement
(Collections spéciales d'instruments de musique mécaniques)

RÉPUBLIQUE DÉMOCRATIQUE ALLEMANDE

Eisenach: Bachhause zu Eisenach
Buhle, E.: *Sammlung alter Musikinstrumente,* Leipzig, 1913
Halle an der Saale: Händel Museum
Sasse, K.: *Musikinstrumentenausstellung,* Halle, 1958 *Musikinstrumentensammlung. Besaitete Tasteninstrumente.* Halle, 1966
Leipzig: Musikinstrumenten-Museum der Karl-Marx-Universität
Rubardt, P.: *Führer durch das Musikinstrumenten-Museum der Karl-Marx-Universität Leipzig,* Leipzig, 1955
Markneukirchen: Musikinstrumenten-Museum
Jordan, H.: *Führer durch das Musikinstrumenten Museum Markneukirchen.* Markneukirchen, 1975

RÉPUBLIQUE FÉDÉRALE D'ALLEMAGNE

Bamberg: Musikhistorisches Museum Neupert
Führer durch das Musikhistorische Museum Neupert, 1938
Berlin: Staatliches Institut für Musikforschung. Musikinstrumenten-Museum
Berner, A.: *Das Musikinstrumenten-Museum,* Berlin, 1958
Munich: Bayerisches Nationalmuseum
Bierdimpfl, K. A.: *Die Sammlung der Musikinstrumente des Bayerischen Nationalmuseums.* Munich 1883
Münchner Stadtmuseum — Musikinstrumentensammlung
Nuremberg: Germanisches Nationalmuseum

SUÈDE

Stockholm: Musikhistoriska Museet
Svanberg, J.: *Musikhistoriska Museets i Stockholm — Instrumentsamling,* Stockholm, 1902

SUISSE

Greifensee: Sammlung historischer Blechblasinstrumente und Trommel

TCHÉCOSLOVAQUIE

Prague: Národní museum v Praze — Museum české hudby
Buchner, A.: *Průvodce výstavou České hudební nástroje minulosti*, Prague, 1950

URSS

Leningrad: Institut teatra, muzyki i kinematografii
Blagodatov, G. I.: *Katalog muzykalnykh instrumentov*, Leningrad, 1972

Moscou: Gossudarstvenyï tsentralnyï muzeï muzykalnoï kultury imeni M. I. Glinki
Kulikov, V. M.: *Muzykalnyë instrumenty narodov Sovietskogo soïouza v fondakh Gossudarstvennogo tsentralnogo muzeia muzykalnoï kultury imeni M. I. Glinki*, Moscou, 1977

ORIENTATION BIBLIOGRAPHIQUE

La littérature spécialisée sur les instruments de musique apparaît dès le début du XVIe siècle, mais c'est seulement dans le dernier quart du siècle dernier que se fait jour une recherche intensive fondée sur un effort conscient de traiter les problèmes organologiques d'une manière plus approfondie et plus systématique en partant d'un point de vue physico-technique, musico-esthétique et historico-culturel.

La liste ci-après comprend surtout une sélection de base de monographies consacrées aux différents instruments et des ouvrages portant sur des périodes limitées de leur évolution. Ne sont pas mentionnées les études et les articles disséminés dans les publications spécialisées.

I — Instruments traditionnels

AGRICOLA M.: *Musica instrumentalis deudsch*, Wittenberg, 1528 et 1545; fac-sim. Leipzig, 1896
ALTON, R.: *Violin and Cello*, Londres, 1964
ARAKELIAN, S.: *Die Geige*, Francfort, 1968
AVGERINOS, G.: *Lexikon der Pauke*, Francfort, 1964
Handbuch der Schlag- und Effektinstrumente, Francfort, 1967
BAHNERT—HERZBERG—SCHRAMM, *Metallblasinstrumente*, Leipzig, 1958
BACHER, J.: *Die Viola da Gamba*, Kassel, 1932
BAINES, A.: *Woodwind Instruments and their History*, Londres, 1957
Musical Instruments through the Ages, Londres, 1963
European and American Musical Instruments, Londres, 1966
BARON, E. G.: *Historisch-theoretische und praktische Untersuchung des Instruments der Lauten*, Nuremberg, 1727; fac-sim. Amsterdam, 1965
BATE, P.: *The Oboe*, Londres, 1956
The Trumpet and Trombone, Londres, 1966
The Flute, Londres, 1975
BEDOS DE CELLES, F.: *L'Art du Facteur d'Orgues*, Paris 1776; fac-sim. Kassel, 1934
BEHN, F.: *Musikleben im Altertum und frühen Mittelalter*, Stuttgart, 1954
BERMUDO, J.: *Declaración de Instrumentos musicales*, Osuna, 1549; fac-sim. Kassel 1957
BERR, A.: *Geigen: Originale, Kopien, Fälsungen, Verfälschungen*, Francfort, 1967
BESSARABOFF, N.: *Ancient European Musical Instruments*, Boston, 1941
BESSELER, H.: *Die Musik des Mittelalters und der Renaissance*, Potsdam, 1931
BLADES, J.: *Percussion Instruments and their History*, Londres, 1970

BOALCH, D.: *Makers of the Harpsichord and Clavichord*, Londres, 1956
BORNEFELD, H.: *Das Positiv*, Kassel, 1941
BRAGARD, R.—DE HEN, F. J.: *Les Instruments de musique dans l'art et l'histoire*, Rhode-Saint-Genèse, 1967
BRANDIMEIER, J.: *Handbuch der Zither*, Munich, 1963
BROHOLM. H.—LARSEN, W.—SKJERNE, G.: *The Lurs of the Bronze Age*. Copenhague, 1949
BRÜCHLE, B.—JANETZKY, K.: *Kulturgeschichte des Horns*, Tutzing, 1976
BUHLE, E.: *Die Musikalischen Instrumente in den Miniaturen des frühen Mittelalters. I. Die Blasinstrumente*, Leipzig, 1903
BUCHNER, A.: *Extinct woodwind instruments of the sixteenth century*, Prague, 1952
Les instruments de musique à travers les âges, Prague, 1957
Fiddling Angels at Karlštejn Castle, Prague, 1967
Geigenverbesserer, Kassel, 1973
CABOS, F.: *Le violon et la lutherie*, Paris, 1948
CARSE, A.: *Musical Wind Instruments...*, Londres, 1939
CERVELLI, L.: *Contributi alla storia degli strumenti musicali in Italia. Rinascimento e Barocco*, Rome, 1967
CHOUQUET, G.: *Le Musée du Conservatoire National de musique*, Paris, 1884
CLOSSON, E.: *Histoire du piano*, Bruxelles, 1944
Das Akkordeon (Œuvre collective), Leipzig, 1964
DAUBENY, U.: *Orchestral Wind Instruments, Ancient and Modern*, Londres, 1920
DOLMETSCH, N.: *The Viola da Gamba*, Londres, 1962
DORF, R.: *Electronic Musical Instruments*, New York, 1954
DOUGLAS, A.: *The Electronic Music Instrument Manual*, Londres, 1957
DUFOURCQ, N.: *Le clavecin*, Paris, 1967
EICHBORN, H.: *Die Trompete in alter und neuer Zeit*, Leipzig, 1881
EICHELBERGER, H.: *Das Akkordeon*, Leipzig, 1964
ELLERHORST, W.: *Handbuch der Orgelkunde*, Einsiedeln, 1936
EUTING, E.: *Zur Geschichte der Blasinstrumente im 16. und 17. Jahrhundert*, Berlin, 1899
FARGA, F.: *Geigen und Geiger*, Zürich, 1940
FLOOD, W. H.: *The Story of the Bagpipe*, Londres et New York, 1911
The Story of the Harp, Londres et New York, 1905

GALPIN, F. W.: *The Music of the Sumerians... the Babylonians and Assyrians*, Cambridge, 1937
GIRARD, A.: *Histoire et richesse de la flûte*, Paris, 1953
GOEHLINGER, F. A.: *Geschichte des Klavichords*, Bâle, 1910
HAACKE, W.: *Orgeln in aller Welt*, Stuttgart, 1965
HAJDECKI, A.: *Die italienische Lira da Braccio*, Mostar, 1892
HARRISON, F.—RIMMER, *European Musical Instruments*, Londres, 1964
HECKEL, W.: *Der Fagott*, Leipzig, 1931
HEINITZ, W.: *Instrumentenkunde*, Potsdam, 1929
HENLEY, W.: *Antonio Stradivari*, Brighton, 1961
Universal Dictionary of Violin and Bow Makers, 5 vol., Brighton, 1960
HILL, W. E.: *Antonio Stradivari, his Life and Work*, Londres, 1909
HIRT, F. J.: *Meisterwerke des Klavierbaus*, Olten, 1955
HUNT, E.: *The Recorder and its Music*, Londres, 1962
JACQUOT, A.: *La lutherie lorraine et française depuis ses origines jusqu'à nos jours*, Paris, 1912
JAHNEL, F.: *Die Gitarre und ihr Bau*, Francfort, 1963
JANSEN W.: *The Bassoon, its History, Construction, Makers, Players and Music*, Londres, 1978
KINSKY, G.: *Katalog des Musikhistorischen Museums von Wilhelm Heyer in Köln*, Cologne, 1912
Geschichte der Musik in Bildern, Leipzig, 1929
KIRBY, P. R.: *The Kettle-Drums*, Londres, 1930
KOOL, J.: *Das Saxophon*, Leipzig, 1931
LANGWILL, L. G.: *An Index of Musical Wind-Instrument Makers*, Edinbourg, 1962
The Bassoon and Contrabassoon, Londres, 1965
LÜTGENDORFF, W.: *Die Geigen- und Lautenmacher vom Mittelalter bis zur Gegenwart*, Francfort, 1922
MARCUSE, S.: *Musical Instruments: A Comprehensive Dictionary*, New York, 1964
MENKE, W.: *History of the Trumpet of Bach and Händel*, Londres, 1934
MERSENNE, M.: *Harmonie Universelle*, Paris 1636; fac-sim. Londres, 1963
MORLEY-PEGGE, R.: *The French Horn*, Londres, 1960
NEUPERT, H.: *Das Cembalo*, Kassel, 1956

Vom Musikstab zum modernen Klavier, Kassel, 1960

PIERRE, C.: *Les facteurs d'instruments de musique, les luthiers et la facture instrumentale, précis historique,* Paris, 1893 (rééd. Genève, 1971)

PLANYAVSKY, A.: *Geschichte des Kontrabasses,* Tutzing, 1970

POHLMANN, E.: *Laute-Theorbe-Chitarrone,* Lilienthal-Brême, 1977

PRAETORIUS, M.: *Syntagma Musicum,* Wolfenbüttel, 1619; fac-sim. Kassel, 1958

RENDALL, F.: *The Clarinet,* Londres, 1957

RENSCH, R.: *The Harp,* New York, 1950

RICHMOND, S.: *Clarinet & Saxophone Experience,* Londres, 1977

RÜHLMANN, J.: *Die Geschichte der Bogeninstrumente,* Brunswick, 1882

RUSELL, R.: *The Harpsichord and Clavichord,* Londres, 1959

SACHS, C.: *Reallexikon der Musikinstrumente,* Berlin, 1913
Sammlung alter Musikinstrumente bei der staatlichen Hochschule für Musik zu Berlin, Berlin, 1922
Geist und Werden der Musikinstrumente, Berlin, 1929
Handbuch der Musikinstrumentenkunde, Leipzig, 1930
The History of Musical Instruments, Londres, 1942

SAMOYAULT—VERLET, C.: *Les facteurs de clavecins parisiens, 1550—1793,* Paris, 1966

SCHULTZ, H.: *Instrumentenkunde,* Leipzig, 1931

SHARPE, A. P.: *The Story of the Spanish Guitar,* Londres, 1954

SMITHERS, DON L.: *The Music & History of the Baroque Trumpet before 1721,* Londres, 1973

STAUDER, W.: *Alte Musikinstrumente,* Wurtzbourg, 1973

STRAETEN, W., VAN DER: *The History of the Violoncello, The Viol da Gamba, their Precursors,* Londres, 1915
The History of the Violin, Londres, 1933

SUMUER, W. K.: *The Pianoforte,* Londres, 1966

VADDING, M.—MERSEBURGER, M.: *Das Violoncello und seine Literatur,* Leipzig, 1920

VANNES R.: *Dictionnaire universel des luthiers,* Bruxelles, 1951—1959

VIDAL, A.: *Les instruments à archet,* Paris, 1876—1878, 2 volumes

VIRDUNG, S.: *Musica getutscht und ausgezogen,* Bâle, 1511; fac-sim. Kassel, 1931

WINTERNITZ, E.—STRUNZI L.: *Die schönsten Musikinstrumente des Abendlandes,* Munich, 1966

II — Instruments populaires

ALEXANDRU, T.: *Instrumentale musicale ale popolurui romin,* Bucarest, 1956

ARBATSKY, Y.: *Beating the Tupan in the Central Balkans,* Chicago, 1953

ARETZ, I.: *Instrumentos musicales de Venezuela,* Cumaná, 1967

AYERSTARÁN, L.: *Música en el Uruguay,* Montevideo, 1953

BALOCH, N. A.: *Musical Instruments of the Lower Indus Valley of Sind,* Hyderabad, 1966

BANDOPADHYAYA, S.: *The Music of India,* Bombay, 1945

BOSE, F.: *Musikalische Völkerkunde,* Fribourg, 1956

BRANDEL, R.: *The Music of Central Africa,* La Haye, 1961

CARRINGTON, J. E.: *Talking Drums of Africa,* Londres, 1949

COLLAER, P.: *Ozeanien: Amerika (Musikgeschichte in Bildern).* Leipzig, 1965—1967

DANIÉLOU, A.: *La Musique du Cambodge et du Laos,* Pondichéry, 1957

DHANIT, Y.: *Thai Musical Instruments,* Bangkok, 1957

FARMER, H. G.: *Studies in Oriental Musical Instruments,* Glasgow, 1939

FISCHER, H.: *Schallgeräte in Ozeanien,* Strasbourg, 1958

GÜNTHER, R.: *Musik in Rwanda,* Tervuren, 1964

D'HARCOURT, M. & R.: *La musique des Aymars sur les Hauts Plateaux boliviens; La musique des Incas et ses survivances,* Paris, 1925

IZIKOWITZ, K. G.: *Musical and Other Sound Instruments of the South American Indiuns,* Göteborg, 1935

KAUDERA, W.: *Musical Instruments in Celebes,* Göteborg, 1927

KUNST, J. A.: *Hindoe-javaansche Muziek-Instrumenten,* Weltevrenden, 1927

KUNZ, L.: *Die Volksmusikinstrumente der Tschechoslowakei,* Leipzig, 1974

LAURENTY, J. S.: *Les chordophones du Congo Belge et du Ruanda-Urundi,* Tervuren, 1960
Les sanza du Congo, Tervuren, 1962

LING, J.: *Nyckelharpan,* Stockholm, 1967

MALM, W. P.: *Japanese Music and Musical Instruments,* Rutland, 1960

MARTÍ, S.: *Instrumentos musicales precortesianos,* Mexico City, 1955

OLEDZKI, S.: *Polskie instrumenty ludowe,* Cracovie, 1978

ORTIZ, F.: *Los instrumentos de la música afrocubana,* La Havane, 1952—55

REINHARD, K.: *Chinesische Musik,* Kassel, 1956

SÁROSI, B.: *Die Volksmusikinstrumente Ungarns,* Leipzig, 1966

SÖDEBERG, B.: *Les instruments de musique du Bas-Congo,* Stockholm, 1956

TRAN VAN KHÉ: *La musique vietnamienne traditionnelle,* Paris, 1962

VEGA, C.: *Los instrumentos musicales aborigines y criollos de la Argentina,* Buenos Aires, 1943

VIERTKOV—BLAGODATOV—JAZOVITS-KAÏA: *Atlas muzykalnykh instrumentov naroda SSSR,* Moscou, 1963, 1976 (2e édition)

WALIN, S.: *Die schwedische Hummel,* Stockholm, 1952

WILLIAMS, F. E.: *Bull-roarers in the Papuan Gulf,* Port Moresby, 1936

WIRZ, P.: *A Description of Musical Instruments from Central North-Eastern New Guinea,* Amsterdam, 1952

III — Instruments de musique mécaniques

BOSTON, C. N.—LANGWILL, L. G.: *Church and Chamber Barrel-Organs,* Edimbourg, 1967

BOWERS, D. Q.: *A Guidebook of Automatic Musical Instruments,* New York, 1967—1968
Encyclopedia of Automatic Musical Instruments, New York, 1972

BUCHNER, A.: *Mechanical Musical Instruments,* Prague, 1958; fac-sim. New York, 1979

CHAPUIS, A.: *Automates, machines automatiques et machinisme,* Lausanne, 1928
Histoire de la Boîte à Musique et de la Musique Mécanique, Lausanne, 1955

CHAPUIS, A.—DROZ, E.: *Les Automates,* Neuchâtel, 1950

CLARK, J. E. T.: *Musical Boxes, A History and an Appreciation,* Birmingham, 1948 et 1952

GREW, S.: *The Art of the Player-Piano,* Londres, 1922

HUPFELD, L.: *Dea-violina, die erste selbspielende Violine,* Leipzig, 1909

MOSORIAK, R.: *The Curious History of Music Boxes,* Chicago, 1953

NEWMAN, E.: *The Piano-Player and its Music,* Londres, 1920

INDEX DES NOMS DE PERSONNES

Abdoul Hassan Ibn Nafi *voir* Ziryab
Adlung, Jacob   110
Albonesi, Afranio degli   94
Alexandre, père et fils   151
Alfarabi   209
Alphonse X le Sage   65
Amati, Nicola   127, 133
Anacréon   46
Andrea, Giovanni d'   100
Angermaier, Christoph   85
Apollon   44
Aristote   52
Assurbanipal   35
Athénée   44
Avicenne   209
Babitt, Milton   338
Bach, Jean Sébastien   102, 108, 135, 139, 141, 170, 176
Baldwin   331, 335
Band, Heinrich   156
Barnia, Fedele   129
Baron, Ernest Gottlieb   108
Baschet, frères   332, 333
Bauer, Jan   113
Becker   248
Beethoven, Ludwig van   319, 320
Berlioz, Hector   145, 146
Bermudo, Juan   76
Bertrand   330
Besson, Fontaine   170, 180
Bidermann, Samuel   322, 323
Biest, Martin van der   111
Blühmel, Friedrich   145
Boccherini, Luigi   121
Boèce (Anicius Manlius Severinus Boetius)   58, 68, 71
Böhm, Theobald   161, 163, 168, 169, 170, 171
Bornholm   29
Bossi *voir* Caldera et Bossi
Broadwood, John   130
Bruder, frères   325
Brueghel, Jan   104, 310
Burgkmair, Hans   90
Burton, John   16
Buschmann, David   156, 157
Cahill, Thaddeus   330
Caldera et Bossi, maison   391
Cambert, Robert   170
Casparini, Eugen   118
Červenka, A.   185
Červený, Václav František   8, 171, 180
Champollion, Jean-François   36
Chang, dynastie   213
Charlemagne   61
Charles II le Chauve   59, 60
Charles VII, roi de France   111
Cherubini, Luigi   163
Compenius, Essaias   89, 118
Constantin V Copronyme   69
Cousineau, Jacques-Georges   187
Cristofori, Bartolommeo   125, 128
Ctésibios   56
Cunégonde, abbesse   76
Dardanus   58
David   55, 69, 71, 264, 265
Debain, Alexandre François   151
Debussy, Claude   167, 170
Denner, Johann Christoph   116
Diodore de Sicile   28, 49
Diviš, Prokop   327
Djami   209
Dohnal, Joseph   169
Dolmetsch, Arnold   18, 125
Domenichino, Domenico Zampieri, dit   133
Donati, Giuseppe   167
Dräger, Hans-Heinz   16
Dubois   193
Duiffopruggar, famille (*voir aussi* Tieffenbrucker)   110
Eberle, Johannes Udalricus   142, 143
Edison, Thomas Alva   314
Edlinger, Tomáš   124
Ehe   106
Enescu, George   189
Ennius, Quintus   54

Érard, Sébastien   187, 192
Eschenbach, C. F.   119
Esterházy, Nicolas   142
Fétis, François Joseph   93
Flavius, Josèphe   42
Fortunat, saint Venance   28
Frank, Johann Jobst   134
Franklin, Benjamin   149
Fugger, famille   109
Fürst, B.   116
Galli, Domenico   146
Galpin, Francis William   18
Gärtner, Antonin   118
Gautrot   194
Gengis khan   207
Gevaert, François Auguste   15
Gilgamesh   30
Giotto   75
Giovanni Maria da Brescia   111
Girard, Philippe de   191
Glier, G. F.   119
Gluck, Christoph Willibald   102, 161
Gossec, François-Joseph   162
Gossling, maison   317
Goudéa   30
Grauwels, Hans   111
Greenway, H.   185
Grenié, Gabriel Joseph   151
Grocheo, Johannes de   76
Grünewald, Matthias   100
Guarneri, Giuseppe, dit del Gesù   133
Gurlitt, Willibald   182
Gutrot   116
Haas   106
Haendel, Georg Friedrich   163
Haiden, Hans   191
Hainlein   106
Halliday   174
Hamlin *voir* Mason and Hamlin
Hammer, Georg   158
Hammond   331
Häusler, Josef   159
Haydn, Joseph   142, 319
Hebenstreit, Pantaleon   126
Heckel, Johann   162, 170, 171
Henry   193
Héron d'Alexandrie   56, 57
Herz, Henri   191
Hickmann, Hans   14, 17, 37, 38, 41, 42
Hildebrand, Zacharias   118
Hindemith, Paul   330
Hlaváček   186
Hollar, Venceslas   98
Homère   26, 44, 48
Honegger, Arthur   330
Horace   54
Hörlein, Karl Adam   194
Hornbostel, Erich Maria von   15, 16, 17
Hotteterre, Jacques   6
Hotteterre, Jean   6
Hotteterre, Louis   115
Hulinský, Tomáš   143, 147
Hupfeld, maison   325, 326
Hutchinson, Carleen   194
Ibert, Jacques   330
Indy, Vincent d'   170
Isidore de Séville, saint   79
Ivanov   330, 331
Janáček, Leoš   179
Jean de Středa   79
Jean-Paul   150
Jérôme de Moravie   15
Jérôme, saint   58
Joinville   79
Jolivet, André   330
Jordan   103
Jubal   69
Kaufmann, Angélique   148
Kendall, Charles   322
Khildji, Allaudin   205
Khusrau, Amir   205
Kirchner, Leo   340
Kloss *voir* Rieger et Kloss
Knittlinger   157

Kondratiev, Nicolaï   286
Kotykievicz   155
Kreitser   330, 331
Kühmayer   192
Kupecký, Jan   114
Kurfürst, Pavel   16, 17
Laborde, Jean-Baptiste   327
Ladislas le Posthume   111
La Hire, Laurent de   94
Lanino, Bernardino   108
Lastman, Pieter   112
Lefèvbre, Charles   189
Lehmann, Johann   12, 17
Lídl, maison   174, 175, 180
Light, Edward   124, 135
Louis IX, saint   79
Lyon, Gustave   189
Machaut, Guillaume de   64, 65, 79, 125
Maestro del Cassone Adimari   82
Mager, Jörg   330
Mahasiddha   207
Mahillon, Victor Charles   15
Mahler, Gustav   178, 179
Majer, J. F. B. C.   85
Mälzel, Johann Nepomuk   320
Mantoya de Cardone, Johannes   107
Marius, Jean   128
Martenot, Maurice   330
Martin, A.   321
Martin, Pierre Alexandre   155
Mason and Hamlin, maison   155
Mauzaisse, Jean-Baptiste   137
Maximilien Ier, électeur de Bavière   85
Maximilien II Joseph, roi de Bavière   190
Megaw, John Vincent Stanley   19
Meidling, Anton   95
Memling, Hans   77, 103
Mendelssohn-Bartholdy, Felix   103
Mersenne, Marin   84, 322
Michel-Ange   135
Milhaud, Darius   330
Moïse   42
Montagu, Jeremy   16
Moritz   179
Mott, Isaac   191
Mozart, Wolfgang Amadeus   173, 319
Muris, Johannes de   15
Mustel, Alphonse   164
Mustel, Victor   155
Nakht   36, 40
Nencheftkal   37
Nernst   330
Neuschel, Hans   103
Norlind, Tobias   16
Ongaro, Ignazio   126
Ott, Ondřej   89
Otto, Jakob August   121
Ovide   54
Pace, G. M.   132
Paganini, Niccolò   121
Pape, Jean-Henri   189
Paulirinus de Praga, Paulus   110
Pentorisi, Murano da   97
Pépin le Bref   69
Pepoli, Hercule   141
Petrof, maison   192
Petzmayer, Johann   190
Pfalz, Severin   159
Philon d'Alexandrie   56
Pittrich   194
Plesbler, Francesco   134
Pollux, Julius   32, 44
Popper, maison   324
Praetorius, Michael   15, 81, 87, 93, 96
Pu-abi   32
Pythagore   69
Quiser   194
Ramis, maison   171
Ramsès III   37
Raphaël   135
Ravel, Maurice   167
Řebíček, František   314
Remi, saint   64
Richardson, Arthur   194
Richter   157

Riemer, J. 313
Rieger et Kloss, maison 178, 182
Rimski-Korsakov 330, 331
Ritter, Hermann 194
Rivière, Mlle 132
Roland 61
Röllig, Karl Leopold 189
Rossini, Gioacchino 103
Ruckers, Andreas 111
Ruckers, Hans 110, 111
Ruckers, Johannes 111, 138
Sachs, Curt 15, 16, 17, 18
Salò, Gasparo da 110
Salomon 41, 264, 265
Sattler 178
Sauer, Leopold 165
Sax, Adolphe 170, 181
Schaeffner, André 15, 16
Schlegel, J. 115
Schlosser, J. 88
Schnitzer, A. 86, 106
Schönberg, Arnold 178
Schott, Martin 108
Schröter, Gottfried 126
Schubart, Christian Friedrich 13
Schubert, Franz 121
Schunda, József 298
Schweitzer, Albert 182
Sei Shonagon 227
Sellas, Georgius 130
Servius 54
Seufert, Joseph 168
Sieber, H. 122
Silbermann, Andreas 118
Silbermann, Gottfried 118, 130

Slocombe, Shirley 144
Souei, dynastie 227
Sousa, John Philip 180
Speer, Daniel 98
Spielmann 330
Sprenger, Eugen 194
Stamic, Jan Václav 116
Stein, Johann Andreas 128, 130
Stelzner, A. 193, 194
Stodart, R. 128
Stölzel, Heinrich 145
Stradivari, Antonio 59, 133, 137, 144
Strauss, Richard 146, 170, 171, 330
Stravinsky, Igor 146
Streicher 192
Streicher, Johann Andreas 130
Sudre 180
Tagore, Rabindranath 201
T'ang, dynastie 216, 223
Termen, Lev Sergueievitch 330, 339
Terpandre 44
Tertise, Lionel 194
Théophraste 47
Thureau-Dangin, F. 30
Tiefenbrunner, Georg 161
Tieffenbrucker, Gaspard 101
Tieffenbrucker, Wendelin 102, 111
Tielke, Joachim 145
Tokugawa, dynastie 229
Tournières, Robert 6
Toutankhamon 38, 39
Trasuntinus, Vitus de 103
Trautwein, Friedrich 330
Ulrich von Lichtenstein 64
Van der Helst, Bartholomeus 109

Van Dyck, Antoine 75
Vegetius (Flavius V. Renatus; Végèce) 55
Vélislav 73
Venceslas IV 80
Veneziano, Paolo 62
Verdi, Giuseppe 182
Virchi, Girolamo 91
Virdung, Sebastian 92
Vitruve 57
Voboam, Alexandre 128
Voboam, Jean 127
Vollner, Wilhelm 316
Vuillaume, Jean-Baptiste 193, 194
Wagner, Richard 103, 178, 196
Walcker 182
Walther, Johann Gottfried 117
Ward, John 195
Weber, Carl Maria von 121
Weidinger 173
Weinbach, maison 188
Wellington, Arthur Wellesley 320
Wheatstone, Charles 156
Wieland 150
Wieprecht, Wilhelm Friedrich 179
Wild, Johann 148
Willer, Jan Michal 122
Winterhoff 164
Wou, impératrice 221
Xénophon 48
Yantarski, Georgi 23, 24
Yin, dynastie 221
Zampieri, Domenico voir Domenichino
Ziryab, Abdoul Hassan Ibn Nafi, dit 269
Zoffany, John 150

INDEX DES NOMS D'INSTRUMENTS

accordéon 13, 153, 156, 157, 183, 186, 281, 287, 289, 292, 303, 311, 331, 343
acoucryptophone 148
adja 253
aduf 311
adya-oru 217
afoxe 253
agatch-komouz 210, 211, 213
aghanin 267
agogo 254
ajarags 289
akadinda 258
akordeon 283
ala bohemica 71, 75
alaud 311
alboka 311
alto (voir aussi viole) 135, 193
ambira 257, 258
amzad 260
angklung 244
angra okwena 261
apunga 258, 259
archi-cistre 131
archiluth 108
arc musical 20, 21, 23, 27, 245, 254, 255, 256, 259, 260
arghoul 267
arghoul al kebir 265
ariston 316, 319
armonia 79
arpanette 135
aulos 44, 45, 47, 48, 49, 50, 52, 53
aylliquepa 251
ayotl 248
bagana 264
baïan 281, 283
bajon 251
bala 258
balaban 211
balafon 257, 258
balalaïka 287, 293
bandonion 156
bandoura 284, 287
banjo 13, 184, 256
banjo automatique 322
bansari 205
bansora 205
bar 273

barbiton 46, 50
baroxyton 180
baryton (voir aussi viola di bordone) 141, 142, 145, 193
baryton (trompette) 179
basso di camera 139
basson 13, 94, 96, 116, 117, 160, 162, 171, 341
bassophone 330
bata 254
batterie 197, 333
baya 207
baza 258
bazaree 201
bedon 80
bedug 242
bellarmonic 148
bendir 269
bhazana çruti 201
bin 202
biniou bras 310
biniou koz 310
biwa 229
boadze 264
boîte à musique 314
bombaa 264
bombarde 83, 84, 85, 94, 112, 116
bombardon 180
bombardone 84
bombardo sopranino 84
bonang 242
bongos 13, 197, 250
botija 250
bourdon 309
buccina 53, 55, 67, 299
bûche 256
bucium 294, 299
bugle 170, 174, 175, 179, 343
buisine 67
burubush 257
byantchin 218
caboca 253
caccarella 303
cái-kèn 236
cái-sinh 236
caisse claire 13, 195, 196
caisse roulante 13, 195, 196, 197
carillon 61, 64, 73, 78, 163, 312, 313, 314

carimba 254
carnyx 24, 26
castagnettes 159, 166, 167, 236, 248, 266, 308
célesta 13, 164, 341
cervelas 85, 88, 116
cha-cha 247
chalamelle 62
chalemie 62
chalumeau 42, 49, 62, 65, 68, 76, 78, 82, 84, 92, 104, 116, 311
chansa 208
chapeï 235, 237, 238
charango 249, 251
cheng 215, 216, 218, 220, 226, 228, 233, 235
che-k'ing 213
chiêng 238
chililihtli 248
chirimia 248
chiroula 310
chitarra battente 108, 125
chitarrone 94, 107, 108
chittika 200
chocalho 253
chordephon 322
chrotta 28, 59, 69, 278
cigale 310
cimbalom (voir aussi cymbalum) 298
cistre 91, 99, 122
cistre-harpe 102
cithara 71
cithare 32, 38, 42, 44, 46, 47, 53, 55, 60, 71, 74, 161, 164, 189, 208, 212, 219, 221, 227, 228, 229, 231, 233, 242, 256, 268, 270, 273, 276, 278, 279, 282, 298, 307, 310, 322
cithare à archet 190
cithern 122
citole 122
claquettes 38, 59, 60, 68, 216, 238, 291, 296, 303
clarina 69, 116
clarinette 13, 37, 61, 62, 115, 116, 117, 145, 161, 163, 169, 170, 200, 265, 267, 302, 341
clavecin 13, 98, 99, 104, 110, 111, 113, 118, 121, 140, 141, 343
clavecin à maillets 128
clavecin électrique 327, 335
clavecin-épinette 138
claves 249

clavicembalo 71, 126
clavicorde 71, 78, 95, 99, 110
clavicylindre 148
clavicytherium 79
cliquettes 19, 38
cloches 13, 163, 215, 230, 254, 256, 289, 291, 341
clochettes 61, 78, 104, 208, 222, 246, 280
cobsa 74
cobza 298, 306
coelestine 148
concertina 156, 311
congas 13, 196, 197, 250
contralto 193, 194
contrebasse 135, 253, 311, 331, 343
contrebasson 160, 171, 341
contre-serpent 109
cor 25, 26, 27, 42, 52, 61, 64, 80, 103, 104, 116, 117, 118, 119, 150, 171, 174, 201, 206, 252, 280, 283, 289
cor anglais 157, 170, 341
cor de basset 341
cor d'harmonie 13, 116, 173, 178, 180, 342
cor double 173
corne 23, 38, 60, 62, 79, 250, 259, 269, 292
cornemuse 14, 59, 62, 68, 69, 80, 85, 94, 122, 201, 267, 268, 273, 284, 285, 290, 291, 292, 297, 301, 308, 310, 311
cornet 84, 178, 179, 187
cornet à bouquin 64, 67, 78, 85, 90, 96, 98, 101, 102, 104, 116
cornettino 178
cornophone 180, 181
cornu 53, 55
cottage-organ 156
crécelle 167, 281, 291, 296, 309
cromorne 65, 85, 90, 93, 94, 116
crot (voir aussi chrotta) 28
crotales 167
çruti upanga 201
cuatro 249
cymbales 13, 34, 35, 41, 42, 43, 49, 57, 59, 61, 155, 161, 196, 199, 200, 216, 222, 226, 239, 242, 266
cymbalum (voir aussi cimbalom) 71, 271, 291
cymbalum (clochettes) 61
da-daiko 228, 229
daff 212
damar 208
dàn bâu 237, 238
dàn dáy 237
dàn-to-roung 238
darbouka 271, 272
daulpaz 208
deblek 270
décacorde (decacordum) 59, 71
def 273
Denis d'or 327
dhola 199, 205
diaf 212
diaule (voir aussi double aulos) 42
didjeridou 243, 245
dilli-duduk 270
dimba 257, 258
dinaphone 330
diplipito 211
djounadjan 233
doïra 209, 210
dombra 208
domra 287
double aulos (voir aussi diaule) 52
double chalumeau 65
double clarinette 61, 267
double cor d'harmonie 180
double flageolet anglais 155, 167
double flûte 284, 292
double guitare 128
double hautbois 34, 36, 39, 40, 52, 53, 267
doudaram 208
doulcine 96, 102
doumbrak 209
doutar 209
duduk 273
duff 42
dulcimer 140, 256
dumbelek 273
duolon 149
dvodentsivka 284

dvojnica 301
échiquier 124
ekende 257
électrophone 330
emeriton 330, 331
enclume 167
entaala 258
épinette 97, 111, 138
épinette des Vosges 310
épinette mécanique 322, 323
Erzcister 131
esrar (esraj) 140, 202, 207
eul-hou 221, 224
euphon 148
euphonium 172, 179, 343
ey-tchek 274
fang-hiang 214
fele (voir aussi hardangerfelen) 278
fidla 278
fifre 20, 21, 53, 255, 286
fistule 65
flageolet 155, 167
flaios 64, 65
flauta 288
flaviol 310
flexatone 159, 167
floïara 284
fluier 299
fluste de Behaigne (flûte de Bohême) 64
flûte 6, 13, 19, 20, 23, 25, 28, 29, 30, 31, 34, 37, 39, 59, 62, 65, 66, 67, 69, 93, 115, 156, 161, 169, 170, 205, 208, 216, 217, 220, 227, 230, 233, 234, 246, 249, 252, 266, 270, 283, 284, 289, 292, 295, 301, 303, 305, 310, 311, 341
flûte à bec 85, 90, 93, 94, 104, 108, 114, 133, 167, 266, 341
flûte à lumière 245, 284, 294, 299, 309
flûte de Pan (voir aussi syrinx) 20, 25, 28, 48, 49, 53, 64, 85, 217, 218, 245, 249, 252, 283, 299
flûte douce (voir aussi flûte à bec) 64
flûte droite 21, 37, 78, 208, 216, 233, 239, 241, 251, 259, 262, 294
flûte nasale 201, 245, 253
flûte traversière 52, 54, 85, 90, 116, 168, 201, 209, 217, 227, 248, 259
fonikon 180
forgólant 298, 304
frétiau 65
fue 227, 234
fujara 294, 295, 300
fujarka 292
gaita 311
gajdy 297
gajdy goralské 297
gaku-biwa 228
gaku-so 228
galoubet 65, 309
gambe voir viole de gambe
ganza 253
gaval 211
gawaq 266
gegilava 260
Geigenwerk 191
genbog kayu 242
genbri 270
gender barung 242
gender panembung 241
gender panerus 242
gezarke 261
ghidjak 209
gigaku 227
gi-gid 30
gigue 59
Glockenspiel 163, 173, 341
gogen 230
gong 13, 20, 155, 162, 163, 208, 214, 217, 218, 226, 227, 228, 229, 230, 233, 234, 235, 236, 237, 238, 239, 241, 341
gong gedé 241
gong kemondong 241
gong ketug 242
gora 260
goudoulka 298, 299, 301
gousli 281, 286, 287, 292
gralla 310
gravicembalo col piano e forte 124
grelots 78, 104, 167, 230, 246
grosse caisse 13, 195, 196

gubo 260
guimbarde 208, 209, 245
güiro 249
guitare 13, 34, 76, 118, 121, 122, 124, 127, 128, 129, 130, 208, 214, 222, 224, 229, 230, 231, 235, 237, 238, 245, 248, 249, 251, 253, 254, 256, 261, 310, 331, 343
guitare électrique 327, 328
guitarra latina 76
guiterne 74, 76
guzla 302, 303
Hackbrett 307
haçocereth 42, 43
hade 260
halil 42
Handäoline 156
hardangerfelen 275, 278
harmonetta 159
harmonica 13, 149, 157, 159, 215, 216, 219, 220, 226, 228, 233, 234, 235, 292, 343
harmonica de fer 148
harmonica de verre 148, 149, 150, 151
harmonium 13, 151, 153, 155, 164, 192, 343
harpe 13, 17, 25, 29, 31, 32, 35, 36, 37, 38, 39, 41, 42, 46, 47, 59, 60, 63, 64, 69, 70, 71, 74, 77, 78, 92, 121, 136, 137, 145, 159, 184, 185, 186, 187, 189, 212, 213, 216, 237, 249, 251, 257, 265, 309, 310, 311, 343
harpe angulaire 34, 35, 38, 39, 259
harpe arquée 31, 38, 40, 237
harpe irlandaise 69
harpe-luth 124, 135, 262
harpe-lyre 32, 38
harpe-psaltérion 70, 71, 72, 73
harpsicorde 103
hautbois 13, 34, 36, 37, 39, 40, 52, 53, 62, 116, 150, 157, 162, 170, 198, 199, 201, 209, 216, 220, 226, 227, 234, 236, 238, 248, 266, 269, 272, 273, 274, 298, 341
hautbois d'amour (voir aussi oboe d'amore) 341
heckelphone 170, 171, 341
hélicon 180, 181
hichiriki 227, 234
highland-pipe 310
hné 236
hochet 19, 34, 38, 227, 246, 247, 249, 253, 255, 257, 291
hommel 278
hoo'r 309
horloge à flûte 316
horloge à harpe 325
hou-k'in 221
huancar 251
huehuetl 247
humle 278, 310
hummel 278
hunga 260
hydraulis 43, 56, 57
hydre 57
iba 38
ibeka 257
ika 253
ilimba 258
ingome 254
intona 316
iotchine 208
ipu 245
jaleika 284, 286
jeu de timbres 13, 163
joca 250
jouika 331
jouhikko 277, 278
kabaro 265
kagura-fue 228
kakko 228
kalamé 48
kalamos 48
kalanba 258
kaléidophone 330
kankles 291
kankobele 257
kannel 282, 291
kanon 212
kantele 276, 277, 278
kanun 268, 270, 273
karna 269
karnay 209, 210

kashbah   266
kaval   295, 301
kayakeum   231, 233
kemange   212, 273
kerar   264
khène   235
khloy   235
khong (khong vong)   234, 239
kinnor   42
kissoumba   261
kithara   42, 44, 46, 51, 56, 269
kiyak   208
klaviolina   331
klui   235
kluy   235
kobouz   209
koboz   270
kobyz   208, 209, 211
kohlo   254
koka zvans   289
kokle   291
koma-fue   228
komouz   208, 210, 211
koncovka   294
kornon   180
koto   229, 231
kou   221, 225
kouan   216
kou-k'in   208, 219, 221, 229
koung-hou   216
kou-tcheng   229
kouvikli   283, 289
koza   285
kozioł   292
kozioł ślubny   292
kraatspill   289
kunkulkawe   254
Kurbelsphärophon   330
kurtar   200
kwitrah   269
kyamani   212
kymbala   51
laghuto   303
langleik   278, 279, 280
launeddas   303
limba   208
lira   77, 109, 303
lira (vielle)   287
lira da braccio   100, 104, 111
lira da gamba   111, 138
liraki   303
lirica   303
lirone perfetto   109
lirou   278
lituus   51, 53, 54, 55, 60
livienka   281
llauto   310
lo   226
lojki   281
lou-cheng   219
louddou   278
lur   22, 26, 280
luth   9, 32, 34, 35, 36, 38, 40, 42, 47, 59, 68, 74,
       76, 78, 80, 92, 94, 98, 104, 106, 107, 108, 109,
       112, 113, 121, 200, 208, 211, 212, 219, 223,
       228, 229, 269, 273, 298, 303, 310, 311
luth théorbé   108, 109, 124
lyra   273
lyre   25, 28, 29, 30, 31, 32, 33, 34, 35, 38, 40, 42,
       44, 46, 47, 50, 52, 124, 258, 261, 264
lyre-guitare   124, 132
magrepha   43
mandira   200
mandoline   13, 134, 343
mandore   74, 78
Mandürchen   93
manicordion   71
manopan   316
maracas   248, 250, 253
margaretum   79
marimba   250, 253, 257, 258
massa   303
m'at   37
mathala   203
mazanki   292
mbira   257
melodika   316, 331
melopiano   191

mézoued   267
mezud   267, 268
miagaro   264
micanon   71
mignon   316
minnim   42
mismar   274
mizmar   42
mochuk   201
mok kaval   233
mokkin   242
monocorde   64, 110, 206, 238
morin-khour   207, 210
moses   264
mpintsim   264
mridanga   203
mtangala   260
murali   201
musette   122
nabulum   71
nacaires   79
nacc011acchere   308
nagara   205, 210, 212
nagarit   264, 265
nagasvaram   199, 201
naï   299
nakkarat-tbilat   268, 272
nay   37, 209, 266, 299
ndimba   260
ndöna   261
nébel   42
niau kani   245
niněra   277
nira   266
noordsche balk   310
novorjevskaïa   289
nunut   245
nyckelharpa   277, 278
o   233
oboe da caccia   170
oboe d'amore (voir aussi hautbois
       d'amour)   170
ocarina   155, 167, 189, 245, 246, 250
ochgaris   289
olifant   61
ombutu   263
ompe   204
ompochawa   257
ondes Martenot   330, 336
öngalabi   263
ophicléide   174, 179
orchestrion   317, 320, 324, 325, 327
organette   321, 325
organistrum   79
orgue   13, 14, 61, 64, 66, 69, 77, 87, 88, 89, 94,
       113, 117, 118, 121, 122, 130, 151, 155, 158,
       176, 177, 178, 181, 182, 183, 184, 185, 186,
       319, 322, 343
orgue à percussion   155
orgue Consonanta   331
orgue de Baldwin   331
orgue de Barbarie   313, 316, 318, 319, 322
orgue de Hammond   331, 336
orgue d'oiseau   319
orgue électrique   330, 334, 336
orgue expressif   151
orgue hydraulique voir hydraulis
orgue Minshall   331
orgue musical (musicational organ)   337
orgue portatif voir portatif
orgue positif voir positif
orphéoréon   122, 125
orphica   169, 189
osevenji   264
ottavina   110
'oud   212, 269, 273
ouna   233
pahu   245
p'ai-pan   216, 217
p'ai-siao   217, 218
palo roncador   253
pandeiro   254
pandareta   248
pandoura   117, 122, 124
pandouri   212, 213
pandourine   93, 126
pang-tse   217

panharmonicon   320
pan-kou   222
pantalon   126
partiturophone   330
pastierska píšťala   294
patvaing   236, 237, 240
paung   237
peking   241
pena   206
petite caisse   196
petite flûte (piccolo)   13, 156, 169, 341
pey   234, 238
phách   238
phagotum   93, 94
phiri   233
phoenix (orgue de Hammond)   336, 337
Phonoliszt-Violina   325, 326
phorminx   44
physharmonica   150, 153
piano   128, 130, 150, 165, 168, 189, 190, 191,
       192, 343
piano à archet   191, 192
piano à marteaux   128
piano à queue   13, 188, 192
piano de Nernst   330
piano droit   13, 192
piano éolien   191
piano-girafe   168
pianola   313, 320, 324, 325, 326
piano mécanique (voir aussi organette)   325
piano sostenente   191
piano-table   165
pianorgan   331
piano trémolophon   191
piccolo voir petite flûte
piccolo-heckelphone   164, 171
pien-k'ing   214, 217
piffero   309
pignate   310
pillagovi   201
pi nai   236
piob mor   310
piob uillean   310
p'i-p'a   219, 223
pipe   65
pipeless   331
Platerspiel   62, 67
po   215, 216, 222, 226
pochette   139, 144
podvoïnaïa svirel   284
po-fou   216, 221
pokido   257
polyphone   315, 316, 320, 322
polyphonic   159
portatif   68, 69, 77, 78, 121
positif   69, 89, 117
psalmodikon   278
psaltérion (psalterium)   59, 63, 68, 69, 71, 73,
       76, 78, 271, 277, 291, 310
pulai   245
qaragit   266
quena   251
quinton   109, 135, 139
rabob   237
racleur   19, 21, 217, 233, 246, 248, 253, 257,
       259, 289, 307
rag-doung   228
rajta   269
ranachringa   27, 201
ranad ek   236
rang nat   239
Rauschpfeife   90, 92
rébab   207, 209, 211, 241, 243, 267, 270, 271
rebec   64
rebeca   311
reco-reco   253
relia   287
rhombe   253, 254, 257
robob   209
rojok   283, 284
Rommelpot   309
ronéat   235, 236
ronker   309
roria   245
rotta (voir aussi chrotta)   28
rubèbe   74
ryuteki   228
sahnaï   201

saing 233
salpinx 26, 48, 49
salterio tedesco 71
sambyké 46
san-no-tsuzumi 230, 232, 234
santour 212, 271, 272
sanza 256, 257
saquebute 77, 82
sa ram 237
sarangi 140, 202, 203, 206, 207
saratovskaïa 281, 286
sarbasnay 208
sarinda 203, 207
saron 241
saron barung 241
saron panerus 241
sarrusophone 167, 342
sarvou 289
saxhorn 181, 191
saxophone 13, 145, 166, 170, 342
saz 211, 212
sceta vajasse 307
schama selslim 43
Scheitholt 310
Schlüsselfiedel 278
schofar 41, 42
se 219
seburburu 257
sehem 38
sélénophone 330
selslim 42, 43
serpent 102, 103, 150, 154, 179
shah nefir 269
shakuhachi 230
shamisen 229, 231
sho 228, 234
shoko 227, 228
siao 216
siao-se 219
siao-t'ang-kou 222
siesenki 292
sifflet 20, 21, 25, 93, 257, 278
silbador 248, 253
sime-daiko 232
sistre 36, 38, 41, 52, 61, 264
sitar 205, 207
skor-thom 235, 239
skoudoutchiaï 289
skrabalas 280, 289
slentem gantung 241
snug 266
soffle 65
so-i 239
sonajas 248
so-ou 239
sopel 283, 284
sopilka 284
sordina 98, 104, 139, 212
souo-na 220, 226
sourdine 81, 84, 87, 88, 116
sournay 209
sousaphone 180, 191
sphérophone 330
spinetta 110
Spinettregal 95
sringa 206
Stockgeige 172
stråckharpa 278, 280
subkontrafagot 171
sudrophone 172, 180
suling 241
superpiano de Spielmann 330
surbahar 203
surnaï 201
svirel 284
svistilki 286
sybyzgui 208
symphonia (tambour) 79
symphonia (vielle) 79
synthétiseur 335, 336, 338, 339
syrinx (voir aussi flûte de Pan) 20, 21, 25, 28,
    34, 48, 49, 53, 251
tabla 203, 205, 207
tabour 64
taiko 228
tala 200
tallharpa 278
tamboril 305, 311
tambour 18, 21, 25, 27, 28, 32, 39, 42, 64, 65,
    69, 72, 79, 80, 196, 197, 199, 200, 203—208,
    211, 213, 214, 216, 221, 222, 225—230,
    232—240, 242, 245, 249—254, 256, 260—265,
    268—271, 273, 301, 305, 309—311

tamboura 205, 209, 303
tambour à fente 245, 247, 263
tambour à friction 263, 303, 309, 310
tambour chinois 197
tambour d'aisselle 197
tambour de basque 13, 39, 42, 66, 68, 79, 108,
    112, 197, 248
tambourin 35, 42, 47, 208, 209, 212
tambourin du Béarn 310
tambourin provençal 197, 309
tambour-parleur 263
tambour (tambourin) sur cadre 31, 32, 35, 39,
    42, 49, 203, 211, 212, 254, 255, 269, 271, 299,
    311
tamour 210
tam-tam 13, 162
tanbour 209
t'ang-kou 222, 226
tan-p'i-kou 222
tar (luth) 211, 212
tar (tambour) 271
tara 211
tarabuka 305
tárogató 298
tartölt 86, 87
ta-se 219
ta-t'ang-kou 216, 222
taus 202
tayouc 201
tchagana 211
tchang 209
tchongouri 213
tchangui 213
tchantsi 212
tcherepovka 281
tch'e-ti 220
tchianouri 211
tchongour 211
tchoor 208
temir-komouz 208
temur-khour 208
tenora 311
teponaxtli 247
terminvox 330, 339
terpodion 148, 152
terz-heckelphone 171
tetere 245
thanh la 238
théorbe 108, 150
tiango 233
tibia 51, 53
tielenka 284
tien-kou 222
tiktiri 201
timbales 13, 68, 78, 79, 80, 111, 194, 196, 197,
    203, 205, 208, 210, 212, 263, 265, 271, 272, 343
tin canh 238
tintinnabulum 61
tiple (guitare) 249
tiple (chalumeau) 311
tiplipitom 211
ti-tse 216, 217, 220
tjempelung 242
tjivuaing 237
tjurju 278
to 260
tof 42
tohéré 245
tong-so 233
töp 211
toroupill 291
torvi 278
touloumi 273
toupan 301
tournebout 90
tourr 236
trautonium 330
trechtchotka 281
tres 249
triangle 13, 61, 66, 78, 80, 117, 155, 160
tricballac (tricca-ballacca) 307
trikitixa 311
trinitas 289
tromba clarina (voir aussi clarina) 69
tro-khmer 238
trombone 13, 26, 27, 85, 102, 103, 104, 112,
    116, 117, 171, 174, 178, 190, 342
trombone à cristal 332
trompe 27, 36, 48, 78, 83, 116, 209, 210, 228,
    277, 278, 289, 294, 299
trompette 13, 24, 26, 28, 34, 38, 39, 40, 42, 43,
    48, 49, 51, 52, 67, 68, 72, 75, 76, 77, 83, 86, 102,
    103, 113, 116, 117, 119, 145, 167, 170, 172,

173, 174, 179, 187, 233, 246, 251, 253, 259,
    269, 342
trompette de Bach 174
trompette égyptienne 34, 38, 39, 170, 174,
    342
trompette marine 75, 76, 78
trông bang 238
trud selslim 42, 43
tsnasin 264
tuba (moderne) 13, 103, 172, 179, 180, 193,
    342, 343
tuba (romaine) 26, 28, 54, 67
tuba wagnérien 180, 342
tubaphone 163, 164, 341
tubri 200, 201
txistu 305, 311
tympanon 13, 51, 71, 78, 126, 208, 209, 212,
    219, 233, 271, 272, 298, 343
tynia 251
ubar 245
ubo 261
uillean-pipe 310
ukeke 245
ukulele 245
uranion 148
usimbi 257
uti 303
vèze 62, 67
vibraphone 13, 164, 176, 341
vicitra-vina 202
vièle 59, 62, 63, 65, 67, 68, 69, 72, 75, 76, 77, 78,
    80, 109
vielle 59, 63, 77, 78, 79, 277, 278, 287, 298, 304,
    310
vihuela 76
vina 202, 205
viola alta 194
viola bassa 194
viola bastarda 133, 138
viola da braccio 100, 104, 109, 110
viola di bordone (voir aussi baryton) 141,
    147
violao 249, 254
viola pomposa 134, 139
viole 101, 109, 117, 134, 139, 193, 194, 343
viole d'amour 140, 141, 147
viole de gambe 6, 100, 104, 109, 135, 137, 138,
    139, 142, 145
violette anglaise 141, 142
violino piccolo 133, 135
violon 9, 94, 108, 110, 112, 121, 127, 131, 133,
    135, 137, 138, 139, 144, 150, 193, 194, 210,
    212, 221, 224, 236, 238, 271, 273, 274, 275,
    278, 285, 297, 298, 325, 343
violon à pique 211, 212, 241, 243, 265
violon automatique 324
violon-canne 172
violoncelle 135, 137, 146, 150, 193, 194, 343
violon de fer 148, 149
violone 117, 135
violotta 193, 194
virginal 96, 97, 110
virginal d'octave 110
virtuosa 324
wagon 227, 228
Waldteufel 309
waleko 236
wambi 261
xere 253
xylophone 13, 156, 164, 214, 230, 235, 236,
    237, 239, 242, 257, 258, 302
yamato-goto 227
yang-k'in 219
yangoum 233
yao-kou 222, 225
yasti-balaban 211
yatga 208
yelo 261
yhanya 199, 200
yinagowi 201
yingiwi 201
yu 217, 233
yue-k'in 221, 224
yun-louo 214, 217, 233
yoko-fue 228
zamr 42, 62, 266, 267
Zitter 122
zlobezaki 285
zourna 209, 211, 272, 273
zukra 267
zummarah 267
zurla 298